KB110992

노력 중독

Dummheit: Warum wir heute die einfachsten Dinge nicht mehr wissen
by Ernst Pöppel, Beatrice Wagner

Copyright © 2013 by Riemann Verlag,
a division of Verlagsgruppe Random House GmbH, München, Germany

All Rights Reserved.
No part of this publication may be used or reproduced in any manner whatever without the
written permission except in the case of brief quotation embodied in critical articles or reviews.

Korean Translation Copyrights © 2014 by Ulysses Publishing Co.
Korean edition is published by arrangement with Verlagsgruppe Random House GmbH,
München through BC Agency, Seoul.

이 책의 한국어판 저작권은 BC 에이전시를 통해 저작권자와 독점 계약한 율리시즈에 있습니다.
저작권법에 의해 한국 내에서 보호를 받는 저작물이므로 무단 전재와 복제를 금합니다.

노력 중독

인간의 모든 어리석음에 관한 고찰

———

에른스트 푀펠 · 베아트리체 바그너 지음

이덕임 옮김

율리시즈

❦

내 손주들

다비드 알렉산더, 앤드류 터너,
루카스 윌리엄, 세바스티안 알렉산더,
카트리나 줄리 베티나, 엘리아나 에밀리 타티아나,
도미니크 게오르그, 다비드 프레데릭
이들 모두 어리석음으로부터 구원되기를

—에른스트 푀펠

❦

내 딸 코코에게

선조로부터 이어져온 어리석음과 실수 때문에
너무 많은 대가를 지불하지 않기를

—베아트리체 바그너

"세상에는 끝없이 무한한 것 두 가지가 있다.
하나는 우주고, 다른 하나는 인간의 어리석음이다.
하지만 우주가 실제로 끝이 없는지에 대해서
나는 여전히 확신할 수 없다."

• 알베르트 아인슈타인

아인슈타인의 말은 과연 옳을까? 우리가 매일같이 접하는 신문을 보더라도 그 말은 사실인 것 같다. 조그만 두 나라가 수십 년이 지나도록 평화조약을 맺지 못하고 결국 파멸로 치닫는 걸 보라. 수백만 년을 이어져 내려온 자연의 아름다움이 인간의 이익 때문에 불과 몇 년 안에 망가지는 것을 보라. 은행은 경제 위기를 겪고도 아무런 교훈도 얻지 못하고 예전과 똑같은 방식으로 돈을 축적하고 있다. 정치인들도 무능하기는 마찬가지다. 사람을 정신병원에 감금시키는 실수를 저지르고도 누군가 나서서 그것을 바꾸려고 애쓴 적이 있는가. 잘못된 일이 하도 많아 신문을 읽다 보면 아침부터 기분이 언짢아진다.

그렇다고 우리가 그보다 낫다는 얘기는 아니다. 우리 대부분은 더 많은 가능성이 있음에도 많은 것이 부족한 삶을 살아가고 있다. 주변 사람들에게 끊임없이 상처를 주고 내면의 유혹에 굴복당하기

일쑤며, 투자 전문가가 이끄는 대로 잘못된 투자의 길에 발을 들여놓기도 하고, 대인관계도 늘 삐걱거린다.

이 같은 모든 결함에도 불구하고 인간은 만물의 영장으로 군림할 수 있을까? 우리는 이에 대해 단호하게 아니라고 대답한다. 인간은 불완전한 존재다. 본질적으로 인간은 여러 가지 면에서 완전한 바보다.

인간의 문제점과 오류에 대한 수많은 토론이 벌어지고, 크고 작은 정치적 오류들이 똑같이 되풀이되는 것을 보면서 우리는 인간의 어리석음에 대해 그 뿌리를 연구해보기로 했다. 바로 이 책을 쓴 이유이기도 하다.

우리는 여러 가지 어리석음의 예를 들어 그것들을 분석해볼 것이다. 전 독일을 흔들어놓은 거대한 규모의 프로젝트에서부터 SNS를 통한 수백 명의 친구들 속에서도 외로움을 느낄 수밖에 없는 현대인에 이르기까지, 어리석음의 예를 들자면 끝이 없다. 어리석음의 한 예를 들자면, 우리가 스스로의 능력을 더 이상 믿지 못하고 그보다는 미심쩍은 전문가들의 말을 더 따른다는 점을 들 수 있다. 또 결정을 내리지 못해 수년 동안 불행한 상황에서 벗어나지 못하는 경우도 있다. 점점 더 많은 지식을 끌어모으지만 그것의 연결고리에 대한 이해는 점점 줄어든다.

결국 우리는 다음과 같은 결론에 이르렀다. 즉 인간은 본질적으로 아주 결함이 많은 존재이며 어리석음 때문에 그 결함을 장점으로 살리지 못하고 오히려 되풀이하고 있는 것이라는. 또한 이미 한계에 도달했음에도 불구하고 모든 분야에서 더 많은 성과를 올리기 위해 죽어라 노력하고 있다고 말이다. 인간은 본디 정신적·육체적 한계를 지닌 동물이다. 능력을 얼마간 키워나갈 수는 있지만 무한하게 확장하기란 불가능하다. 지나친 욕심을 부리게 되면 엄청난 대가를 지불해야 하는 경우가 생긴다.

다른 한편으로는 자신이 가진 능력을 대수롭지 않은 것으로 과소평가하는 경우도 많다. 인간은 구체적인 지식 외에도 다른 방향에서 상황을 바라볼 수 있도록 도와주는 직관적 지식도 갖추고 있다.

또한 문제를 다른 각도에서 바라볼 수 있도록 관점을 변화시킬 수도 있다. 교육이 보다 나은 방식으로 뿌리내릴 수 있도록 새로운 개념을 구상해낼 수도 있다. 인터넷이나 신문 같은 간접적 매체를 통해서가 아닌, 보다 직접적인 방식으로 우리가 살고 있는 주변 환경을 돌아보는 것도 가능하다. 간단히 말해 우리는 보다 인간적인 모습으로 더 넓은 분야에서 더 큰 능력을 발휘하며 살 수 있다.

지난 몇십 년에 걸친 지식의 폭발적 증가는 인간이 기본적으로 어리석은 존재라는 우리의 확신을 깨는 데 아무런 반증이 되지 못했다. 많은 것을 알고 있다고 자신하지만 우리는 사실 점점 더 어리석어지고 있다. 오늘날 우리는 천여 명을 실어 나를 수 있는 비행기를 만들 수 있고, 핵폭탄을 제조할 수 있으며, 빅뱅이 발생할 경우 그것에 소요되는 시간을 계산할 수도 있다. 하지만 그것을 혼자 해낼 수 있는 사람은 아무도 없다. 지난 천 년 동안 인간 개개인의 지적 능력은 크게 증가되지 않았고 단지 지식이 널리 보급되었을 뿐이다. 다시 말해 우리가 살고 있는 지금의 사회는 집단적 성취를 통해 이루어진 것이다.

그렇다면 개인의 지적 능력은 어떨까? 야생에서도 과연 살아남을 수 있을까? 날씨를 예견하고, 화살을 쏘아 곰을 사냥하며, 자연에서 구한 약초로 병을 치료할 수 있을까? 몇천 년 전만 하더라도 이 같은 일은 모든 인간이 살아남기 위해 알아야 했던 것들이다. 오늘날 석기 시대의 환경에서 살아남을 사람은 거의 없다. 사실 인간이 더 퇴화된 부분은 이것뿐만이 아니다. 감정적 지성에 대해 이해할 수 있는 사람이 몇이나 되겠는가? 또 지적인 느림에 대해 얼마나 많은 사람이 공감하는가도 마찬가지다.

인간의 어리석음이라는 제국으로 탐험을 떠나기에 앞서 이 책의 구조에 대해 몇 가지 말해두고 싶다. 7장까지는 어리석음의 예시와 그에 대한 분석을 통해, 지혜롭게 결정하고 행동하는 것을 어렵게 만드는 우리 두뇌의 원리에 대해 알아볼 것이다. 더불어 어리석음의 함정을 피할 수 있는 방법도 제시하려 한다. 제8장에서는 우리의 관점에 대한 자세한 논거를 요약하여 설명할 것이다. 인간은 어째서 본질적으로 어리석게 만들어졌는지에 대해 토론해본다. 제9장에서는 어리석음을 다룬 여러 가지 문헌을 중심으로 논평과 대안이 제시된다.

　이 책의 서술방식에 대해 한 가지 덧붙일 것이 있다. 두 저자가 공동 집필한 책이지만 서로 다른 경험을 가진 두 사람이 함께 책을 쓰다 보니 항상 '우리는'이라는 주어로 문장을 서술하기가 쉽지 않았다. 그래서 우리는 제3자적 관점으로 서술하기로 했다. 다시 말해 여러분은 '에른스트 푀펠은 연구를 통해 이러이러한 사실을 알게 되었다'라든가 '베아트리체 바그너는 실제로 이러이러한 경험을 했다'와 같은 문장을 접하게 될 것이다.

　이 책을 통해 독자 여러분이 인간의 진정한 능력을 깨닫고 우리 사회를 지배하는 '더 빠르고, 더 높이, 더 멀리'라는 성취 지향의 패러다임에서 벗어나 조금은 다른 가치에 눈뜨게 되었으면 좋겠다.

에른스트 푀펠

베아트리체 바그너

차례

지적 능력이 뛰어난 사람은 똑똑하고

그렇지 않은 사람은 멍청하다.

정말로 그럴까?

무엇이 정말 어리석은 것이고

지성이라는 것은 또 무엇일까?

학교 성적이 나쁘면 멍청하고

방대한 상식을 갖고 있으면 똑똑한가?

아인슈타인은 타고난 천재였을까?

피사PISA의 서열은 무엇을 의미하는가?

마침내 편견에 대한 오해를 풀 때가 왔다.

지식 중독

넘쳐나는 지식이
우리를 멍청하게 만든다

IQ 테스트

지능은

지능 테스트에 의해

정해진다

세 살에 이솝 우화를 읽다

앨리스는 태어난 지 2년 9개월 됐을 때 다섯 살짜리 아이들이 푸는 수학 문제를 재미 삼아 풀곤 했다. 세 살이 되자 언어를 능숙하게 구사했고, 엄마의 모국어인 러시아어로 의사소통이 가능할 정도가 되었다. 게다가 외국어인 영어도 곧잘 했다. 또한 앨리스 엄마의 주장에 따르면 어른들도 가끔은 그 깊은 의미를 되새기며 읽어야 하는 이솝 우화를 완벽하게 소화했다. 이와 같이 앨리스는 사고 능력도 뛰어났다. 2013년, 영국의 멘사클럽에서 IQ 테스트를 받은 결과 앨리스의 IQ는 162로 판명되었다. 이 점수는 알베르트 아인슈타인(160), 나폴레옹(145), 지그문트 프로이트(156), 그리고 전직 미국 대통령인 빌 클린턴(137)을 능가하는 것이다. 앨리스 말고도 세 살이 채 되기 전에 이미 160이 넘는 IQ판정을 받은 아이들이 간혹 뉴스의 헤드라인을 장식하곤 한다.

그렇다면 지능과 어리석음의 정확한 개념은 무엇일까? 지능이라는 것을 이런 단순한 방식으로 비교하는 것이 옳을까? 인간의 사고 능력에 IQ는 실제로 얼마나 큰 중요성을 지닐까?

지능 테스트가 말하고자 하는 것

우리는 IQ 테스트로 한 사람의 지적 능력을 평가한다. 그러면 지적 능력이란 도대체 무엇인가? 이에 대해서는 여러 가지 관점이 있다. 프랑스의 알프레드 비네Alfred Binet(프랑스의 심리학자이자 의사 ― 옮긴이)는 미로 찾기나 구슬 꿰기, 모양 그리기나 단어 외우기 같은, 난이도가 다른 여러 과제를 풀게 하는 테스트를 통해 지능에 대한 기본적인 개념을 제시했다.

이를 통해 비네는 어린이들의 발전 단계를 정립하고자 했다. 과제를 더 빠르게 잘하는 아이가 더 똑똑한 것으로 평가되었다. 독일의 심리학자인 빌리암 슈테른William Stern은 이 개념을 바탕으로 사람들의 지적 능력을 비교할 수 있는 기준을 발전시켰다. 그렇게 해서 나온 것이 지능지수(IQ)다. 1912년 당시에는 IQ가 다음과 같이 계산되었다. 지능 나이를 실제 나이로 나누고 거기에 100을 곱하는 방식이다. 지능 나이는 인공적 나이를 말하며, 과제를 하나 풀 때마다 2점을 얻는 식이다. 만약 한 어린이의 지능 나이가 12세이고 실제 나이가 10세면 12를 10으로 나누어 1.2란 수를 얻는다. 여기에 100을 곱하는 것이다. 그러면 그 어린이의 IQ는 120이 된다. 100을 곱하는 것은 지능지수를 쉽게 이해시키기 위한 것이었다.

오늘날에도 널리 사용되는 테스트 방식은 미국의 심리학자인 데이비드 웩슬러David Wechsler가 처음 만들었다. HAWIE-R이란 함부르크-웩슬러 성인용 지능 테스트Hamburg-Wechsler-Intelligenztest fur Erwachsene(R은 개정된 형식을 뜻함)의 약자다. 또 HAWIK-R은 하노버 웩슬러 유아용 지능 테스트Hannover-Wechsler-Intelligenztest fur das Vorschulalter를 가리킨다. "웩슬러의 테스트 방식은 모두 언어에 관한 이론적 지적 능력을 측정하기 위한 언어적 부분과 실제적이고 구체적인 지적 능력을 측정하기 위한 행동 부분으로 나누어진다." 에리히 카스텐Erich Kasten은 저서 《의학적 심리학, 의학적 사회학 *Medizinische Psychologie, Medizinische Soziologie*》에서 이렇게 설명했다. 이 테스트는 점점 더 난이도가 높아지는 과제를 시간 제한 없이 풀도록 하는 부분과 그와 같은 난이도의 과제를 제한 시간 안에 풀게 하는 부분으로 나누어진다. 이 테스트에서는 일반 지식과 보편적 이해 능력 측정, 되풀이되는 숫자를 통해 수학적 사고와 공통된 특성 찾아내기, 어휘력 측정과 숫자 상징 테스트, 그림 배열이나 빠진 그림 보완하기, 모자이크 테스트와 모양 그리기 등이 다뤄진다.

테스트의 결과는 평균 100이라는 IQ를 기준으로 평가된다. 이는 일반적으로 15퍼센트의 표준 오차를 전제로 한다. 다시 말해서 전체 인구의 3분의 2 정도는 IQ가 85에서 115 사이로 추정되며, 이 것이 기준이 된다는 얘기다. 기준점보다 아래인 사람은 지능이 떨어진 사람 또는 심하게 말해 멍청한 사람으로 간주된다. 또 이 기준점 위의 사람은 지능이 높은 편으로, 130 이상인 경우는 아주 지능이 뛰어난 것으로 여겨진다. 하지만 심리학에서는 '어리석음'의 정의가 약간 달라진다. 심리학자들은 IQ가 70에서 90 사이인 사람은 과도기적 단계에 있다고 보며, 이것을 학습 능력 결핍이라고 부른다. 70 이하의 IQ를 가진 사람에 대해서는 지적 능력 부족이나 재능 결핍, 우둔함, 혹은 정신박약과 같은 용어들을 사용한다. 심리학적 정의에 의하면 전체 인구의 5퍼센트 정도가 지적 능력 결핍자에 해당된다.

보편성을 얻기 위해 IQ 테스트는 지속적으로 표준화되어야 할 필요가 있다. 이를 위해 3만~5만 명을 대상으로 IQ를 테스트했다. 그리고 IQ 100을 중간점으로 설정했다. 테스트 결과에 따르면 사람들의 지적 능력은 전체적으로 서서히 상승하고 있는 것으로 보인다. 적어도 지능 테스트의 결과만 보면 그렇다는 것이다. 이러한 현상을 플린 효과Flynn-Effect라고 한다. 따라서 1953년에 측정된 IQ와 2013년에 측정된 IQ를 단순 비교하기란 불가능하다.

그런데 우리는 왜 지능 테스트가 필요하다고 생각할까? 신경과학의 발달에도 불구하고 지금껏 두뇌에서 지능과 일치하는 물리적 증거 혹은 '영역'을 발견한 사람은 없다. 두뇌의 크기나 형태 등을 통해 인간의 지적 능력을 파악하려는 수많은 시도들이 있었지만(파울 율리우스 아우구스트 뫼비우스Paul Julius August Möbius의 《여성의 생리적 취약성》이라는 책이 그 예다) 모두 완벽하게 실패했다. 또한 사후 해부의 결과 아인슈타인의 두뇌도 해부학적으로는 다른 사람과 전혀 다를 바가 없다는 것이 밝혀졌다. 서로 다른 지능의 표현 형태와 IQ 테스트에 의한 지능 측정 결과는, 개별 두뇌 영역이나 과정에 의해서라기보다 장기간에 걸쳐 생성되고 변화하는 특정한 행동 패턴에 의해 형성된다고 보는 편이 맞다.

특정 능력의 발달과 두뇌의 특정 영역의 크기 사이에는 물론 연관성이 있다. 피아노 연주자나 마사지사의 두뇌는 손가락 부분을 상징하는 곳이 다른 사람에 비해 더 크다. 택시 운전사의 경우 공간 개념과 관계된 두뇌 영역이 더 커진 것을 볼 수 있다.

그렇다고 해서 그 이론을 거꾸로 적용시킬 수 있는 것은 아니다. 다시 말해서 두뇌의 특정 부분이 크다고 해서 그 사람이 뛰어난 피아노 연주자이거나 택시 운전사라는 것은 아니라는 말이다. 또한 두뇌의 특정 영역이 커진 것이 특별한 능력을 키우기 위한 것인지도 마찬가지로 확실치 않다. 어쩌면 생화학적 과정에서 생겨난 결과일 수도 있기 때문이다. 서로 다른 두뇌 영역의 신경-화학적 과정을 국지적으로 관찰해 어떤 부위가 어떤 능력과 상관관계가 있는지 밝혀낼 날이 오면, 우리는 비로소 개별적 지능구조에 대해 좀 더 깊이 이해할 수 있을 것이다.

뛰어난 지능과의 연관성

에른스트 푀펠은 지능지수에 대해 보다 정확히 알아보기 위해 다섯 차례의 다른 테스트에 참여했다. 결과는 평균 지수인 100을 살짝 웃도는 105에서부터 아주 뛰어나다고 볼 수 있는 145까지 다양했다. 145라는 결과는 최대 점수가 190인 미국에서 측정했을 때 얻은 것이다. 독일의 지능 비교 테스트에서는 최대 점수의 한계가 145점이다. "하지만 테스트 결과를 확신할 수 있을 만큼 많은 사람이 테스트에 참여하지 않았다"는 것이 독일 멘사의 마티아스 모엘의 말이다. 멘사는 전 세계적으로 IQ 130 이상인 사람이 가입할 수 있는 뛰어난 지능을 가진 사람들의 모임이다. 전 세계적으로 나이와 성별을 불문하고 11만 명의 회원이 가입돼 있으며, 그중 독일에는 1만 명의 멘사 회원이 있다.

알베르트 아인슈타인(1879~1955)은 1946년에 결성된 이 협회의 회원이 아니었다. 이에 대해 모엘은 "우리가 아는 한 아인슈타인은 한 번도 IQ 테스트를 한 적이 없다. 따라서 그의 사후에 지능지수를 부여하는 것은 찻잎 속에서 메시지를 읽으려는 것이나 다름없다"라고 비판한다. 아인슈타인은 수학도 잘하지 못했다고 하는데, 이는 아인슈타인 자신도 인정한 부분이다. 일반 상대성 이론에 요구되는 엄청난 수학적 지식에 관해서는 동료 연구자들과 첫 번째 부인인 밀레바 마리치Mileva Marić에게서 많은 도움을 받았다. 모엘은 "아인슈타인의 위대한 업적은 물리학의 도그마와 강박으로부터 스스로를 해방시켰다는 데 있다. 창조적인 방식으로 그것들을 부수고 모든 것에 의문을 제기했다. 그런 경우 오히려 높은 지능이 방해가 되기도 하는데, 지능지수가 높은 사람들의 예를 통해 그런 사례들을 많이 접할 수 있다"라고 주장한다. 지능지수가 높은 사람들 중 많은 이들이 기술적인 영역에 대해 빨리 파악하고 사고하며 계산할 수 있는 능력을 갖추고 있다. 이러한 능력은 IQ 테스트로도 측정이 가능하다.

"하지만 아인슈타인은 이미 알려진 지식들을 조합해서 새로운 세계관을 보여준 것이다. 세부적인 디테일로부터 자유롭지 못한 사람은 그런 일을 해낼 수 없다"라고 모엘을 말한다. 스티븐 호킹Stephen Hawking도 어떤 면에서는 고속 컴퓨터의 능력을 갖춘 건 아니지만 믿을 수 없을 정도의 총체적 판단 능력과 상상력을 가지고 있다. 하지만 이러한 능력들은 IQ 테스트로는 알아낼 수 없다. IQ 테스트는 대체로 이미 구축된 구조와 환경 속에서 얼마나 빨리 길을 찾아내는가에 초점을 맞추고 있기 때문이다. 이를 능숙하게 하는 사람이 IQ가 높은 사람이다. 물론 이것 역시 중요한 능력이긴 하지만 한 사람의 가치와는 전혀 상관이 없다. 모엘은 베아트리체 바그너와의 인터뷰에서 "스포츠에 비교할 수 있다"라는 말을 했다. 대중의 큰 사랑을 받는 스포츠 선수가 곧 훌륭한 인품을 갖춘 사람이나 시민인 것은 아니다. 울리 훼네스(독일의 유명한 전직 축구 선수이자 축구협회 회장. 그러나 탈세 혐의를 받고 있다— 옮긴이)와 얀 울리히(독일의 유명한 사이클 선수. 여러 세계 선수권 대회에서 약물을 복용한 것이 드러나 자격을 박탈당함— 옮긴이)를 예를 보아도 알 수 있다. 뛰어난 지적 능력을 갖춘 사람도 그 능력을 이용해 미심쩍거나 범죄에 가까운 행동을 할 수도 있는 것이다.

게다가 모엘은 유아나 세 살 이하의 어린이에게 지능검사를 하는 것에 대해서는 부정적이다. 그 연령대에서 검사한 IQ는 심한 편차를 보이는데, 아이의 지능 발달이 매우 불안정한 시기이기 때문이다. "따라서 유아의 IQ를 성인의 그것과 비교하는 것은 많은 문제점을 안고 있다. IQ를 측정한 시기가 지능이 현저하게 발달하는 시기일 수도 있기 때문이다. 따라서 또래에 비해 높이 측정된 IQ는 일시적으로 지능 발달이 앞선 상태에 불과할 수도 있다"라고 마티아스 모엘은 말한다.

엉망인 학교 성적

너무 바보인가,

아니면 적성을 발휘하지

못하는 것인가?

 실제 사례

저능아와 천재 사이

바이에른 지역에 사는 열두 살 소녀 아니의 이야기는 짧은 시간 동안에 IQ가 얼마나 많은 편차를 보일 수 있는지를 말해준다. 아니는 공립학교에서도 결코 뛰어난 학생이 아니었다. 시험 성적은 줄곧 5점(독일의 점수 체계는 우수한 순서대로 1~5점까지 점수가 매겨진다—옮긴이)을 받았다. 아니는 냉소적인 태도로 말한다. "어쨌든 학교는 죄다 쓰레기 같아요!" 집에 오면 아니는 가방을 구석에 내던지고 자기 방으로 달려간다. 무엇보다도 페이스북을 확인하기 위해서다. "얘, 오늘은 어땠니?" 잠시 후 엄마는 딸의 성스러운 왕국에 조심스럽게 얼굴을 들이민다. "수학 시험 성적은 나왔니?" "응." 아니는 엄마의 얼굴을 쳐다보지도 않은 채 대답한다. "그래? 성적은 어때?" "어떨 거 같아? 당연히 5점이지." 무덤덤한 표정으로 아니는 친구의 물음에 답하기 위해 키보드 위에서 손가락을 놀리느라 바쁘다. "나중에 엄마랑 공부 같이할래?" 엄마가 조심스럽게 묻는다. "싫어. 그냥 놔둬. 내가 공립학교에서조차 바보 취급을 받는 거 알잖아. 나중에 알디Aldi(독일의 대형 슈퍼 체인—옮긴이)의 계산대에서 일하면 되지 뭐."

"그냥 받아들이세요. 따님은 전형적인 공립학교 학생이에요. 자기가 하고 싶은 대로 내버려두면 거기서 잘할 수 있는 게 있을 겁니다. 아직도 많은 기회가 있으니까요." 교장은 학교를 찾아온 아니의 엄마에게 자신의 생각을 설명하려고 애썼다. 하지만 아니의 엄마는 딸을 좀 달리 보고 있었다. 엄마가 보기에 딸은 호기심 많고 독창적이며 배우는 것을 좋아하는 아이였다.

"모든 과목이 다 5점이라니요! 하물며 도덕조차도요. 아무리 못해도 적어도 3점은 받는 과목이 도덕이잖아요." 교장은 고개를 절레절레 흔들었다. 그는 그런 경우를 숱하게 보아왔다. 자신의 자녀가 뛰어나 봤자 고작 평균치에 가깝다는 것을 받아들이지 못하는 야망과 착각으로 가득 찬 부모 말이다.

결국 아니는 학교에서 심리상담 교사의 주관 아래 지능 테스트를 받아보기로 했다. 처음에 나온 결과는 얼핏 재앙같이 보였다. 하지만 아니가 문제를 푸는 모습을 주목하던 심리상담 교사는 자신의 눈을 믿을 수 없었다. "이것 봐! 넌 더 잘할 수 있어." 심리상담 교사는 아니를 격려해주었다. 아니는 놀랐다. 누군가가 나의 재능을 알아봐주다니? 아니는 다시 연필을 들고 문제를 찬찬히 살펴보기 시작했다. 그리고 답을 고쳐 적었다. 이번에는 IQ 128이라는 결과가 나왔다. 선생님의 개입이 없었다면 고작 80점에 지나지 않았을 것이다. "아니를 통해 거의 저능아와 천재 사이를 넘나드는 IQ 결과의 편차를 확인할 수 있었어요. 동기부여가 중요한 역할을 한다는 것을 알았지요." 심리상담 교사는 아니의 엄마에게 상기된 모습으로 말했다. 처음에 상담교사가 테스트에 대해 말해주었을 때 아니는 학교 시험과 같다고 생각하고 어차피 아무것도 못 맞출 거라고 생각했다. 결과도 그에 따라 저조했다. 하지만 그 테스트에서 자신이 잘할 수 있다는 얘기를 듣고 나서 노력을 기울이기 시작했고 그 결과 놀라운 성과를 거두었던 것이다.

이것이 아니의 인생에 전환점이 되었다. 아니는 사립학교로 전학을 했고 자신이 뭔가를 해낼 수 있다는 사실을 더 이상 의심하지 않게 되었다. 멍청한 학생이라는 낙인과 다름없던 공립학교의 5점은 이제 괴로웠던 지난 일이 되었다. 이제 아니의 성적표는 1점과 2점, 3점으로 채워졌다. 그렇다면 왜 아무도 아니의 가능성을 알아보지 못했는지에 대해 물어보지 않을 수 없다. 선생님들이 맹인이었던 것일까? 아니면 학교 교과과정에 문제가 있는 걸까? 혹시 교과과정을 만든 사람들이 학생 평가의 기준을 잘못 설정한 것은 아닐까?

에른스트 푀펠에 의하면 이 세 가지 경우가 모두 해당된다. "정해진 교육 계획을 따라가지 못하는 학생을 위한 자리는 없다. 아니와 같은 행운을 만나지 못한다면 그저 실패할 뿐이다. 이 같은 어리석은 교과과정으로 인해 수많은 가능성들이 묻히고 있다."

이러한 어리석음은 분명히 두 가지의 형태를 지닌다. 하나는 어리석은 교과 형식으로 인해 학생들이 받아야 할 괴로움과 그 결과로 얻는 저조한 성적이다. 그 성적은 IQ와는 그다지 상관도 없는 것이다. 다른 하나는 한 사람이 가진 약점이나 장점, 한계와 가능성을 포함하여 있는 그대로 받아들이지 않는 것이다. 이로 인해 파괴되는 것은 학교 생활뿐이 아니다.

실제 사례

**생각 없이 던진 말이
한 사람의 삶을 망칠 수 있다**

이제 45세가 된 클라우디오 케일의 삶도 비슷한 스토리를 가지고 있다. 엄마는 클라우디오를 슈바르츠발트 근처에 사는 조부모에게 맡기고 떠났다. 클라우디오를 맡은 조부모는 아이가 겨우 죽지 않을 정도로만 키워주었다. 사춘기가 되었을 때 아빠가 나타나서 자기가 사는 도시로 아이를 데리고 갔다. 하지만 그곳에서도 클라우디오는 많은 시간을 홀로 보내야 했다. 결국 클라우디오는 가족을 대신할 만한 친구들을 찾아냈다. 친구들에게 인정받고 경외심을 얻기 위해 클리우디오는 나름의 스타일을 갖추기 시작했다. 긴 머리와 가죽 재킷 차림에, 담배와 술, 그리고 나중에는 심각한 마약에까지 손을 댔다. 그와 친구들은 소위 말하는 오토바이 갱단에 가입했고 거기서 '경력'을 쌓기 시작했다. 그의 길을 막아서는 사람은 가차 없이 짓밟았다. 이제 클라우디오에게는 늘 자신을 보호해주고 적을 물리치는 역할을 맡은 두 명의 '복서'가 따라붙었다.

선생님도 클라우디오의 미래를 예견했다. "케일, 넌 절대로 성공한 인생을 살 수 없을 거야." 클라우디오가 아직 학생이고 아빠로부터 인정받고 싶어 하는 자신감 없는 소년이었을 때 선생님이 그에게 한 말이다. 말이 씨가 된다고, 그 예언은 사실이 되었다.

"나를 원하지 않는다면 당신들의 삶도 지옥으로 만들어주겠어!" 그렇게 클라우디오는 누구나 두려워하는 사람이 되었다. 그러던 어느 날, 권총질을 하다 거의 죽을 뻔한 사건을 계기로 자신의 삶을 돌아보게 되었다. '만약 그렇게 죽었다면 과연 정말 보람 있는 삶이었다고 말할 수 있을까? 건강은 망가지고 한쪽 발은 감옥에, 한쪽 발은 위험한 삶에 걸쳐놓은 채 살아가는 것이 네가 꿈꾸던 삶이라고 할 수 있어? 기술자가 되는 것이 네 꿈이 아니었느냔 말야.'

우리가 생각하는 어리석음과 영리함의 기준에서 보자면 클라우디오는 그때부터 영리하게 행동하기 시작했다. 신호를 정확히 해석하고 자신의 삶을 철저하게 바꾸기로 결심한 것이다. 클라우디오는 슈바르츠발트를 떠났고 마약을 끊었으며, 헤어스타일을 보다 호감 있는 스타일로 바꾸고 대학에서 응용과학을 공부하기 시작했다. 단번에 늪에서 빠져 나오기란 쉽지 않은 일이었지만 새로운 친구들을 만나 도움을 받을 수 있었다. "그렇지 않으면 조만간 누워서 딸기 덤불을 보게 될지도 모른다는 사실(죽음에 이른다는 의미를 은유적으로 표현한 것—옮긴이)이 나를 변화시켰다"라고 클라우디오는 말한다. 만약에 선생님이 그토록 모질게 대하지 않았더라면 그도 조금은 다르게 성장할 수 있었을 것이다. "누구에게도 말하지 않았지만 그 말은 나에게 깊은 상처를 남겼다. 많은 시간이 지난 뒤에야 아무것도 모르면서 그렇게 말하는 건 어리석은 짓이라고 무시할 수 있었지만, 누군가 나의 나쁜 면이 아니라 좋은 면을 봐주었다면 나에게 큰 도움이 되었을 것이라는 생각이 든다." 결국 클라우디오는 자신의 꿈을 이루었으며 지금은 유명한 회사에서 기계 엔지니어로 일하고 있다.

인간은 다른 사람들의 의견에 영향을 받는 사회적 동물이다. 우리는 어떤 행동이 옳고 또 어떤 행동이 그른지를 알려주는 타인에 의해 형성되며 많은 시도와 실패를 겪는 가운데 사회에 적응한다. 아니와 클라우디오의 학교 선생님들은 무엇보다도 아이들이 할 수 없는 부분을 부각시켰다. 자기 학생들을 비하한 것이다. 우리는 눈앞에 도달할 수 있는 목표가 있을 때에만 희망을 갖는다. 어린이와 청소년의 자신감이 무너지면 학교에서 과제에 도전할 힘도 잃게 된다. 학생들은 자신들이 성취한 것에 대해 인정받기를 원한다.

어리석음의 두 가지 유형

"이 같은 어리석음이야말로 교육계의 질병이다." 로베르트 무질 Robert Musil(오스트리아의 작가— 옮긴이)은 1937년 어리석음에 관한 대담에서 이렇게 말했다. 방금 이야기한 두 종류의 어리석음은 사실 근본적으로 다르다. 첫 번째 예는 낮은 지능지수가 문제였는데, 현대의 교육이론에서는 이로 인한 사회적 낙인을 우려해 지능이 낮다고 해서 더 이상 '멍청하다'라는 표현을 쓰지 않는다. 두 번째의 사례는 분명히 존재하는 것을 인식하기를 거부하는 데서 비롯된 것이다. 무질은 "정직하고 단순한 어리석음이 있는 반면 역설적인 어리석음이 있는데, 이것은 일면 똑똑함으로 보이기까지 한다. 전자는 낮은 지능으로 인한 것이며 후자는 오히려 지능은 높지만 무엇인가가 결여된 것으로서 이런 종류의 어리석음이 훨씬 더 위험할 수 있다"라고 말했다.

이 책은 두 번째 유형의 어리석음에 대한 것으로, 이에 대해서는 할 이야기가 무궁무진하다. 아니와 클라우디오는 반항적이거나 노력하지 않는 학생들도 나름대로 잠재적 가능성을 지니고 있다는 사실을 무시하는 선생님 밑에서 학교생활을 해야 했다. 그렇다면 '진정한 교육적 질병'이라 할 수 있는 우리 교육체계의 어리석음에 대해 이야기해보자.

PISA와 그 밖의 비슷한 테스트

순위

매기기의

광기

아니와 클라우디오의 예에서 보듯이 정말로 학교나 대학은 외부의 평가와 인정을 필요로 하는 것일까? 모든 것이 비교 가능한 수치와 가치로 평가될 때 오히려 교육은 어리석음으로 물들고 잘못된 길로 들어서는 게 아닐까? 실제로 최근 들어 많은 학교와 대학교들이 소위 높은 순위에 들기 위해 경쟁하고 있다. 그중 순위 평가로 가장 잘 알려진 방식은 PISA(Programmes for Internationally Student Assessment, 국제학업성취도 프로그램)인데, 이는 OECD 국가들의 학업성취도를 바탕으로 하고 있다(OECD 가입국을 중심으로 세계 60개국이 3~4년에 한 번씩 실시하는 언어·수학·과학 과목의 국제학력평가— 옮긴이). 또 대표적인 대학의 순위 평가 수단으로는 타임스 고등교육(THE: TIMES Higher Education)의 세계 대학 랭킹을 들 수 있다. 그런데 이 두 가지 방식 모두 어처구니없는 결과를 야기하고 있다. 일단 PISA와 한국에서 온 김Kim이라는 학생의 예를 들어보자.

재생산력 vs. 독창적 지성

한국은 항상 PISA 평가의 상위 랭크에 올라 있는 나라다. 2009년
도 평가를 보면 독일은 수학이 16위인 반면 한국은 4위를 차지하고
있다. 자연과학 분야에서는 독일이 13위이고 한국은 6위이며, 독해
부분은 독일이 20위인데 반해 한국은 2위다. 한국에서 온 김 군은
학창시절 우등생이었을 뿐 아니라 대학에서 전공한 신경학 분야에
서도 뛰어난 성적을 보였으며 계속 박사과정을 공부하기 위해 독일
로 왔다. 김 군은 뮌헨의 루트비히 막시밀리안 대학의 인문학 분야
에서 에른스트 푀펠 교수의 지도 아래 박사과정을 시작했다.

　김 군은 실로 엄청난 지식을 갖고 있었다. 두뇌 기능뿐 아니라 신
경의 작동방식, 그리고 두뇌의 세세한 부분과 그 속에 담긴 비밀을
다 파악하고 있었다. 하지만 그것은 전적으로 복제 가능한 지식에
지나지 않았으며, 독창적인 지성 면에서는 처참한 낙오자였다. 비
정상적인 조합이나 연관성에 대해서는 상상력이 전무했으며 새로
운 아이디어나 학문 방식을 고안하고 발전시키는 능력은 형편없었
다. 엄청난 지식으로 무장한 젊은 과학자가 실제로는 바보와 다름
없는 게 아닌가!

　"이건 PISA의 아둔함이라고 볼 수 있지요." 에른스트 푀펠 교수
는 비판한다. "수학이나 자연과학, 그리고 독해와 같이 PISA에서
시험을 치르는 방식에 길들여진 학생들만 양산해내는 것은 어리석
기 그지없는 일이에요." PISA의 시험 방식은 인간에 대한 철저한
무지에서 비롯된 것이다. 인간은 사회적·감정적 지성과 예술, 인
간성, 그리고 활동성을 골고루 필요로 하는 존재이기 때문이다. 바

이에른 주법 131조를 보면 젊은이들이 모든 분야를 골고루 배울 수 있도록 지원해야 한다고까지 명시돼 있다. 제1장에는 학교에서 특히 도덕 교육이 얼마나 중요한지 강조하고 있다. 이에 대해 쾨펠 교수는 "PISA의 상위 순위에 올리기 위한 방식으로 교육을 전환시킨다는 것은 인간의 수많은 다른 재능들은 썩어가도록 방치하는 것이나 다름없다. 그것은 사회를 망치는 일이다"라고 말했다.

단순 지식의 축적, 주류와 세태에 부응하는 사고방식이 각광받고 요구되는 요즈음, 이를 반영하듯 선다형 문제들이 점점 더 많이 출제되고 있다. 더 많은 지식을 얻을수록, 그것의 전달 수단이라 할 수 있는 선다형 문제에 익숙할수록, 학생이 시험 문제의 답을 알아맞힐 확률은 높아진다. 그런데 그것을 가지고 무엇을 할 수 있을까? 백과사전처럼 수많은 사실들을 꿰고 있다고 해서 그것들의 연결고리를 파악할 수 있을까? 그런 지식이 세상을 살아가는 데 도움이 되는가? 차라리 각종 사실들을 나열해주는 지식 맵이 낫지 않은가?

전문성을 능가하는 지식, 근본적인 지식이 필요하다. 이것은 무엇을 의미하는가? 교육적 관점에서 에른스트 쾨펠은 누구나 자신의 영역에서만큼은 남에게 조롱당하지 않을 정도의 깊이 있는 지식을 갖춘 전문가가 되어야 한다고 말한다. 또한 자기 분야와 동떨어진 영역에서도 위축되지 않으려면 어느 정도의 식견을 갖추어야 한다는 것이다. 가령 인문학에 조예가 깊고 그 방면에 전문적이고 심오한 지식을 가진 사람이라 할지라도 자연과학이나 수학 혹은 통계학에 대한 기본 지식을 갖출 필요가 있다는 말이다. 이는 지향적 지식에 해당된다고 볼 수 있다.

하지만 대학에서는 이러한 지향적 지식을 거의 가르치지 않는다. 그 이유는 대학 당국의 나태함도 문제지만 가르치는 이들이 어리석은 탓도 크다. 그러다 보니 비뇨기과 의사가 버젓이 이런 말을 하는 경우까지 생긴다. "환자분의 전립선을 초음파로 검사해보고 간도 살펴보았습니다. 하지만 내과 분야라서 제가 뭐라고 진단을 내리긴 어렵네요." 각각의 신체기관만을 전문으로 책임지며 자신이 맡은 '기관' 외에는 알지 못하는, 퍼즐 조각 하나에 불과한 인간. 이런 인간이 어떻게 전체를 아우를 수 있으며, 과연 이 세상을 살아가는 데 필요한 능력을 갖추었다고 할 수 있을까?

 퇴펠의 덧붙임

많이 안다고 해서 똑똑한 것은 아니다

40년 전 MIT에 다닐 때 에른스트 퇴펠은 스승인 한스 루카스 토이베르Hans Lukas Teuber의 집에서 러시아의 유명한 신경심리학자인 알렉산드르 로마노비치 루리야Alexander Romanovich Lurija(1902~1977)로부터 개인 교습을 받을 수 있는 굉장한 기회를 얻었다. 퇴펠은 지금까지도 루리야를 몹시 존경하고 있으며, 스스로를 루리야의 과학적 후손이라고 부를 정도로 신경과학 분야에서 그의 지대한 영향을 받았다.

"나는 심리 기능의 범주를 체계화시키는 것이 내 삶을 바쳐 이루어야 할 학문적 임무라고 생각한다. 화학자가 여러 가지 요소들을 분류한 것과 마찬가지로 심리 기능도 분류할 수 있지 않을까 하는 아이디어에 영감을 준 사람은 바로 알렉산드르 루리야였다. 심리 기능들도 논리적 방식으로 설명할 수 있으며, 이들 간의 상호관계도 설명 가능하지 않을까? 루리야는 그것에 성공하지 못했고 나 역시도 마찬가지다. 하지만 그러한 체계가 가능하다는 희망을 나는 아직까지도 버리지 않고 있다."

심리학 교수였던 루리야는 1930년대에 쌍둥이 연구와 더불어 사고와 언어에 대한 연구에 매진했다. 동시에 그는 의학도 공부했다. 제2차 세계대전 중에는 우랄 산맥의 신경외과에서 뇌를 다친 환자를 치료하기도 했다. 거기서 그는 두뇌의 어떤 부분이 훼손되면 기능과 정신에 장애가 오는지를 매일 관찰할 수 있었다. 루리야는 환자들의 의학적 치료에 그치지 않고 관찰을 통해 새로운 과학 이론을 이끌어냈는데, 그것이 오늘날 전 세계적으로 인정받는 신경심리학의 기초가 되었다. 신경심리학은 두뇌의 손상과 이상에 의해 발생하는 심리 장애를 주로 다룬다. 이러한 접근 방식은 심리적 장애를 유년 시절의 트라우마 등 여러 가지 문제와 함께 비롯된 것으로 보는 심층심리학과는 상당히 다르다.

오늘날 우리는 트라우마가 두뇌의 신경 기능에 영향을 미친다는 사실 또한 잘 알고 있다. 따라서 심리학에서는 프로이트의 심층심리학적 접근과 더불어 루리야의 신경심리학적 접근 방식도 잘 정립되었다. 쾨펠에 의하면 이 두 가지 방식이 신경심리학에서 완벽한 조화를 이룰 수 있다.

루리야는 뇌손상 환자의 기능을 복구시킬 수 있는 기초를 마련함으로써 빅토르 마르코비치 슈클로프스키Victor Markowich Shklovski가 모스크바에 세계 최고의 두뇌트라우마복원센터를 세우는 데 큰 공헌을 했다. 또한 그의 업적은 독일에도 미치고 있다. 보덴세 호수 근처에 있는 슈미더 의학센터에서는 중증 뇌손상 환자들도 성공적으로 치료를 받고 있고, 콘스탄츠 대학에는 루리야 연구소가 설립되었다. 여기서는 뇌손상 후 두뇌 기능의 회복을 위한 과학적 기초를 보다 자세하게 연구하고 있다.

반쪽짜리 재능

그렇다면 지식과 어리석음의 연관성에 대한 루리야의 연구 내용은 무엇일까? 아주 단순하다. 루리야가 연구 대상으로 삼았던, 기억력에 관한 한 뛰어난 재능을 가진 환자(루리야는 그를 S로 불렀다)는 어떤 면에서는 천재이지만 일상의 삶을 살기에는 부적합한 인물이다. 그 환자는 한 번 들은 정보와 숫자는 모두 기억했다. 이른바 천재 백치였다. 다시 말해 한쪽 방면에는 아주 뛰어난 능력을 갖추고 있지만 다른 분야는 완전히 백치인 사람이다. 그 환자는 모든 것을 기억할

한 걸음 더 깊이

《산산조각이 난 한 남자의 세계. 두 개의 심리학 이야기》
알렉산드르 R. 루리야 지음, 로볼트 출판사, 1992(초판 1968).

루리야는 탁월한 두 심리학적 연구를 통해 유명해졌다. 하나는 비정상적으로 뛰어난 기억력을 가진 환자를 연구한 것이고, 다른 하나는 트라우마적 뇌손상을 입은 한 남자에 관한 것이다. 이 두 연구는 《산산조각이 난 한 남자의 세계》라는 제목의 책을 통해 세상에 알려졌다. 신경심리학자 올리버 색스가 쓴 《아내를 모자로 착각한 남자》라는 베스트셀러의 제목은 단지 출판사의 마케팅 전략에서 나온 것만은 아니다. 색스가 쓴 신경심리학적 일화들은 루리야에게서 영감을 받은 내용이 아주 많기 때문이다.

수 있었지만 망각하는 능력은 없었다. 루리야가 기술한 대로 망각 능력의 결핍은 추상화 능력의 결핍과 서로 밀접하게 연관되어 있다. 루리야의 환자는 모든 것을 상세히 기억하는 능력을 지녔지만 특정한 상황에서 그것을 종합하는 능력이 부족했다. 추론할 수 있는 능력이 없었던 것이다. 루리야가 연구과정을 기록해놓은 1936년 9월 14일자 일지를 보면 S가 한 말이 나온다.

"작년에 누군가 내게 과제를 읽어주었어요. 한 상인이 뭔가를 팔았는데, 몇 미터의 재료를 어떻게 한다는 그런 내용이었죠. '상인'이나 '판매' 같은 단어가 나오자마자 내 머릿속에서는 계산대 뒤에 서 있는 상인의 모습이 떠올랐어요. 그 사람은 상반신밖에 안 보였는데 옷감을 갖고 일하고 있었고, 옆에 놓인 회계 책이나 그 밖에 필요한 모든 물건들이 하나하나 머릿속에 그려졌지요. 하지만 그것들은 사실 과제와는 아무런 상관이 없는 것들이었고 그러다 보니 진짜 과제의 핵심이 무엇인지 기억할 수 없었어요."

지식이 많다는 것과 그것을 다 사용할 수 있는가는 별개의 문제다. 모든 것을 기억하다 보면 그것을 추상화 해낼 능력의 발달은 떨어질 수밖에 없다. 루리야가 묘사한 환자도 그런 경우였다. 추상화는 삶을 단순화시킨다. 우리의 행동을 촉진시키기 때문이다. 디테일에 집착하는 사람은 결정하는 데 대체로 시간이 아주 많이 걸린다. 추상화 능력이란 이를테면 두뇌에서 불필요한 정보를 처리하는 창조적인 휴지통과 같은 역할이다.

이러한 관점에서 보면 지나치게 뛰어난 능력을 가진 환자가 오히려 어리석으며 삶을 살아가기에 부적합한 경우가 많다. 그렇다면 어째서 현재의 교육 시스템은 실제 상황에 적용되지 못하면 아무짝에도 쓸모없는 사실을 공부하는 것에 그토록 많은 가치를 부여하는 것일까? 지식이 많을수록 지성과 능력도 크다는 믿음 때문이다. 하지만 앞에서 살펴본 예를 통해 우리는 분명히 알 수 있다. 많은 것을 알고 있다고 해서 창조적이고 뛰어난 능력을 갖춘 것은 아니다.

의사의 자격

무서운
각성의 시간이
뒤늦게 찾아온다

성공의 열쇠는 선다형 문제?

의사들의 교육과정을 좀 더 자세히 들여다보면 그 어리석음의 정도가 심각하다는 것을 알 수 있다. 의과대학에 입학하려는 학생은 대체로 대학입학 시험에서 높은 점수를 받는데, 다소 의외라고 생각할 수도 있겠다. 학생들은 공부를 하면서 어떤 형태로 실력을 평가받는가? 의학적 실력은 대부분 선다형 문제로 평가된다. 우리는 운전면허 시험 등을 통해 선다형 문제가 무엇인지 잘 알고 있다. 서너 개의 보기 중에 하나를 답으로 골라야 한다. 이것이 독일 전역에서 최고의 입학점수를 받은 학생들이 처한 현실이다. 학생들은 스스로 생각하고 분석하는 대신 선다형 문제의 답을 찾는 것을 배운다. 미리 정해진 답이 없다면 이들은 나중에 어떻게 환자를 치료할 것인가?

처음에는 최선의 의도였을지 모르지만 선다형 방식은 실제로는 정말 어리석게도 현실에 적용되고 있다. 이 방식은 교수들에 대한 불신이 폭발했던 1968년의 학생 혁명 결과이기도 했다. 그전까지는 오로지 구술시험밖에 없었기 때문에 개별적인 평가와 교수의 주관적인 견해 혹은 부정부패를 사전에 방지할 수 있는 객관적인 시스템을 도입하고자 한 것이다. 따라서 의학과와 약학과의 학생들을 위해 이른바 객관적 평가 목록이 작성돼 국가고시의 내용이 되었다. 이러한 객관적 학습 목록이 생김으로써 교수들은 중요하다고 생각하는 내용들을 가르치기보다는 교육 위원회에서 제공하는 부분만을 교과 기준으로 삼게 되었다.

그러다 보니 상황은 점점 악화되었다. 실제로 강의하는 교수의 역할은 크게 줄어들었다. 대부분의 학생이 정기적으로 갱신되는 객관적 학습목록이나 이미 출판된 시험 문제의 도움을 받아서 스스로 공부했고, 모든 것이 시험을 위해 맞추어졌다. 강사들은 의무감으로 수업을 했다. 그것이 첫 번째 실수였다. 두 번째 문제는 다른 곳에 있었는데, 시험문제에서 요구하는 지식이 대체로 10년도 더 된 것이었다는 점이다.

최근에 발견된 새로운 지식은 교과서나 객관적 학습목록 어디에도 포함돼 있지 않았다. 그 말은 학생들 사이에서 역동적인 지식 획득과 연구를 통한 새로운 지식의 평가가 제대로 이루어지지 못한다는 것을 뜻한다. 그러다 보니 책에서 배우는 것은 표준 지식에 지나지 않을 때가 많다. 특히 후성유전학이나 면역학 혹은 플라시보 치료(치료 자체로서가 아니라 암시효과 때문에 작용을 나타내는 무익 무해한 치료—옮긴이) 수업은 더 이상 증명을 요구하거나 구체적이고 실질적이지 않게 되었으며, 보다 추상적이게 되었다. 이는 수업의 질에 영향을 미칠 뿐만 아니라 더 나아가 대학 교육의 소중한 부분을 해치기에 이르렀다. 즉 사제 간에 부대끼면서 사람끼리의 소통을 통해 성숙해질 수 있는 기회를 상실한 것이다. 이로써 학생들은 의료인으로서 스스로를 준비한다기보다는 시험에 합격하기 위해 최선을 다하게 되었다. 다시 말해 선다형 답안을 최대한 많이 맞추기 위해 노력하는 사람이 된 것이다.

그러다 이들이 몇 년 후 공부를 무사히 끝내고 의사가 되고자 할 때 진정한 의술활동을 위한 교육이 시작된다. 그리고 무서운 각성의 시간이 찾아온다. 초보 의사들은 환자를 어떻게 대해야 할지, 또 이들이 심각한 질환으로 고통받을 때 어떻게 도움을 주어야 할지 아무것도 모르고 있다는 사실을 깨닫는 것이다.

가장 골치 아픈 문제는 입학시험 성적이 높은 학생들이 종종 내면의 부름에서가 아니라 사회적 특권층에 오를 수 있는 기회를 놓치지 않으려고 의학을 전공으로 선택한다는 사실이다. 그러다가 자신이 의사라는 직업에 적합하지 않다는 사실을 깨닫는다. 하지만 그때는 이미 다른 공부를 시작하기엔 늦어버리는 것이다.

다시 말해 의사가 되기에 적합한 학생의 능력을 대학이 평가하지 못하고, 한 사람의 재능과는 거의 상관없는 대학입학 성적 점수를 기준으로 의과대학생을 선발하는 것은 잘못된 선택 방식이라는 것이다. 이는 피할 수 있는 어리석음의 한 예이기도 하다.

외과의사는 숙련공이기도 하다

에른스트 푀펠은 이러한 현상을 일상적으로 경험한다. 얼마 전 그는 유명한 외과의사에게서 도움 요청을 받았다. 그 교수는 외과를 지망한 신입생들을 보고 낙담해 있었다. 많은 학생들이 외과의가 되기에는 너무 솜씨가 서투르거나 손재주가 아예 없었던 것이다. 학생들은 매우 높은 성적으로 의대에 입학했지만 외과에서는 특히 내시경을 이용한 수술 같은 경우 손재주가 필요하다는 것을 아무도 얘기해주지 않았다. 그뿐만이 아니다. 단체의식이나 사교적 능력 또한 환자나 동료 의료진을 대하는 데 있어서 필수적인 능력이다.

교수는 의사가 되기 위해 필요한 재능이 완전히 결여된 학생들에게 더 이상 시간을 낭비하지 말라는 적절한 경고를 어떻게 전달할지를 푀펠에게 상의했다. 그저 학생들에게 간단히 이야기해서 될 일은 아니기 때문이다. 이 때문에 현재 그것과 관련된 커다란 프로젝트를 계획 중이다.

그전까지 의사들은 학생과의 대화를 통해 여러 다른 분야에 대한 이들의 적성이나 사교성, 의학 공부를 하는 목적 등을 알아보고 의사가 되기 위해 필요한 이들의 신체적, 사회적 능력을 가늠할 수 있었다. 아무튼 이 예를 통해 우리는 다시 한 번 좋은 성적이 꼭 특정 직업에 관한 자격을 보장하는 건 아니라는 사실을 알 수 있다.

이러한 부정적 선발 방식이 가져온 폐해를 우리는 신문의 헤드라인을 장식하는 각종 의학계의 스캔들을 통해서도 잘 볼 수 있다. 값싸고 유해한 가슴 보형물 삽입 수술이나 환자의 인적사항을 위조해 장기 기증을 받거나, 특정 진통제의 판매 촉진을 위한 가짜 암 연구 프로젝트, 값싼 임플란트 재료를 비싼 값을 받고 환자에게 시술하는 의료행위 등 수많은 의사들이 환자를 이용해 자기 잇속을 챙기고 있지 않은가. 사람들에게 진정으로 헌신하고자 하는 마음가짐 없이 너무나 많은 사람들이 의대를 졸업하는 반면, 헌신하고자 하는 많은 사람들은 의대에 입학조차 할 수 없는 이런 현실은 구조적 어리석음의 한 예다. 객관적 기준을 마련해 그에 합당한 만큼의 지적 능력을 갖춘 사람들에게 의학을 공부하도록 한 것은 아주 불공정한 시스템이다. 실제 사례를 통해 그것이 얼마나 현실에 맞지 않는 어리석은 일인지를 알 수 있기 때문이다. 사람은 제각기 다른 성향과 능력과 재능을 갖고 있다. 따라서 다른 방식으로 그 능력을 끌어올릴 필요가 있다.

환자들은 이러한 어리석음에 대해 나름의 방식으로 대응한다. 많은 환자들이 기존의 의학체계를 떠나 다른 방식의 치료자에게 신뢰를 보낸다. 그 결과 비의학적 치료사나 대안적 치료사가 수년 전부터 큰 인기를 얻고 있다. 이는 제대로 된 보살핌과 이해를 원하는 환자들의 열망이 그만큼 크다는 반증이다.

대부분의 질병은 —연구에 의하면 거의 절반 정도— 현대 의학이 그 원인을 확실히 밝혀낼 수 없는 기능적 장애인 경우가 많다. 치료사는 환자의 생활환경이나 심리적 고민을 들어주며 플라시보 효과를 이용해 종종 현대의학보다 더 큰 치료 효과를 거두기도 한다.

과학적 속임수

세속적 관점에서

사실이 조작될

경우

사과와 배

사과와 배는 비교가 불가능하다. 다만 기준이 확실할 때 어떤 것이 더 나은지는 말할 수 있다. 과즙으로 따지면 배가 더 맛있다. 식감에서는 사과가 더 나을 수 있다. 하지만 순위를 매기기 시작하면 이 명백한 원칙이 무시된다. 최고의 의사와 최고의 대학, 최고의 휴양지와 최고의 여행 코스 등 실제로 있지도 않은 비교 기준이 활개를 친다. 신경과학을 연구하는 창의적인 연구진이 많은 대학과 시장에 적합한 현실적 지식으로 무장한 엔지니어들을 배출하는 것을 목적으로 하는 대학을 어떻게 서로 비교할 수 있겠는가?

미국의 과학 이론가 토마스 S. 쿤Thomas S. Kuhn은 이러한 문제에 주목했다. 《과학 혁명의 구조》라는 주요 저서를 통해 그는 패러다임의 개념을 보다 쉽게 이해시키려고 했다. 패러다임은 우리가 더 이상 질문하지 않는 특정한 관점을 일컫는다. 가령 지구가 태양의 주위를 돈다는 것과 같은 것이 그렇다. 하지만 '빛보다 빠른 것은 없다'와 같은, 최근까지 사실이라고 알려진 패러다임도 있다. 이러한 패러다임은 대학의 연구 방향과 방식을 결정한다. 불확실성을 제거하기 위해 패러다임의 새로운 증거를 제시하고 기존 가설의 구조로부터 새로운 법칙을 세우기도 한다. 에른스트 푀펠은 "우리는 그것을 주류 연구라고 부른다. 주류는 흐름을 따라가는데, 창의적인 아이디어는 이 흐름에 적응하지 못한다"라고 주장한다.

심오하거나 이해하기 힘든 비범한 생각은 종종 과학 잡지에서 출판을 거절당한다. 또한 논문 출판의 양이 종종 대학의 순위에 영향을 미치기 때문에 창의적인 연구물은 그다지 환영받지 못한다. 연구자들도 대부분 이미 자신의 사고를 제한하고 있다. 이에 대해 푀펠은 "자신을 신뢰하기보다는 순위 매기기에 자신의 가치를 맞추는 경우가 많다 보니 주류에서 인정된 사실만을 계속해서 수집하는 것이다"라고 말한다. 연구자와 과학자는 이미 잘 닦인 길 위에서만 활발하게 사유한다. 이 또한 예기치 않은 분야에서 발견하게 되는 것을 놓치게 만드는 어리석음의 신호다.

한 걸음 더 깊이

〈과학 혁명의 구조〉

토마스 S. 쿤 지음, 슈르캄프 출판사, 1996

토마스 쿤은 유명한 개념 '패러다임'에 대해 설명한다. 과학적 작업은 언제나 '주류'라고도 불리는 특정 프레임 안에서 이루어진다. 하지만 이러한 패러다임을 대부분의 과학자가 의식적으로 추종하는 것은 아니다. 오히려 그들은 자신들이 더 이상 질문하지 않는 특정 관점으로 모든 것을 바라본다는 사실을 의식하지 못한다(하지만 이는 과학자에게만 국한된 사실은 아니다. 정치가나 사업가, 관리자나 종교인, 무역협회 회원이나 여행가를 비롯한 모든 사람들에게도 해당되는 문제). 특정 과학의 패러다임을 대표하는 과학자가 완전히 새로운 사고를 하도록 하는 것은 불가능하다. 새로운 사고를 주장하느니 차라리 '죽음'을 택하는 게 나을 것이다.

만약 특정 패러다임 안에서 연구하는 과학자의 연구기간을 30년 정도로 본다면 한 세기 동안 하나의 연구 분야에서 사용되는 패러다임은 많아 봤자 3개 정도일 것이다. 인간의 느린 반응은 진정한 혁신에는 실제로 도움이 되지 않는다. 하지만 언제나 새로운 것만 찾을 필요가 있을까? 우리가 늘 죽어라고 추종하는 진보가 무슨 '성스러운 소'나 '황금 송아지'라도 된다는 말인가? 때로는 인간의 편협함이 지나친 진보로부터 우리를 보호해주는 역할을 하는 것은 아닐까?

주류에 사로잡히다

얼마나 많은 과학자들이 속임수를 쓰고 복제를 하는지 알게 되면 아마 놀랄 것이다. 한번 떠올려보자. 대학의 사고방식은 주류에 의해 결정되는 경우가 많고, 새로운 가설은 대학 연구와 매우 밀접한 관계가 있다. 그러다 보니 연구 결과와 실험 결과를 미리 예측하는 것도 거의 대부분 가능할 정도다. 어떤 과학자와 연구자는 연구 결과의 결론을 내리기도 전에 전략적인 이유로 박사 논문이나 연구 논문을 쓰기도 한다. 이처럼 미리 엉성한 구성을 해놓고 나중에 측정된 숫자만 추가하는 식이다. 최악의 경우에는 수치마저 조작되기도 한다. 데이터의 환경이 기대에 못 미칠 때 이런 일이 발생할 수 있다. 모든 연구 과정이나 견해가 특정한 방향을 가리킬 때 현존하는 패러다임을 뒤집는 '적절하지 못한 수치'의 탓으로 돌리며 쉽게 수치를 조작하게 되는 것이다.

현대 과학사에서 엄청난 스캔들을 일으킨 사건에는 조작된 수치가 개입된 경우가 많다. 2004년 한국의 수의학자 황우석은 인간 체세포 배아 복제에 성공했다고 발표했다. 이는 수많은 공상과학 소설에서 이미 예견한 획기적인 발견이었다. 물론 양이나 송아지의 복제가 가능하다는 건 이미 과학적으로 증명된 사실이므로 어찌 보면 당연한 것이기도 했다. 하지만 2006년, 그때까지 화려한 주목을 받았던 연구 결과가 완전한 사기이며 모든 결과가 조작에 의한 것이라는 사실이 밝혀졌다. 가짜 연구 결과로 인해 진정한 혁신을 위한 노력이 빛을 잃게 되는 것은 운명의 아이러니가 아닐 수 없다. 2007년에 황우석 연구팀은 실제로 줄기세포 생산이라는 획기적인 연구 성과를 이루었지만 그것의 실제 성공은 아무런 주목을 받지 못했다.

그렇다면 미국의 심리학자이자 행동주의학자인 마크 하우저Marc Hauser의 연구 부정 스캔들은 어떻게 생겨났을까? 마크 하우저는 영장류의 도덕적 행동에 대한 가설, 특히 인간과 함께 사는 원숭이는 거의 인간화되어서 자신을 인식하고 언어를 감지할 수 있는 능력이 있다는 자신의 가설을 입증하기 위해 원숭이를 대상으로 한 여러 차례의 실험 연구 결과를 조작한 것으로 판명되었다. 이미 증명된 영장류의 원숭이뿐 아니라 더 단순한 원숭이 종에게도 그런 능력이 있는 것으로 결론을 내린 것이다. 이를 증명할 수 있다면 동물의 행동으로부터 인간의 도덕성에 대한 결론을 이끌어낼 수 있다고 생각한 마크는 자신의 가설에 맞추어 연구 관찰 결과를 조작한 것이다. 하우저가 재직했던 하버드 대학은 이를 인정하고 2010년 여덟 건의 연구 부정 사례를 공표했다. 하우저는 이 일로 1년 동안 무급 휴직 처분을 받고 일선에서 물러났다.

대학 교수의 기만행위는 말할 것도 없이 충격적인 사건이다. 하지만 더 충격적인 것은 일반적 관점에서 벗어나지 못한 논문들이 아직도 출간되고 있다는 사실이다. 하우저는 이후 원숭이 실험을 다시 실행해야 한다는 외부 압력에 굴복해 똑같은 실험을 되풀이했지만 결과는 역시 이전의 조작된 결론을 뒷받침해주지 못했다. 하우저는 두 번째 실험 결과도 역시 출판했다.

하지만 현재까지도 하우저의 첫 실험 결과는 마치 정설처럼 다른 연구자들에 의해 40회나 인용되었는데, 실패한 실험 결과가 인용된 것은 단 10회에 불과하다고 심리학 교수 고든 갤럽Gordon Gallup은 주장한다. 연구자들의 도덕적 결함만이 문제가 아니다. 전혀 새로운 것을 증명하기보다는 당연히 여겨온 사실을 더 쉽게 받아들이는 우리 인간의 정신적 나태도 큰 몫을 차지하는 것이다. 파울 바츠라비크Paul Watzlawick가 《불행의 추구Anleitung zum Unglücklichsein》에서 멋진 농담처럼 말했듯이, 우리 인간은 어둠 속에서 연구하는 것보다는 밝은 곳에서 뭔가를 찾는 것을 더 편하게 여긴다. 술 취한 남자가 가로등 밑에서 바닥을 더듬거리며 자동차 열쇠를 찾고 있다. 경찰이 다가와서 그가 찾는 것을 도와주려 한다. 하지만 열쇠를 찾을 수가 없다. 결국 경찰은 확실히 그곳에서 열쇠를 잃어버린 게 맞느냐고 묻는다. 그 남자가 대답한다. "아니, 사실 여기가 아니라 저기서 잃어버렸어요. 하지만 저긴 너무 어두워서 아무것도 볼 수 없거든요."

과학 분야에서도 많은 이들이 그저 잘 관찰되는 부분만 살피고자 한다. 확인된 과학이라는 밝은 빛을 떠나 낯선 영역과 직면한다는 것은 패러다임의 전환을 의미한다. 누가 그것을 원하겠는가? 그보다는 자료 몇 개를 조작하는 편이 더 쉽지 않겠나. 사실 조작된 것은 대부분 드러나지만 모두가 다 그렇지만도 않다. 무엇보다 누구한 사람 그것을 파생시킨 체제에 의문을 품지 않는다. 오히려 스스로를 더욱더 공고히 하려고 한다. 그러다 보니 당연히 검증된 부분만 확인하고 입증하려 하며 사실의 위조 따위엔 눈을 돌리려 하지 않는다. 하지만 자신을 부정하는 태도는 특히 과학자가 지녀야 할 부분이다. 자기 부정의 과정을 거쳐 성공했을 때 비로소 자신의 가설이 확실히 방수 장치가 되었다는 사실을 받아들일 수 있는 것이다. 하지만 과학계에서는 위조된 연구라는 사실이 널리 퍼져도 그것이 확실히 발각되기 전까지는 연구 성과가 지속되는 경우가 많다. 출판물의 범람이 그 원인으로, 광범위한 확인이 불가능하기 때문이다.

조 언!

**창의성과 비판의식을
별도로 분리하기**

사회의 시스템은 알게 모르게 속임수를 부추긴다. 우리는 일정 선을 벗어나지 않는 규격화된 사고 방향으로 헤엄치고 있으며 그러다 보면 진정으로 새로운 무엇인가를 발견하고 그것을 타인에게 알려주기란 거의 불가능해진다. 하지만 새로운 것을 개척해 나가는 부분에서는 긍정적인 측면도 있다. 기존 견해를 단순히 반복하기보다는 스스로를 단련시키고 한 단계 앞서 사고할 수 있다는 점이다. 게임을 하듯이 일단 기존 사고에 대한 반대의 논점을 개진해보라. 창의성을 발휘할 수밖에 없다는 것을 알게 될 것이다.

'누가 그 생각을 받아들일 것인가'를 생각하면 새로운 것을 창조하는 전망은 상당히 제한될 수밖에 없다. 그러다 보면 결과가 좋지 않을 경우에 대한 두려움과 주위의 기대 심리에 대한 압박이 쌓여간다. 창조 과정에서 생겨나는 두려움을 없애기 위해서는 비판과 창조라는 두 가지 측면을 두 개의 창구로 분리할 필요가 있다. 우선 새로운 생각과 정의를 정리해서 끝까지 저술한다. 이때는 자유롭고 창의적이며 비정상적인 생각도 과감하게 기술한다. 그런 다음 자신이 저술한 부분을 비판적으로 검토해보거나 가까운 친구들에게 보여주어라. 이런 식으로 분리해놓으면 창의성을 발휘할 때에는 비판적 사고를 의식할 필요가 없다(창의성에 대한 여러 다른 제안들을 에른스트 푀펠과 베아트리체 바그너가 쓴《본질적으로 창의적인*Von Natur aus kreativ*》에서 확인할 수 있다. 더 자세한 사항은 제9장을 참고하라).

남과 다르게 살지 않기

사회심리학자 솔로몬 애쉬Solomon E. Asch는 이미 1950년대에 순응주의 실험을 통해 의견을 달리하지 않으려는 인간의 욕망이 얼마나 강한지를 증명한 바 있다. 눈앞에 4개의 선이 있다고 상상해보라. 그중 3개의 선은 짧고 다른 하나는 분명히 더 길다. 그렇다면 4개의 선이 똑같이 길지 않느냐는 질문에 당신은 어떻게 대답하겠는가? 물론 아니오,라고 대답할 것이다. 하지만 애쉬의 실험에서 피실험자들은 대부분 4개 선의 길이가 똑같다고 대답했다. 왜 그랬을까?

질문은 네 명으로 이루어진 집단에게 주어졌다. 그중 세 사람은 사전에 선 4개의 길이가 똑같다고 대답하라는 요청을 받았다. 마지막으로 질문을 받은 실제 피실험자는 너무 혼란스러운 나머지 자기 감각을 의심하기 시작했다. 다른 사람과 반대되는 의견을 내놓기엔 자신감이 부족했던 것이다.

우리는 규범에 어긋나는 행동이나 생각을 할 때 너무 쉽사리 사회적 압력에 굴복한다. 이와 같은 적응에서 비롯되는 어리석음을 우리는 많은 사회단체를 통해 볼 수 있다. 맥주나 와인 한 잔씩을 들고 둘러앉은 사람들 중에 누군가가 말도 안 되는 이론을 펼친다. 예를 들면 이슬람교도나 중국인들은 모두 장사꾼과 같으며 모든 정치인이 부패했다는 논리 등이다. 그럴 때 말이 안 되는 주장이라는 것을 알면서도 우리 대부분은 그저 평화를 위해 입을 다문다.

언론

**사실의 단순화는
어떻게 어리석음으로
연결되는가**

받아먹기 좋은 크기로 축약된 의견

사람들은 어떻게 그와 같이 일반화된 주장을 할까? 복잡한 사회 상황에서도 정치적 당파에 따라 몇 가지 의견으로만 나누어지는 이유는 무엇일까? 이것은 언론이 행하는 어리석음과 관련이 있다. 복잡한 상황을 있는 그대로 묘사하는 데는 한계가 있기 때문에 언론인이나 기자들은 의견을 단순화시켜 보도하는 것이다. 이는 흔히 능력을 인정받고 주요 시안 질의에 답할 만한 몇몇 사람을 대표로 내세움으로써 이루어진다. TV 토론에서도 이들은 특정한 위치에 있는 토론 지도자에 의해 그 존재가 고정된다. 토론이 진행되는 동안에는 뉘앙스라든가 암시의 여지는 사라지고 도끼로 나무 베듯이 모든 것이 명백해야 한다. 또한 시청자나 독자들은 받아먹기 좋을 정도로 축약된 의견을 받아들이고 특정 집단의 대표나 정당, 혹은 극단적인 경우 선동가의 말에 따르도록 훈련된다.

이를 단순히 어리석다고만 볼 수 있을까? 잠시 역사를 돌아보는 것만으로도 터무니없이 일반화된 견해가 획기적 계기로 작동할 수 있음을 깨닫게 될 것이다. 가령 1943년 괴벨스가 "여러분은 전면전을 원하는가?"라고 대중에게 물었을 때 열화와 같은 호응을 받지 않았는가? 언론에서 지속적으로 논의되는 주제 중 하나는 남녀 사이의 소통 문제다. 우리는 여성이 입에 발린 유혹의 말과 칭찬을 구별할 수 있을 만큼 충분히 현명하고 자신감에 차 있다고 생각한다.

칭찬의 경우에는 당연히 기뻐할 일이지만 입에 발린 유혹이라면 바이에른 지역의 표현을 빌자면 '무시하는 것도 아까운', 다시 말해 완전히 무시해버릴 일이다. 성공한 남성우월주의자들이 주로 그런 식의 표현으로 여성을 유혹하곤 한다. 이들에게는 무시가 가장 큰 징벌이다. 하지만 여성과 남성의 직업적 · 사회적 지위의 차이가 클 경우는 예외가 된다. 지위나 권력을 이용한 유혹이라면 이는 철저하게 대처해야 한다.

하지만 살다 보면 누가 힘이 센지, 어떻게 그 힘을 이용할 것인지 불분명할 때가 종종 있다. 이 글을 쓸 당시 독일에서는 자민당 총수인 라이너 브뤼덜레가 《스테른Stern》지의 기자에게 한 성희롱성 발언에 대한 논쟁이 한창이었다. 이 대담은 단순 사건을 넘어 여성과 남성의 소통 방식에 대한 열띤 논쟁으로 확대되었고 그러다 보니 상황은 문제를 해결하기보다는 오히려 더 복잡하게 진행돼, 생각을 말하기 전에 매사에 조심스럽게 계산해야겠다는 결심을 하게끔 한다. "자신을 보호하기 위해 자연스러운 표현을 자제하고 자신을 통제하게 된다. 어떤 상황에서 자연스럽게 했던 말이 나중에는 특정 의도로 왜곡될 수도 있기 때문이다." 에른스트 푀펠은 이렇게 냉소한다. 성에 대한 이러한 논쟁 이후에 그는 앞으로 여성에게 단순한 칭송을 보내는 것이 가능할지 자문해보았다. 그는 총회에서 만난 프랑스 여인에게 칭찬을 해도 될지 미리 양해를 구했다. 또 호텔의 엘리베이터에 여성 혼자 탄 것을 보고 타기 전에 세 번이나 망설였다. 에른스트 푀펠은 "매력적이라는 표현은 좋지만 남성우월주의는 안 된다는 것이다. 하지만 그 경계가 분명하지는 않다. 그러다 보니 우리는 얘기를 나눌 때 점점 더 자신을 통제하게 되고 혹시나 말이 그 본래 의미를 잃고 다른 방향으로 왜곡될까 봐 단어 하나하나를 저울질하게 된다"라고 말했다.

소통은 언제나 몸짓을 동반한 비언어적 형태를 동반하고 있으며, 서로가 마주해 직접 대화를 나누는 경우라면 상황에 딱 맞는 단어를 사용하지 않더라도 상호 이해가 가능하다. 이러한 관계가 아니라면 같은 말이라도 완전히 다른 의미를 지닐 수 있다.

한 걸음 더 깊이

《나 자신에 대하여 – 기억의 모음 Über mich selbst》
조셉 콘래드 Joseph Conrad 지음, 피셔 출판사, 1982.

이 책의 '거침없는 서문'에서부터 독자들은 선원으로 출발했으나 31세에 언어적 재능을 발견하고 세상 구석구석을 여행하며 글을 쓴 작가의 냉정한 문장을 접할 수 있다. 이 책에서 콘래드는 좀 더 자세히 묘사한다. '다른 사람을 설득하려는 사람은 논쟁의 내용에 매달릴 것이 아니라 그에 맞는 표현을 잘 선택해야 한다. 말재주의 힘은 항상 이성의 힘보다 크다.' 선동가들은 이러한 점을 누구보다 잘 활용해 대중을 현혹시킨다. "여러분들은 전면전을 원합니까?" 제2차 대전의 패색이 짙어가는 와중에 이 같은 괴벨스의 말에 군중은 열광하며 정신 나간 듯이 "그럼요!"라고 외쳤다. 정말로 얼간이 같은 짓이지만 이 같은 과거에 치를 떠는 우리도 만약 똑같은 상황이 된다면 (모든 사람은 아니겠지만) 똑같이 열광적으로 외칠 가능성이 농후하다.

그럼 우리는 남이 말하는 것을 멍청히 바라볼 뿐 어떤 행위도 하지 말아야 할까. 그보다는 유행을 좇는 양떼들의 본질을 파악하는 데 우리의 지성을 사용해보는 건 어떨까? 올포트Allport와 오드버트Odbert가 제시한 성격의 다섯 가지 요인 모델에 의하면 우리 인간은 앞의 질문을 가능하게 하는 값진 특징을 지니고 있다. 즉 새로운 경험과 개념에 대한 개방성이다. 이 개방성을 단련시켜 다른 사람의 의견을 신중히 듣고 그것의 전체 맥락과 의미를 파악해보는 것은 어떨까. 또한 남의 말에 반응하기 전에는 항상 작은 쉼표가 필요하다. 이 휴지기는 당신이 상대의 화법에 현혹되기 전에 그것을 곱씹어볼 수 있는 시간을 제공한다.

한 걸음 더 깊이

《인간, 그 본성과 세계에서의 위치 Der Mensch. Seine Natur und seine Stellung in der Welt》
아르놀트 겔렌Arnold Gehlen 지음, 아울러 출판사, 2009.

인간과 다른 존재를 구별하게 만드는 것은 무엇일까? 사회학자 아르놀트 겔렌은 욕구의 분출과 그것의 충족 사이에 존재하는 '간격'이라고 말한다. 인간은 다른 동물과 비교할 때 이러한 간격이 특히 긴 동물이다. 이 간격은 인간을 문화적으로 성숙시키는 역할을 했다. 표면적으로는 매우 긍정적인 신호 같지만 여기에는 상반되는 부분도 존재한다. 그 간격 속에서 인간은 어리석은 짓을 무수히 저지르기 때문이다. 장고 끝에 악수 둔다고, 오랜 숙고 끝에 우리가 저지르는 수많은 개인적·정치적·경제적 실수와 잘못을 생각해보라. 중간의 간격을 두고 자신에게서 멀찍이 물러나 생각하고 계획한다고 해서 그 결과기 항상 좋고 옳기만 한 것은 아니다. 자신이 소망하는 것과 행동으로 옮기는 것의 간격이 너무 길거나 짧으면 정확한 결정시기를 놓치게 되므로 어쩌면 '간격에 대한 감각' 혹은 '휴지기에 대한 의식'을 따로 발전시킬 필요가 있을지도 모른다. 정확한 타이밍을 놓쳐 기회를 잃어버리는 경우가 많기 때문이다.

자기 반영에 대해서는 임마누엘 칸트가 1784년에 쓴《질문에 대한 답: 계몽이란 무엇인가? *Beantwortung der Frage: Was ist Aufklärung*》를 가까이 두고 매일 저녁 읽어볼 필요가 있다. 칸트는 다음과 같이 썼다.

'미성년의 삶을 사는 것은 무척 편리하다. 내 마음을 키워줄 책이 있고 내 양심을 돌봐주는 사제가 있으며 나의 식습관을 챙겨주는 의사 등이 있다. 그러니 나 자신이 있을 필요조차 없는 것이다. 생각할 필요도 없고 기도만 하고 있으면 누군가가 나의 귀찮은 부분을 해결해줄 것이다.'

물론 칸트가 앞서 말한 부분을 가치 있는 삶이라고 여긴 것은 아니다. 오히려 그는 말한다. '자기 마음을 주체적으로 사용할 수 있는 용기를 가져라!' 다른 책에서 칸트는 다음과 같은 유명한 말을 남기기도 했다. '스스로 생각한다는 것은 자기 스스로 진실의 정점을 찾아가는 것과 같다. 또한 언제든지 독립적으로 사고하는 것이 바로 계몽의 핵심이다.' 18세기에는 프로이센의 대학에서 자발적 사고를 가르치기도 했다(칸트는 쾨니히스베르크 대학에서 가르쳤다).

수 세기 동안 대학의 임무는 국가에 봉사할 유능한 시민과 공무원을 배출하는 것이었다. 프리드리히 대제가 1770년 5월 퓌어스트 장관을 통해 프로이센 대학에 "자발적 사고를 단련시켜라"라는 명령을 내림으로써 사고의 전환을 꾀하기 전에는 말이다. 이와 같은 언명 뒤에는 계몽적 사고가 내재돼 있었다. 국민들은 더 이상 복종의 압력과 처벌에 굴하지 말고 자신의 목소리를 따라 바른 선택을 할 수 있는 길을 찾으라는 것이었다. 실제로 이와 같은 포고가 있고 나서 의견을 형성하고 자기 관점을 표현하는 것을 배우는 신학적·철학적 토론 모임이 많이 활성화되었다. 적어도 쾨니히스베르크 대학 내에서는 이러한 태도가 보장되었다.

오늘날 언론의 자유는 헌법에도 보장되어 있다. 계몽과 민주의 아버지들이 우리에게 준 이 값진 선물을 정말로 어리석음과 게으름과 두려움 때문에 잃어버려야 할까? 그러지 않기를 바란다! 이 책에서 우리는 어리석음의 여러 가지 함정에 대해 알아보고 그것을 피할 수 있는 방법을 살펴볼 것이다.

 푀펠의 덧붙임
더 많은 지식을 축적할수록 아는 것은 점점 적어진다

지식을 얻기 위해서는 연구가 필요하다. 하지만 아는 것이 많아진다고 무식함이 줄어드는 것은 아니다. 오히려 그 반대다. 이상하리만큼 무지함이 증가한다. 지식이 진보할수록 인간이 알아야 할 근본적인 지식과의 거리는 점점 더 멀어지기만 한다. 그렇다면 연구 작업을 일절 중단하고 새로운 지식을 철저히 멀리하는 게 좋을까? 이것이 문제의 해결책이 될 수 있을까?

역사를 통해 우리는 종종 이와 같은 예를 볼 수 있다. 1430년 명나라는 왜 정화鄭和 장군이 이끈 대규모 해상 탐험 후에 모든 배들을 없애버렸을까? 정화 장군은 그전까지 유례가 없던 거대한 함선을 이끌고 전 세계를 여행했다. 그의 함대는 아프리카에까지 진출했으며 다른 세계에 대한 지식은 점점 커져갔다. 하지만 이를 통해 얻은 지식이 체제 안정을 위협하는 요소로 등장했기 때문에 배를 없앰으로써 새로운 지식을 추구하고 탐험할 수 있는 가능성까지 말살해버린 것이 아닐까 추정된다. 나치 정권은 왜 수많은 책들을 불태웠을까? 그 책들에는 다양한 견해를 갖게 만드는 너무나 많은 지식이 담겨 있었기에 이로 인해 체제가 불안해질 수 있다고 판단했을 것이다. 그렇다면 독재 체제는 어째서 사람들이 지식에 접근하는 것을 막고 새로운 지식이 등장하는 것을 억압했을까? 도서관은 어째서 폐쇄되거나 불타야 했을까? 지식이 폭발적인 힘을 가져서가 아니라 모든 대답은 새로운 질문이나 의심을 불러일으킨다는 사실 때문이 아니었을까. 많은 것을 알고 있는 사람은 모든 확실성 뒤에는 불확실성이 도사리고 있다는 사실 또한 잘 알고 있다. 그런 사람들은 맹목적으로 독재 체제를 신뢰하지 않는다.

막스 플랑크Max Planck는 이미 100년도 훨씬 더 전에 물리학이 종착점에 도달했으며 모든 의문점이 다 해결되었다고 이야기했다. 하지만 양자역학이라든가 상대성이론 혹은 우주론 등이 물리학에 등장한 것은 그 후의 일이다. 또한 엄청나게 축적된 지식에도 불구하고 자연의 신비에 더 다가갈 수 없는 영역도 있다. 우주는 우리의 상상력을 훌쩍 능가한다. 우리는 지구의 일상에서 접하는 자연의 법칙을 우주의 법칙으로까지 적용할 수도 없다. 휘어진 공간이나 4차원의 세계 혹은 무한성 등은 우리의 이해 능력을 뛰어넘는 부분이기 때문이다. 따라서 우리는 절대로 지식의 끝에 도달하지 못할 것이다.

경제의 모토는 바로 '시간은 돈이다'이다.

이 같은 생각은 미국을 개척한 아버지이기도 한 벤저민 프랭클린의

《젊은 상인에게 보내는 편지》에도 잘 나타나 있다.

그의 말은 최근 다보스포럼 회장 클라우스 슈바브에 의해 업데이트되었다.

"큰 것이 작은 것을 잡아먹는 게 아니라 빠른 것이 느린 것을 잡아먹는다."

이는 모든 분야에 해당된다. 신상품을 먼저 출시하는 기업은

경쟁사에 비해 훨씬 더 이익을 본다.

퀴즈 쇼에서는 먼저 대답하는 사람이 승자가 된다.

달리기에서는 먼저 들어오는 사람이 금메달을 딴다.

그러다 보니 우리는 점점 더 속도에 집착한다.

많은 분야에서 이미 우리는 속도의 한계에 도달했다.

인간의 능력으로는 더 이상의 속도 증가가 불가능한 분야 말이다.

Chapter
2

속도 중독

빠른 속도가 우리를
어리석게 만든다

주식시장

10억 분의 1초의
속도에서 얻어지는
이윤의 극대화

구석기에서 초고속 기술시대까지

2012년 11월 28일. 스웨덴 주식시장에서는 몇 초 사이에 금값이 30달러 폭락했다. 그러자 갑자기 여기저기서 한 금광의 연간 생산량에 맞먹을 만한 엄청난 양의 매물이 쏟아져 나왔다. 금은 대체로 안정적인 투자 상품으로 그렇게 극단적인 가격 폭락은 잘 발생하지 않는다. 같은 날 스웨덴 크로나 460조 가치에 달하는 파생상품의 거래가 이루어졌는데, 이는 스웨덴의 국내총생산(GDP)의 131배에 해당하는 액수였다. 주식시장은 일대 혼란에 빠졌다. 이유가 무엇일까? 그 답은 전반적으로 컴퓨터로 작동되는 주문방식에 있다. 이들은 끔찍하게 빠른 속도로 시장에 전달되며 주문자가 의도하지 못한 효과를 일으킨다. 하지만 그 과정의 처리 속도로 인해서 건강한 상식이라는 요소는 실종되고 중간 개입의 가능성도 사라진다. "그러다 보니 시장이 단기적인 혼란 상태에 빠지는 것"이라고 독일 은

행의 투자 파생상품 전문가인 슈테판 암브루스테르 씨는 말한다.

대부분 컴퓨터로 작동되는 현대 주식시장의 주문은 초고속 기술로 이루어진다. 많은 양의 주문 명령어도 주식시장에서 소위 고주파 거래HFT(High Frequency Trading)라 불리는 수단으로 축약되어 눈 깜짝할 사이에 고성능 컴퓨터 계산 방식에 의해 매매가 이루어진다. 매매에 반응하는 방식도 그와 유사하다. 고주파 거래는 우리의 의식 속에 아직도 남아 있는 전통적인 주식시장의 거래 형태와는 전혀 다르다.

미친 듯이 종이를 공중에 휘두르며 주식 가격을 외쳐대는 주식시장의 브로커는 까마득한 구석기 시대의 유물처럼 느껴진다. "오늘날에는 고주파 거래 컴퓨터가 주식시장의 거래를 독립적으로 이끌어간다. 거래 시간은 100만 분의 1초 혹은 10억 분의 1초 단위로 측정된다. 1초도 안 되는 짧은 시간 속에서 발생하는 가격 차이를 통해 이윤을 얻는 거래 방식이다"라고 암브루스테르 씨는 설명한다. 100만 분의 1초 혹은 10억 분의 1초 단위라, 이건 믿을 수 없이 짧은 시간 단위가 아닌가? 이렇게 짧은 시간 동안 거래를 한다는 것이 과연 가당키나 하단 말인가?

자연 속도의 한계와의 싸움

가능하다. 암브루스테르 씨에 따르면 100만 분의 1초 혹은 10억 분의 1초 단위의 주식 거래는 장기 거래 방식이 아니라 단기적 주식 이동을 통한 거래라는 것이다. 만약에 컴퓨터가 마드리드 주식시장에서 주식 한 주를 35.83유로에 사서 런던 주식시장에 감지하기도 어려울 만큼의 짧은 시간에 35.86유로로 팔았다고 하자. 그러면 3센트라는 이익이 남는다. 만약 일시에 50만 주를 팔았다면 이익은 벌써 1만 5천 유로가 되는 것이다. 컴퓨터를 작동시킴으로써 주식 브로커는 인식하기조차 어려운 짧은 기간 동안 1만 5천 유로를 번다는 것이다.

이에 대해 에른스트 푀펠 교수는 말한다. "사람은 근본적으로 속도를 내는 데에 한계가 있다. 스크린 위에서 벌어지는 변화를 인지하기에는 30분의 1초 정도는 필요하다. 이것은 3만 마이크로초와 같다." 보이는 것에 대해 판단하고 사고하는 동안 고주파 거래 컴퓨터는 벌써 10배도 넘는 거래를 성사시켜서 이윤을 극대화한다.

증권 분석가인 프랑크 스토커는 2012년 12월 1일자 《디 벨트*Die Welt*》지에서 '컴퓨터의 장점은 주식 거래를 전혀 감정의 동요 없이 어떤 인간보다도 빠르게 해낸다는 사실'이라고 말했다.

컴퓨터가 빠를수록 결정을 내리는 컴퓨터의 알고리즘도 더 향상되며 이로 인해 이익도 더 커진다. 또 종종 실제로 증권 거래가 없는데도 거래가 이루어지기도 한다. 슈퍼컴퓨터는 또한 속도를 이용해 거래를 활성화하기도 한다. 엄청난 양의 주식을 주문하면 다른 슈퍼컴퓨터가 그것을 인지하여 같은 주식을 구매 주문하는 식이다. 그동안에 처음 주식을 주문한 투자가는 주문을 취소해버릴 수 있다. 여기서 손해를 보는 투자가는 처리 속도가 느린 컴퓨터를 가진 사람이다. 물론 이 모든 거래는 거래 시간에만 이루어지는 것이 아니라 논스톱으로 이루어진다. 이 세상 어딘가에는 항상 주식시장이 열리고 있기 때문이다. 매일 24시간, 그리고 일주일에 7일 내내.

자기반성의 기회인가 아닌가?

속도 경쟁은 여기서 끝나지 않는다. 몇 마이크로초(100만 분의 1초)를 절약하고 경쟁자의 최고 기회를 빼앗기 위해 요즘에는 컴퓨터를 주식시장 체계에 가장 가깝게 정렬하기도 한다. 정보를 전송할 때 데이터선 1킬로미터당 적어도 1000분의 100초가 소요되기 때문이다. 이렇게 컴퓨터와 주식시장이 점점 더 가까워지다 보면 어느 날에는 모든 주식거래가 거대한 슈퍼 계산기로 이루어지지 않을까? 컴퓨터가 말 그대로 스스로 작동하며 어처구니없는 속도로 엄청난 거래량을 운반할 것이다.

　가만히 선 채로 고래고래 소리 지르는 일은 엄청난 에너지를 필요로 한다. 컴퓨터가 스스로 거래활동을 해준다면 사람들은 증권가를 벗어나 자기가 하고 싶은 일을 하면서 살 수 있을 것이다. 멋진 여름 밤 사랑하는 사람과 함께 걸으며 행복한 시간을 누릴 수 있다. 느긋하게 책 한 권을 다 읽을 수도 있고 아이들과 실컷 놀아줄 수도 있다. 숲 속으로 들어가 고요한 산책을 즐길 수도 있다. 무엇보다도 쉴 새 없이 이메일을 확인할 필요도 없이 스마트폰을 끄고 느긋하게 지낼 수 있다. 얼마나 멋진 일인가. 하지만 아직 꿈을 이루기에는 갈 길이 먼 듯하다. 우리가 과연 자기반성을 하는 날이 올까? 슈테판 암브루스테르는 "생활의 다른 영역이나 사적인 영역에서도 컴퓨터화가 이루어질 날은 분명히 올 것"이라고 주장한다. 문제는 다만 그것이 어떤 식으로 이루어질 것인가 하는 것이다. 그는 "단순한 고주파 거래 방식은 증가하는 증권거래세 때문에 큰 이윤을 남기기 어려울 것이므로 언젠가는 종말을 맞을 것이다. 그렇다고 해서 기능이 원활한 전자 거래 방식에서 전통적인 주식 거래 방식으로 돌아가지는 않을 것이다"라고 말한다. 금융 산업 분야의 자동화 수준은 자동차 산업 분야에 비교하면 한창 시대에 뒤떨어져 있다는 것이 그의 생각이다. 그는 금융 산업 분야에도 지난 20년 동안 상당한 변화가 일어났으며 주식거래 분야뿐 아니라 금융계의 다른 분야에도 앞으로 많은 발전이 있을 것으로 기대했다.

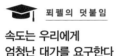

퇴펠의 덧붙임

속도는 우리에게 엄청난 대가를 요구한다

"컴퓨터가 나쁘다는 것이 아니라 컴퓨터의 결정을 좌우하는 알고리즘의 목적이 나쁘다는 얘기다. 이것은 지속성이나 사회적 정의와 무관할 뿐 아니라 전쟁이나 평화와도 아무런 관련이 없다. 참으로 어리석은 짓이다"라고 두뇌 연구가인 에른스트 푀펠 교수는 말한다. 컴퓨터의 신속한 거래 방식은 이 사회에 어떠한 이익도 가져다주지 않는다. 이로 인해 엄청난 돈을 버는 거래자가 생기기는 했지만 일부에 지나지 않는다. 대부분은 아무런 이익도 챙기지 못했다.

그는 또 이렇게 덧붙였다. "물론 컴퓨터를 작동시키는 알고리즘은 사람들이 만든 것이다. 장기적으로 지구에 도움이 되는 주식만을 사도록 컴퓨터에 직접 명령을 내릴 수 있을 만큼 우리 인간이 현명하지 못하다는 건 애석한 일이다. 이를테면 인간이나 자연을 착취하지 않고 대기를 오염시키지 않으며 지속 가능한 상품을 생산하는 회사의 주식 말이다. 속도에 대한 인간의 집착은 어리석다. 단기간의 경제적 이익에 눈이 멀어 자연 자원의 한계와 우리 삶의 현실

을 고려하지 않는다." 속도는 집단적 사고만 어리석게 만드는 것이 아니라 개인의 사고도 어리석게 만든다. 대다수의 사람은 '더 많은 것'을 추구한다. 더 많은 성공과 권력, 특권과 더 많은 돈, 더 많은 아름다움 등등. 무엇인가를 이루려고 하고 무엇인가에 도달하려고 하는 것은 인간의 본성이다. 하지만 '더 많은 것'을 향한 표면적인 사냥에만 매진하다 보면 진정한 즐거움과 흥미, 그리고 가치를 잃어버린다. 또 경제적 풍요 속에서 시간의 풍요로움까지 누리려는 생각은 참으로 어리석다. 성공한 사람 열 명 중의 아홉은 과중한 업무로 시간에 쫓기는 삶을 살고 있으며 영원히 일에서 놓여날 수 없을 것 같은 압박감에 시달린다.

번아웃 증후군

극도의
무기력
상태

 실 제 사 례
모든 것을 한꺼번에
끝장내고 싶은 욕구

시간의 속도와 압력이 지나치게 되면 미래의 증권가 컴퓨터뿐 아니라 사람들도 '극도의 무기력' 상태에 놓이게 될 것이다. 이것을 '만성 피로로 인한 우울 상태' 혹은 '번 아웃' 상태라고 부른다. 이러한 상태는 최근 몇 년 동안 많은 사람의 입에 오르내리고 있다. 지인 중에 이름을 밝히길 꺼려하는 한 여기자는 그 같은 상태를 직접 경험했다. "노트북 컴퓨터 앞에 앉아 있는 머릿속으로 수많은 그림들이 지나갔다. 무엇을 더 해야 하나? 어떻게 해야 할까? 한꺼번에 모든 것을 해결할 수 있는 방법은 없을까?" 어느 순간 그녀는 한 가지 일을 끝내고 다른 일을 시작하는 게 아니라 모든 것을 한꺼번에 처리하려는 자신을 발견했다. "기사를 쓰면서 나는 당장 송금도 해야 한다는 사실을 깨달았다. 또 재빠르게 먹을 걸 준비하는 동안 치과에 예약 전화를 하거나 인터뷰할 사람과 약속을 정해야 했다. 그러다 보니 스파게티 면은 끓어 넘치

기 일쑤였고 나는 그런 상황에 너무 화가 났다." 압력이 증가하면
할수록 생산성은 감소한다. 글 한 페이지를 쓰는 데에도 갑자기 몇
시간이 걸렸다. 그런 상황일 때 급브레이크를 걸고 얼마간 자신을
돌보면 상황은 나아지기도 했다. 하지만 결국 번아웃 상태에 이르
고 말았다. 믿을 수 없는 힘으로 자신을 쥐어짠 결과였다. "그러다
어느 순간에는 더 이상 어찌할 수 없는 때가 온다. 나는 쓸데없는
활동으로 내 자신을 소모하고 있었던 것이다. 페이스북에 올라오는
오늘의 화제 뉴스를 읽고 다시 《슈피겔 *Spiegel*》 온라인 기사를 읽은
다음 다시 온라인으로 은행 잔액과 이메일을 확인한다. 나는 수백
가지의 자질구레한 일을 하나하나씩 처리한다. 하루에 열 번씩 은
행 계좌를 확인하고 이미 본 뉴스를 스무 번도 넘게 클릭하며 메일
함을 백 번쯤 열어본다. 페이스북을 계속 열어놓고 누군가가 '좋아
요'를 누르면 그제야 안심하며 행복해한다."

다시 말하자면 기자는 바쁜 것 같아도 사실 생산적 활동은 아무
것도 안 한 것과 다름없다. 지나치게 패턴화된 행동으로 바쁘다 보
니 결국은 쓸데없는 행동만 하는 셈이다. 이는 또한 '극도의 무기
력 상태'이기도 하다. "나는 완전히 기진맥진해버렸고 내가 하는
일은 아무런 효과가 없었다. 그것을 깨달았지만 휴식을 취한다거
나 쉬는 것도 불가능했다. 어떻게 쉬어야 할지 모르게 되어버린 것
이다."

다행히도 이러한 극단적 상태는 몇 주밖에 지속되지 않았다. "하
지만 지나치게 요구에 시달린다는 느낌은 계속되었다. 그러다가 아
무런 의미 없이 끊임없이 뭔가를 하고 있는 이 미친 듯한 시나리오
를 다행히도 곧 멈출 수 있었다. 무엇보다도 현실 치료를 받은 덕분

에 나의 상황은 많이 호전되었다."

현실 치료라, 멋진 방법 같다. 그런데 그건 어떤 식으로 작동하는 걸까?

 조언!
복잡함 줄이기라는
마법의 해결책

현실 치료란 우리가 현실을 실질적으로, 객관적으로 대하도록 도와주는 치료법이다. 다시 말해 자신이 도달할 수 있는 목표를 설정하는 것이 필요하다는 사실을 분명히 자각하게 해준다. 하지만 직장생활, 혹은 사생활에서의 목표는 대체로 바로 실현 가능한 것이 아니라 단계별로 이룰 수 있는 것이 대부분이다.

자신이 올라야 하는 커다란 산 앞에서 무기력함의 소용돌이에 빠지지 않으려면 목표를 분명하게 설정할 필요가 있다. 또한 눈앞의 목표를 이룸으로써 궁극적으로 달성하려는 것이 무엇인지 알아야 한다. 인생에서 내가 정말로 원하는 것은 무엇인가? 나의 더 큰 목표는 무엇이며 어떻게 거기에 도달할 수 있을까? 내가 버려야 할 것은 무엇일까? 앞서 예로 든 여기자가 스스로에게 질문해야 할 부분이었다. 우리는 종종 어떤 목표를 세우는 데 필요한 이유가 잘못되었음을 뒤늦게 깨닫는 경우가 있다.

극도의 무기력 상태를 경험할 때 가장 좋은 방법은 복잡함을 줄이는 것이다. 다시 말해 수많은 가능성 중에서 몇 개만 골라 거기에 집중하는 것이다. 이는 우선순위를 정하고 멈춤의 시간을 가져야 가능하다. 내가 오를 산이 어마어마하게 느껴지더라도 우선 자리에 앉아 가야 할 길을 몇 단계로 나눈 다음 한 걸음씩 나아가는 것이다. 그리고 일할 때 적어도 10~15분 정도는 쉬면서 돌아보는 시간을 가져야 한다. 또한 복잡함을 줄인다는 것은 죄의식이나 혹은 감정적 부담 때문에 억지로 맡은 일들을 취소한다는 의미이기도 하다.

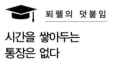
푀펠의 덧붙임
시간을 쌓아두는
통장은 없다

일상에서 우리는 더 큰 목표를 곧잘 잊어버린다. 휴식 없이 일에 매달리기만 할 뿐, 자신의 일이 중요한지, 또 의미가 있는 일인지를 묻지 않고 요구사항만 좇아간다. 시간을 '절약'해야 한다는 생각이 마음속에 깊이 뿌리내리고 있기 때문이다. 다음에 소개하는 일화는 푀펠 교수가 직접 경험한 것이다. 몇십 년 전 도쿄에 있을 때, 푀펠 교수는 일본인 동료와 함께 약속 장소로 출발했다.

시간에 맞게 출발했지만 양복차림에 고급 구두를 신고 걷기에는 목적지가 꽤 멀어 보였다. 그래서 푀펠 교수가 제안했다. "그러지 말고 택시를 타는 게 어때요? 그럼 더 빨리 갈 수 있으니까요." 하지만 일본인 사업가는 그 제안이 그다지 맘에 들지 않았는지 이렇게 대답했다. "그럼 남는 시간에는 뭘 하시게요?" 푀펠 교수는 그 말의 의미를 이해하지 못해 꿀 먹은 벙어리가 되었다.

나중에야 그는 그 짧은 물음의 의미를 깨달았다. 빨리 빨리 해서 시간을 절약하는 동안 더 많은 시간이 파괴된다는 것을. 사업가와 함께 약속에 대한 준비를 하며 20분을 걷는 대신 택시를 타면 시간을 쪼개게 된다. 택시를 잡고 택시에 오르고 운전사에게 목적지를 이야기하고 돈을 지불하고 내리고 이 모든 행동들이 필요하다. 그렇게 절약한 시간은 10분쯤 되겠지만 그 거리를 걸으며 생각하고 얘기를 나눌 수 있는 20분은 사라져버리는 것이다. 이런 식의 시간 파괴를 우리는 언제 어디에서나 볼 수 있다. 어느 회사나 연구소에서도 다른 사람들이 느긋하게 걸어가는 동안 급하게 다음 장소로 뛰어가는 사람들이 있다.

뮌헨 대학 부설 심리의학연구소가 있는 괴테 가街에서도 세 가지의 시간 개념이 존재하는 것을 알 수 있다. 중앙 기차역에서 연구소까지 오는 길은 다른 길보다 좀 더 길다. 특히 처음 700미터 정도는 좁은 길 양쪽에 살구나 포도, 토마토나 주키니 호박 등을 팔고 있는 터키 야채상들이 죽 늘어서 있다. 이 장소는 '시간'이 좀 있거나 좀 더 느긋한 시간 개념을 가진 사람들에게는 매력적인 곳이다. 예를 들어 유모차를 끌고 나와 다른 유모차를 끌고 나온 엄마와 한담을 나누는 엄마들이나, 한데 모여 큰 소리로 즐겁게 떠들며 함께 담배를 피우는 남유럽인처럼 보이는 남자들을 보라. 그런 사람들에게 괴테 가는 재미있게 시간을 보낼 수 있는 시장이 있는 곳이다. 하지만 매일 어디론가 달려가는 것이 일상이 된 '시간 없는' 사람들에게는 진열된 물건과 떠드는 사람들, 두리번거리며 걸어가는 사람들 사이를 요리저리 피해 달려가야 하는 것이 여간 피곤한 게 아니다. 세 번째는 일부러 산책을 선택하는 방법이다. 아무리 시간의 압박을 받더라도 옛날 일본의 격언을 따라 행동하는 것이다.

'바쁠 때일수록 돌아가고 시간이 없을 때는 휴식을 취하라.'

천천히 걷고 잘 생각하라

"달리는 사람은 A지점에서 B지점으로 이동하는 것밖에 못한다. 얼마 전까지만 해도 나도 그랬다. 하지만 어느새 나는 현재에 충실하기 위해 온 힘을 다하는 사람이 되었다. 다시 말해 걸으면서 그 걸음에 집중하는 것이다. 나는 걷는 순간의 매초 매분을 즐긴다. 우리가 가진 현재라는 창문은 우리 모습 그대로 매순간을 느끼며 살게 해준다." 에른스트 푀펠 교수의 말이다. 그에 비해 공저자인 베아트리체 바그너는 '미친 듯이 일하는 언론가' 유형이다. 푀펠 교수는 "천천히 걷다 보면 그동안 생각을 충분히 할 수 있다"라고 말한다. 회의나 강의가 있기 전 자기 생각을 잘 정리하기 위해 그는 휴대전화도 놔두고 홀로 산책을 한다. 걸으면서 그는 해야 할 일을 다시 한 번 생각해보고 눈앞에 그 일을 떠올린다. 그러고 나면 회의나 강의에서는 마음속에 정리된 것들을 확신과 자신감 있게 이야기하고 행동할 수 있다.

심리 의학을 강의하던 몇 해 동안, 걸어서 7분 정도 걸리는 연구소와 강당의 거리는 푀펠 교수가 강의 내용을 정리하는 데 충분한 거리이기도 했다. "물론 내가 했던 강의는 수십 년 전에 축적된 지식을 바탕으로 한 것이다. 나는 학생들에게 가르치고자 하는 내용에서 대략적인 골격을 세운 다음 나 자신이 강의하는 모습을 그려본다. 이렇게 함으로써 나는 미리 준비된 공책을 갖고 강의하는 방식에서 벗어나, 90분 동안 보다 자유롭게 이해하기 쉽도록 학생들에게 강의할 수 있었다"라고 푀펠은 설명한다.

물론 계획했던 강의 내용을 벗어나거나 빼먹지 않으려면 90분

동안 엄청난 자기 통제를 할 수 있는 능력과 사전 준비가 필요할 것이다. 하지만 우리가 스스로의 긴장을 풀고 속도를 늦추어 일부러 준비하는 시간은 큰 도움이 된다. 머릿속에 들어 있는 지식을 정리하고 문제의 해결책을 생각해보고 새로운 개념을 정립하도록 도움을 주는 것이다.

시간 관리

**정보의
산사태에서
도망치기**

베로나 푸스, 집중의 대가

2003년 베로나 푸스Verona Pooth(독일의 유명한 TV 아나운서, 모델─옮긴이)와 푀펠 교수는 행동의 동기라는 주제로 연단 토론을 벌인 적이 있다. 펠릭스 부르다 재단이 주최한 대장암 예방 캠페인의 일환이었다. 한 시간 정도의 열띤 토론이 끝나자 기자들이 우르르 몰려들어 유명 엔터테이너인 베로나를 둘러쌌다. 모든 TV 방송국, 라디오 방송국, 신문 기자들이 베로나에게 인터뷰를 요청했다. 베로나 푸스(당시 그녀의 이름은 베로나 펠트부쉬Feldbusch였다)는 그 자리에서 누구도 예상치 못한 능력을 보여 주었다. 완벽하게 상황을 내다보는 능력 말이다. 질문이 연이어 베로나에게 쏟아졌고 기자들은 대답을 재촉했다. "펠트부쉬, 앞으로 대장암 예방 캠페인에 계속 나실 생각이신가요? 1분 30초로 대답해 주세요." "사람들은 어떡하면 행복해질 수 있을까요? 60초 이내에 답해 주시겠어요?" 혹은 "어째서 모든 사람들은 당신을 아둔하다고 생각할까요? 30초 안에 대답해주시기 바랍니다." 어떤 기자는 한마디의 대답을 또 어떤 기자는 그 이상의 답변을 요구했다. 하지만 그 정신없는 상황에서도 베로나 푸스는 침착함을 잃지 않았다. 서두르지 않고 질문 하나하나를 정확하게 주어진 시간에 맞춰 답변해 나갔다. 정확한 시간에 정확한 답변을 하는 것은 최고의 지적 능력이 요구되는 일이며 현재에 완전히 집중할 때에만 가능하다. 사람이 지금 이 순간에 머물 수 있다는 것은 대단한 능력이며, 어리석기 짝이 없는 속도광의 반대 지점에 서 있다는 뜻이다.

조언!
무대 창조하기

극히 현대적이고 갓 등장한 신조어처럼 여겨지겠지만 사실 전혀 새로운 말은 아니다. 이미 2000년 전에 로마의 호라티우스는 송시 11번에 그 유명한 '카르페 디엠' 즉 '오늘을 즐겨라'라는 문장을 남겼다. 오늘을 제대로 쓰고 —지금 우리가 덧붙이자면— 하루를 창조적으로 보내라. 창조적 생산은 속도에 미친 어리석음에 대항할 수 있는 멋진 방법이기 때문이다. 다시 말해 특정한 시간 동안은 누구에게도 아무런 방해를 받지 않고 자유롭게 생각할 시간이 필요하다. 전화는 자동응답기에 맡겨 두고 이메일이나 편지도 한동안 확인하지 않아도 된다.

그 대신 이렇게 얻은 값진 시간을 단 하나의 일에 집중하는 데 사용하는 것이다. 이메일을 확인하거나 약속을 정하거나 세탁기를 돌리거나 메모를 하는 등의 소소한 일에 얽매이는 대신에, 강도 높은 집중을 시도해보는 것이다. 물론 이런 자질구레한 일들도 언젠가는 해야 할 일들이다. 하지만 한 가지에 집중하는 '신성한 시간'을 포기하지는 말아야 한다. 시간의 압박을 이길 수 있는 만병통치약으로 칭송받는 멀티태스킹(다중 작업)은 사실상 거의 불가능하다. 우리의 두뇌는 오직 한 번에 한 가지 일에만 집중할 수 있기 때문이다. 고도로 높은 집중을 하고 있는 동안에도 1분 동안 방해를 받았다면 다시 이전의 깊은 집중 상태로 돌아가는 데는 수 분이 더 걸린다. 동시에 여러 가지 일을 하는, 소위 시간절약 방식은 결국 우리의 시간과 효율성을 더 빼앗을 뿐이다.

시간 도둑의 그물

창조적인 활동을 하는 사람들 다수는 아침 5시에 집중의 시간을 마련함으로써 시간의 제국으로부터 벗어난다. 그런 다음 몇 시간 후에 사회에서 요구하는 보통의 직무 시간이 다가올 때쯤이면 이미 중요한 사고에 대한 정리가 다 되어 있다. 세상은 페이스북이나 트위터에 올라온 여러 뉴스나 휴대전화에 남겨진 문자 메시지 등으로 우리를 사정없이 공격하고 관심을 앗아간다. 벨소리와 딩동 소리 혹은 카메라 플래시 터지는 소리 등이 끊임없이 우리를 에워싼다. 우리가 그 모든 것을 지각하고 반응하려 한다면 그 행동들은 시간을 훔치는 도둑이 된다.

물론 이런 시간 도둑들을 간단히 물리칠 수도 있겠지만 그러려면 엄청난 자기 절제가 필요하다. 인간은 천성적으로 호기심이 많은 존재이며 관심거리를 놓치고 싶어 하지 않는다. 이메일이 도착하면 호기심이 발동한다. 누가 썼는지 또 그 안의 내용은 무엇일지 궁금해서 하던 일에서 마음이 떠나는 것이다. 게다가 이메일 확인하는 것도 일이라는 생각이 드는 것이다. 그러다 보면 사소한 정보는 눈처럼 불어나고 해야 할 일은 산더미처럼 늘어난다. 최악의 경우 우리 생활이 완전히 그런 것들로 뒤덮일 수 있다. 이처럼 시간 도둑들에 즉각적으로 반응하는 것이야말로 가장 쉽게 자신을 잃어버리고 시간에 삼켜지는 지름길이다. 그럼에도 불구하고, 아니면 바로 그 때문에, 현대의 최신 소통기기들은 새로운 중독 행동을 유발시킨다.

호기심을 충족시키는 대가는 집중력 상실이다. 진짜 하려던 일은 잠시 한눈파는 사이에 잊혀진다. 이는 곧 일이 끝나면 받을 수 있던 보상도 같이 사라지는 것을 의미한다. 힘든 일 끝에 주어지는 보상이라는 깊은 행복감 대신, 잠시의 즐거움이 있을 뿐이다. 페이스북에 '좋아요'가 많아지거나 기쁜 마음에 얼른 답장하고 싶어지는 이메일을 받는다거나 하는. 우리는 점점 이 짧은 즐거움에 중독된다. 컴퓨터에 앉아서 하루를 보내며 누군가가 접속하기만을 기다리는 사람들도 많다. 온라인에서 아무런 연락이 없으면 이들은 무시당한 기분이 든다.

이것은 중독 행동의 분명한 신호이며 알코올 중독과 그 증세가 똑같다. 중독 위험에 처한 사람은 와인이나 맥주 혹은 스마트폰이나 맥주 없이 저녁을 보내게 되면 안절부절못하고 집중을 하지 못한다. 뭔가에 대한 이 강렬한 '갈망'은 페이스북 뉴스피드에 새로운 콘텐츠가 올라오거나, 왓츠앱WhatsApp(스마트폰 간 메신저의 일종—옮긴이)에 실시간 대화 상대가 나타나지도 않고 스마트폰도 울리지 않으며 이메일도 오지 않는 주말이라도 되면 그 증세가 더욱 심해진다. 아무도 자신에게 연락하지 않는다는 사실에서 오는 새로운 형태의 우울감이 나타나기도 한다. 더 이상 자신을 위해 존재하는 것이 아니라 소통 방식을 통해 자신을 판단하고 정의하는 것이다. 즉 자기 존재를 다른 사람이 보내는 소식에 의해서 끊임없이 확인하고 싶어 하는 것이다. 자신의 존재를 포기하고 정체성을 잃어버리는 특별한 종류의 어리석음이 여기서 나타난다(페이스북 친구의 수와 뉴스 피드의 결과가 어떤 영향을 미치는지에 대해서는 제4장에서 다시 자세하게 다룰 것이다. 이 장에서는 주로 속도의 문제에 대해 살펴보기로 한다).

빠른 소통 방식에 익숙해진 요즘 사람들은 대부분 빠른 대답을 기대한다. 메일에 즉각 답장이 없다는 이유로 조급증을 떨며 연이어 보낸 메일을 받는 일도 흔하지 않은가. 연락할 방법이라고는 편지밖에 없던 시절과 비교해보면 그 차이는 엄청나다. 편지의 경우는 최소한 하루 이상이 필요하며 상황이나 거리에 따라 며칠 혹은 몇 주가 걸리기도 한다. 편지를 읽을 때는 이미 편지 쓸 때와는 상황이 달라져버린 경우도 많았다.

전쟁터에서 사랑하는 연인에게 편지를 쓴 병사는 기대에 찬 연인이 편지 봉투를 뜯을 때쯤이면 이미 이 세상 사람이 아닐 수도 있었다. 편지 문화와는 달리, 온라인을 통한 실시간 대화는 말하는 모든 것이 그대로 상대에게 전해진다. 여기서 질문은 이 속도가 사람들의 관계를 더 친밀히 만드는 것이냐, 아니면 오직 물리적인 가까움만 가져다줄 뿐인 어리석은 속도인가 하는 것이다. 이 질문에 대답하기 위해서는 두뇌 연구를 향한 작은 여행이 도움이 될 것이다.

두뇌 탐험

**모든 감정이 똑같은 시간에
반응하는 것은 아니다**

인간의 마음을 특징짓는 반응 시간을 생각해보면, 아주 짧은 시간 안에 특정한 감정이나 행동을 보이기도 한다는 것을 알 수 있다. 무엇인가를 듣고 보고 읽기만 해도 곧바로 반응하기도 한다. 종종 우리는 어떤 상황에서 머리로 생각하는 것보다 더 빨리 감정에 의해 움직이기도 한다. 기차를 타고 퇴근하던 여성은 험악하게 생긴 남성들이 떼로 올라타 자기 쪽으로 다가오면 어느 시점에서 그것을 내면화한다. 즉 위험한 상황이니 기차에서 내려야겠다고 반응하는 것이다. 누군가와 사이가 나쁜 사람은 이런 생각을 할 수 있다. 상대방이 적대적인 것을 보면 언제 공격할지 모르니 먼저 덤비는 게 좋겠다고. 어떤 음식을 앞에 두고 구역질이 난다는 것은 무엇을 의미할까? 건드리지 마. 먹지 마. 먹고 나면 분명 토하게 될 거야. 그렇다면 놀라움은 무엇을 의미할까? 조심하세요. 잘 모르는 상황이니까 안테나를 세우고 주시하세요.

이렇듯 공포와 분노, 구역질과 놀라움 등의 감정은 빠른 속도로 솟구치므로 필요하다면 즉각 행동에 나설 수 있도록 한다. 기차에 탄 여성은 나중에 그 험악한 인상의 남자들이 사실은 노점에서 거나하게 술을 걸친 공사현장 노동자들이었다는 사실을 알게 될 수도 있다. 그렇지만 교외를 어슬렁거리는 갱단일 가능성도 배제할 수 없다. 그러니 기차에서 내리는 게 좋은 방법이다. 이것저것 재어보면 위기 상황을 제때에 눈치채지 못하는 것보다는 잘못된 판단을 내리는 것이 차라리 나을 수도 있다. 어떤 상황을 인식하고 그에 대한 반응을 내리는 두뇌 경로는 의도적이고 합리적인 통제를 거치지 않고 마음보다 더 빨리 반응한다. 또한 두뇌에는 인식한 것에 대한 판단을 내리는 시상Thalamus이라는 기관도 있다. 하지만 시상의 분석까지는 시간이 오래 걸리고 그 사이에 이미 두뇌 경로는 반응 모드로 돌입한다.

하지만 동정심이나 사랑, 즐거움, 분노와 같이 생존에 꼭 필요하지 않은 감정의 경우, 이와는 다르게 작동한다. 이들 감정은 보통 천천히 축적되는데, 어떤 경우에는 몇 달이나 몇 년이 걸리기도 한다. 동정심을 느끼기 위해서는 자신을 타인이 처한 상황에 놓아볼 수 있어야 한다. 사랑도 그저 자연스럽게 생겨나는 것만은 아니다. 첫눈에 반하는 일은 사실 존재하지 않는다. 찾고 있던 꿈속의 대상을 찾았다는 느낌이 나중에 현실로 확인된 것이다. 증오도 제대로 번성하려면 윤택한 땅이 필요하다. 하지만 서구적인 생활 방식을 혐오하는 이슬람 근본주의자들의 경우처럼 한번 증오가 형성되면 약간의 자극만 주어지더라도 혐오감이 폭발할 수 있다. 이는 실제로 어떤 과정을 거쳐 일어나는 걸까?

즉각적이건, 시간을 두고 천천히 쌓인 것이건, 감정적 반응에는 공통된 부분이 있다. 즉 두뇌 속에 이미 정형화된 패턴으로 기억된다는 것이다. 항상 두뇌 속에 각인되어 있으면서 특정 자극에 의해 분출되는 것이다. 이 분출은 어느 정도의 한계치가 작용한다. 다정한 말 한마디에 곧바로 사랑이 생기지 않듯이 거친 말 한마디가 곧바로 분노를 야기하지는 않는다. 하지만 특정 자극이 어느 정도로 계속 쌓이면 감정의 분출이 시작되는 것이다. 생존에 필요한 감정의 경우에는 약간의 자극만으로도 곧바로 반응이 분출된다. 하지만 그다지 속도가 중요하지 않은 감정의 경우, 분출하는 데는 많은 자극이 필요하다.

실제로 다른 사람보다 쉽게 분노하거나 쉽게 기뻐하는 모습을 보이는 사람이 있다. 여기엔 여러 이유가 있겠지만 살면서 경험한 것들이 많은 영향을 미친다. 이 세상은 예측할 수 없고, 우리는 두뇌에 수많은 가능성을 갖고 태어나 그중 어떤 부분은 활성화되고 또 어떤 부분은 그렇지 않은 상태로 살아간다. 태어나 10년 동안 우리의 두뇌 구조는 외부 세계에 적응하는 과정을 거친다. 예를 들어 일본인은 자라면서 알파벳 L과 R을 구분하는 능력을 잃어버리게 되는데, 이는 일본어의 특성상 그 구분이 중요하지 않기 때문이다. 이처럼 두뇌 구조가 외부 세계에 적응하는 과정을 각인이라고 부른다. 이 두뇌의 각인은 감정을 분출하는 한계치의 변화에 큰 영향을 미친다. 이에 따라 어떤 상황은 편하게 받아들이지만 또 어떤 상황은 충동적으로 강하게 받아들인다. 또 사람들은 자신의 경험에 따라 각기 다른 반응을 보인다. 즉 두뇌에 각인된 것 이외에도 경험이 중요한 역할을 하는 것이다. 가령 행복하지 않은 결혼 생활 동안 공격성을 계속 억제해왔다면 그 사람의 감정 한계치는 떨어진다. 가끔은 잘못된 표현 한마디에 감정의 분출을 야기할 수 있다.

고향에 있는 연인에게 편지를 보낸 전쟁터의 병사 얘기로 다시 돌아가보자. 기다리는 동안 마음속에는 특정한 기대가 쌓이고 기대를 충족시키고자 하는 희망은 점점 더 커진다. 결국 말 그대로 편지를 받게 되면 온몸이 떨리는 지경에 이르는 것이다. 감정의 한계치도 이에 따라 크게 낮아진다. 사랑은 기대심리의 관리와도 밀접하게 연관되어 있다. 기대가 너무 빨리 충족되면 감정의 한계치는 낮아질 기회가 없고 사랑은 최대치로 발전할 기회를 잃게 된다.

감정의 진폭이 큰 소식을 실감하는 데는 어느 정도의 시간이 필요하다. 새로운 소식을 제대로 실감할 수 있도록 우리 내부에 있는 그 무언가가 생각하고 느낄 시간이 있어야 하기 때문이다. 가령 친구의 사망 소식에 즉시 조의를 표하는 편지를 쓰는 행위는 친구의 죽음을 특히 더 슬퍼해서라기보다는 편지 쓰는 일을 빨리 처리하고 싶어서라는 인상을 남긴다. 어느 정도 시간이 지난 후에 쓴 편지는 서둘러 쓴 편지보다는 더 솔직하고 정직한 마음을 담을 수 있다. 이는 사랑의 고백도 마찬가지다. "당신을 사랑합니다"라는 고백을 받자마자 "나도 당신을 사랑해요"라고 즉각 답변한다면, 서서히 생겨나고 있는 감정을 지나치게 빨리 표현해버림으로써 그 감정에 휩쓸리기 쉽다. 차라리 몇 주가 지난 뒤 진심을 담은 연애편지를 쓰는 것이 즉각적으로 답변하는 것보다는 더 크게 다가올 수 있다. 아무 생각 없이 답을 내놓기보다는 자아의 힘을 시험하고 단련하는 시간을 가져보는 것이다. 실제로 우리는 편지에 대해서는 이메일과는 달리 그렇게 급히 답신을 기대하지 않는다. 아무튼 급한 속도는 사랑을 파괴한다.

한 걸음 더 나아가서 생각해보자. 우리는 점점 편지를 적게 쓰고 점점 더 참을성이 없어지며 모든 것이 점점 더 빠르게 작동되기를 기대한다. 이 말은 우리 감정이 정보의 빠른 흐름을 따라잡지 못한 채 계속 자극받고만 있다는 것이다. 또한 "아직도 나를 사랑하나요?"와 같은 물음에 빠르고 확실한 답변을 해주기를 바란다. 이는 생각을 요구하는 질문이다. 누가 이런 질문에 대뜸 그 자리에서 "아니요"라고 대답하겠는가? 대부분은 몇 분 동안 생각해보고 이리저리 궁리한 뒤에 대답할 것이다. 그렇다. 이런 식의 질문은 대답하기 전에 확실히 어느 정도 숙고할 필요가 있다. 속도에 대한 압박에서 벗어나 감정적인 느낌으로 사는 듯한 기분이 드는 것이다. 다음에 소개하는 일화처럼 진정한 감정 대신에 즉석 행복이 그 자리를 차지하는 것이다.

슬픔 나누기의 전설

사람들이 익명으로 공개 고백을 하는 인터넷 사이트에 대해 들어본 적이 있는지? www.Beicthaus.com나 www.onlinebeichte.net 같은 사이트에는 유저들에 의한 수천 개의 고백들이 넘쳐난다. 예를 들어보자. '친구의 엄마를 포르노 비디오에서 봤어요. 근데 다 보고 나서 아무한테도 말하지 않았어요'라든가 〈누가 백만장자가 되고 싶은가?〉 프로그램에 전화해서 일부러 틀린 답을 했어요'와 같은 고백을 접할 수 있다. 달리 누구에게 그런 고백을 하겠는가? 친구에게 아니면 친척에게? 아마 관계에 금이 가게 될 것이다. 신부에게 고해성사하는 건 어떤가? 요즘엔 그렇게 하는 사람이 거의 없다. 그렇다면 신나는 댓글이 따라붙는 공개 형식의 고백밖에는 대안이 없을 때가 많다.

얽히고설킨 감정의 실타래를 풀기 위해 세상에 자신의 행동을 고백하는 것. 고백함으로써 심리적 안정을 되찾고 슬픔으로부터 자유로워지고 싶은 것이다. 사회 관계망을 통해 많은 이들과 고통을 나누게 되면 그 고통이 줄어들지 않을까? '슬픔은 나누면 반이 된다'라는 말도 있지 않은가. 행운도 마찬가지다. 우리는 더 많은 사람들에게 행운의 소식을 알림으로써 행운이 더 커지기를 기대한다. 하지만 이는 환상일 뿐이다. 세상에 즉석 행복이란 없다. 자기 행동을 후회하고 있다면 상대방의 눈을 들여다보기까지 시간이 걸리는 것은 당연하다.

감정적 안정은 시간을 들여야 얻어질 수 있는 것이다. 하지만 조급함은 진실한 감정의 친밀도를 파괴한다. 또한 감정이 발전할 수 있도록 충분히 시간을 주지 않고 감정 선을 따라가지 않으면 그 감정은 변덕스러운 것이 된다. 그럴 때의 행동은 정신분열증과 같이 정신 장애를 가진 사람의 행동과 유사해진다. 즉 감정적 판단과 합리적 행동이 서로 맞물리지 않는 현상이 발생하는 것이다. 이러한 사람들은 정상적 사고의 흐름을 벗어나 여기저기서 돌출되는 불연속적이고 분열적인 이상한 방식의 행동을 보인다.

사고와 행동의 지속성은 장기간에 걸쳐 이루어진다. 감정과 관심, 그리고 소중한 가치를 느끼기 위해서는 분명 시간이 필요하다. 이것의 의미는 정치 분야에서도 명백히 드러난다. 어째서 유럽은 우리가 바라는 것처럼 함께 성장하지 못하는 것일까? 유럽 연합은 어째서 아무 쓸모없는 기구처럼 느껴지는 것일까? 이에 대해서 얘기해보자.

정치

**분열의
위기에 놓인
유럽**

규정에 목숨 거는 관료주의

유럽 연합 EU는 다소 특이한 법안을 계획했다. 2014년부터 레스토랑에서는 올리브 오일을 작은 유리병이나 뚜껑이 달린 금속 통에 담아 내놓아서는 안 되며, 상표가 붙어 있고 리필이 불가능한 용기에 넣어 사용해야 한다는 것이었다. 물론 어디까지나 소비자 보호라는 명목이었다. 다행히도 EU 회원국 국민들은 이 조항에 거세게 반대했고 계획은 실행되기 전에 폐지되었다. 이 조치로 레스토랑을 곤란하게 만드는 것은 물론 빈 병 쓰레기로 산더미를 이룰 뻔했던 위기도 무마되었다.

하지만 건강한 시민 상식이 규정에 집착하는 EU 관료들을 항상 이기는 것은 아니다. 가령 서양 부추는 이전과 같은 방식으로 재배할 수 없다. '서양 부추는 전체 길이의 3분의 1 혹은 포장된 면의 절반이 흰색 혹은 백록색이 섞인 부분이어야 한다.' 이것은 EU의 시행명령 2396/2001번이다. 게다가 서양 부추의 모든 부분이 아니라 '잘라버리는 부분에 속하는 뿌리와 맨 윗부분은 여기에 포함되지 않는다.' 이 외에도 또 다른 규정이 덧붙여진다. 뿌리를 자르지 않을 경우에는 '흙이 좀 묻어 있어도 된다.' 연구에 의하면 독일에서는 한 해에만 거의 1100만 킬로그램의 음식물이 버려진다고 한다(그중 3분의 2는 먹을 수 있는 것이다). 따라서 우리는 정말 그런 규정이 필요한지 또 EU의 규정에 맞지 않는 서양 부추는 어떻게 되는지 질문하지 않을 수 없다. EU의 관료주의라는 분쇄기에 들어가야 할 운명에 처한 것은 서양 부추만이 아니다. 바나나와 오이도 같은 운명에 처했는데, 두 가지 다 이상적인 각도로 휘어진 것을 판매하도록 제한하고 있다.

1996년 유럽 이사회는 콘돔 사이즈에 대한 권장 규격도 마련했다. 유럽에서 판매되는 콘돔은 길이가 17센티미터에 둘레가 5.6센티미터여야 한다는 것이다. 다행히 페니스 크기에 대한 규정까지 정하지는 않았지만, 이 규정은 다양한 측정 방식과 착용 방식에 따른 어려움 탓에 결국 얼마 안 있어 좀 더 다양한 치수가 허용되는 국제 규범을 따르게 되었다.

어처구니없긴 하지만 적어도 콘돔이나 오이 혹은 바나나에 대한 규정은 그래도 실제로 존재하는 것을 대상으로 한 것이다. 하지만 베를린의 케이블카에 대한 규정은 그야말로 황당하다. 알다시피 베를린은 산이 없는 도시임에도 불구하고 EU에 의해 케이블카 법규가 적용되었다. 그 법규가 필요한지 아닌지는, 2002년 유럽의 모든 케이블카에 대한 법규를 만든 브뤼셀의 입법자들에겐 전혀 관심거리가 아니었음이 틀림없다. 산꼭대기가 없으면 케이블카도 없다는 단순한 명제로 베를린 의회는 3년 동안 브뤼셀 법규의 실행을 거부했다. 하지만 브뤼셀은 법규를 실행하지 않을 경우 80만 유로의 벌금을 부과하겠다고 위협했다. 결국 베를린은 바이에른 주의 케이블카 법안을 수용하기로 결정했고 세상은 다시 평화로워졌다. 하지만 시민들은 이런 조치에 고개를 내저을 수밖에 없었다.

논리 대 감정

인간의 삶이 보다 잘 짜여야 한다는 사실은 누구도 부인할 수 없다. 하지만 가까운 미래에 이것이 실현될 것 같지는 않다. 주말만 빼고 매일같이 새로운 법규와 규범, 법과 규정이 등장한다. 대략적으로 뭔지는 알겠지만 종종 서로 상충되거나 무의미하거나 뜬금없이 여겨지는 규범과 법과 규정도 많다. 그보다 더한 것들도 있다. 전혀 공감대가 없는 상태에서 이들 규정들만으로는 사람들에게 통합의 원칙이나 개념을 제대로 불러일으키지도 못한다. 공통된 법안만으로 유럽이 빠른 시일 내에 함께 성장할 거라고 생각한다면 그건 착각이다. 이러한 규격화에 대한 집착은 어리석고 비생산적이다. 어떤 결정이 녹아들기까지는 시간이 필요하며, 자신이 독일인이나 스페인이 아니라 유럽인이라는 감정을 갖게 하려면 느긋한 숙성 과정이 필요하다.

이때 합리성과 단기적 요구라는 것, 감정과 장기적 지속성이라는 것 사이에는 깊은 간극이 존재한다. EU 회원국 국민들을 위한 규정과 법의 규격화는 EU 국가 전체에 평화를 가져다주지 못했다. 오히려 그 반대였다. EU 법안은 합리적이고 논리적이지만 유럽 사람들 모두의 희망과 바람, 기쁨과 관심을 담아내지는 못했다. '유럽 통합'은 관료적 광기로 변질되었으며, 오히려 공동체적 감정을 공유하는 데 방해만 되었다. EU 회원국을 하루빨리 규격화하려는 열망을 실현시키기 위한 과정에서 이해할 수 없는 결정과 행동들이 속출했다. 그러다 보니 감정과 이성이라는 인간의 중요한 두 가지 특성의 부조화라는 결과로 이어진 것이다.

이런 점에서 EU는 정신적 장애에 시달리고 있는 정신분열 상태에 처해 있다고 말할 수 있다. 우리는 긴 세월 동안 인간의 내부에서 자라나 자리 잡은 감정적 가치를 주목해야 한다. 하지만 현실적으로 우리는 빨리빨리 결정 내리기라는 강박관념에 사로잡힌 나머지 끊임없이 스스로를 괴롭힌다. 인간의 마음을 이해하려는 노력이 없으면 관료주의 체제는 스스로에게 칼끝을 겨누기 쉽다. 불행히도 이는 정치 분야뿐 아니라 개인의 영역에서도 종종 볼 수 있다. 홀거와 가비(가명)라는 커플의 실례를 통해 이를 확인해보자. 베아트리체 바그너의 진료실에 배우자와 성 문제로 상담 치료를 받으러 왔던 이 커플은 자신들만의 치료 계획을 세우고 있었다.

실제 사례

패스트푸드 치료

40대 후반의 부부 홀거와 가비는 둘 모두 직업이 있고 자녀가 둘이며 20년 이상을 같이 살아왔다. 또한 지금도 여전히 매일 섹스를 하고 있었다. 그런데 문제는 바로 그것 때문이었다. 섹스의 횟수를 보면 두 사람이 매우 친밀하다고 해야 하겠지만 부부는 분명 서로에게 만족하지 못하고 있었기 때문이다. 함께 사는 동안 가비는 섹스에 흥미를 잃게 되었고 성욕을 느끼지 못한 채 남편에게 섹스를 허용해왔다. 가비는 "난 그저 정상적인 시간대에 정상적인 방식의 섹스를 원할 뿐이에요. 창녀촌 같은 분위기를 연출하는 건 싫어요"라고 말한다. 그에 비해 홀거는 더 열정적으로 다양한 방식의 성생활을 추구한다. 부부는 그 과정에서 서로 지쳐버려서, 앞으로 어떤 변화를 모색하지 못한다면 헤어질 각오를 하고 있었다.

두 사람 다 이에 대한 스트레스가 극에 달해서 치료가 절실한 상태였다. 하지만 둘 다 참을성 없기는 마찬가지였다. 물론 하루 세 시간 동안의 치료가 끝나자마자 두 사람의 세계에 평화가 찾아온다면 그보다 좋은 일은 없다. 하지만 바그너는 말한다. "20년 동안 쌓인 문제를 몇 시간 안에 해결하는 것은 불가능하다." 큰 문제 중의 하나는 결혼한 커플의 경우 각자의 치료 목적이 서로 다르다는 것이다. 남자는 여자가 다시 성욕을 불태우기를 바란다. 여자는 남자가 섹스를 요구하지 않기를 바란다. 둘 다 상대방에게서 사랑과 존경을 받기를 원하고 있다. 만약 그게 가능하다면 자발적으로 서로 협력하는 것이 가능할 것이다. 만족스러운 성생활은 이에 대한 보상이 될 것이다. 하지만 이를 위해서는 둘 다 자신을 돌아보고 상대방에 대한 자신의 태도를 돌아보아야 한다. 또한 서로에 대한 새로운 감정이 싹트고 자라려면 그만큼의 시간과 인내심이 필요하다. 하지만 많은 사람들은 참을성을 갖고 자신과 상대에게 넉넉한 시간을 내어주는 일을 하지 못한다.

비슷한 현상을 의학계에서도 볼 수 있다. 환자는 '회복'되는 데 시간이 걸리는 것을 참을 수 없어 한다. 치료 과정에서 인내심이 아주 중요한 부분이라는 것을 의사들이 아무리 설명해도 소용이 없다. 의학 치료도 이와 마찬가지다. 우울증 치료는 보통 몇 주가 지나야 증세가 호전되는데 부작용은 그보다 빨리 시작된다. 만성질환의 경우 더 심각하며, 환자들은 증세가 곧바로 호전되지 않을 것이라는 사실을 받아들여야만 한다. 치료를 받는 즉시 다시 건강해질 것이라는 섣부른 기대는 종종 치료의 중단이라는 결과를 낳는다.

현재를 통해 미래를 내다보기

장기적으로 효과를 발휘할 수 있는 방식을 축적하고, 지나치게 빠른 효과를 기대하지 않는 것이 문제를 예방하는 비결이다. 기본적인 규칙 — 적게 먹고 적게 마시고 운동을 많이 하고 니코틴을 멀리하며 정기적인 검진을 받는 것 — 은 거의 즉각적 효과를 보이지 않기 때문이다. '내일부터 매일 조깅을 할 거야'와 같은 결심은 초기부터 난관에 부딪히기 쉽다. 먼 미래를 위한 노력의 보상이 오늘 나타난다는 것은 현실적으로 불가능하다. 게다가 오늘의 노력으로 내일 나의 건강이 어떻게 좋아질지 확실하게 그려보기엔 상상력에 한계가 많다. 이는 인간의 기본적 본성에 관한 부분이며 예방책을 마련하기 전에 고려해봐야 할 사항이다. 예방책은 빠르고 즉각적인 만족을 주는 효과가 있을 때에만 제 기능을 발휘할 수 있다.

에른스트 푀펠 교수에 의하면 그러한 '예방책'은 여러 읍, 면이나 행정구 혹은 시, 도가 특정한 목표를 갖고 서로 경쟁할 때 효과를 발휘하기도 한다. 이를테면 서로 다른 읍, 면이나 행정구 혹은 시, 도가 1년 안에 전체 구성원들의 흡연율을 낮춘다거나 평균 혈압을 낮추려는 목표를 세우고 경쟁을 벌이는 경우다. 이러한 목표를 달성하려면 사람들은 더 많이 운동하고(단체로 할 경우 가장 효과가 크다) 금연 코스에 등록하며 적게 먹고 건강한 식습관으로 바꾸어야 한다. 만약에 자신의 도시가 경쟁에서 이길 경우 주민 전체가 건강 보험료 인하라는 혜택을 받게 된다고 생각해보자.

"인간은 동기부여가 되어야 제대로 기능을 발휘할 수 있습니다." 쾨펠은 예방 개념을 설명하면서 이렇게 덧붙인다. 또한 돈을 이용한 동기부여는 사람들에게 가장 강력한 효과를 발휘한다. 건강한 생활습관을 유지한 대가로 재정적 이익도 얻고 건강보험료도 낮아지니 얼마나 좋은가? 건강한 삶의 방식이 사람을 더 건강하게 만드는 것은 긍정적인 부수효과라고 볼 수 있다.

예방책보다 더 큰 역할을 하는 것은 환경보호의 장기적 효과다. 오늘날 삶의 방식이 100년 후 환경에 어떤 영향을 줄지에 대해 우리는 대체로 상상하지 못한다. 빙하가 녹으면 우리에게 어떤 영향이 미칠까? 다양한 생물의 멸종이 어떤 결과를 불러올까? 핵폐기물을 버린 곳은 여전히 안전할까? 이 모든 것들이 우리의 자손에게 어떤 영향을 미치게 될까? 우리는 미래를 내다볼 수 있는 혜안을 가지고 있지 않다. 따라서 마음에 호소하며 먼 미래에 경고장을 보내는 것은 무의미한 짓이다. 오히려 감정에 호소하는 것이 더 효과적이다. 즉 미래의 모습을 현재에 대입시켜 감정적으로 느껴보는 것이다. 30세에 생명 보험에 가입하는 사람이 70세가 되었을 때의 상황을 합리적으로 유추하기는 어렵다. 하지만 자신의 미래 모습을 감정적으로 상상하고 그려볼 수는 있으며 안정된 노후를 보내기를 원할 수 있다. 생명 보험은 이러한 개념을 이용해 자사 상품을 홍보한다.

따라서 성공적으로 환경보호를 이루고 싶다면 사실에 기반을 둔 예측보다는 감정적인 요소에 집중하는 편이 낫다. 다른 위치에서 세상을 보려면 관점을 바꾸어보는 것도 많은 도움이 된다. 다음 장에서는 삶에 대한 관점과 관점 변화의 결핍, 그리고 종교가 주장하는 절대적 진리라는 관점에 대해 살펴본다.

우리는 점점 더 참을성이 없어져 모든 것이 점점 더
빠르게 작동되기를 기대한다.
우리는 빨리빨리 결정 내리기라는 강박관념에
사로잡힌 나머지 끊임없이 스스로를 괴롭힌다.
속도에 대한 인간의 집착은 어리석다.
감정과 관심, 그리고 소중한 가치를 느끼기 위해서는
분명 시간이 필요하다.

．
．
．

사람들이 오직 자기 관점으로만 세상을 보거나
보고 싶어 하는 것에 우리는 종종 놀라곤 한다.
하지만 사실, 우리 모두가 그렇지 않은가?
사람은 너나없이 자신이 세상의 중심이라고 생각하며,
이것이야말로 수많은 문제의 근원이 되고 있다.
자, 그럼 이제 다 같이 중국 장기 놀이판으로 가서
자신의 위치를 고정시켜놓는 것이
얼마나 멍청한 일인지를 한번 살펴보자.

편견

잘못된 관점이
어리석음을 낳는다

동양과 서양의 사고 구조

세상은
흑백이
아니다

건강을 강요하는 대학

학구적으로 사유 능력만 가르치는 것이 아니라 신체 건강을 우선적으로 챙기는 대학이 있다. 대학에 입학하려는 학생이 과체중이거나 혈중 콜레스테롤 수치가 좋지 않을 경우, 입학은 허가하지만 대신 개인적으로 운동 프로그램에 참가해야 할 의무가 주어진다. 예를 들어 매일 3킬로미터를 달리거나 역기를 드는 운동을 해야 하며 학생들이 제대로 운동을 하고 있는지 정기적으로 점검을 한다. 독자들은 어쩌면 이런 생각을 할 수도 있다. 자기 몸 하나 맘대로 하지 못하다니, 불쌍한 학생들 같으니라고. 하지만 정반대로 학생들은 학교 측의 프로그램을 좋아했다. 운동을 하는 동안 더 건강하고 날씬해짐을 실감했기 때문이었다. 이는 그 대학에서 학생들을 가르치는 얀바오라는 교수가 증언한 내용이다. 신체 활동은 마음에도 영향을 미치기 때문에 정신과 에너지의 수준을 높이고 사고와 집중력을 향상시키며 지적 능력 향상에도 긍정적인 역할을 한다는 것이다.

이런 종류의 지원 프로그램에 대해 좀 더 알고 싶거나 독일에 도입하고 싶다면 중국의 대학에 대한 여러분의 여러 편견부터 버릴 필요가 있다. 예를 든 대학은 베이징 대학이며 학생들의 정신 건강뿐 아니라 신체 건강에도 많은 관심을 기울이고 있기 때문이다. 어쩌면 어떤 이는 이것이 전형적인 중국 방식이라고 혀를 찰지도 모르겠다. 인권을 무시하고 민주적인 절차를 우습게 알다 보니 학생들의 사생활을 점검하는 것이 독단적인 온정주의나 감시 조치로 여겨질 수도 있다. 그렇다고 이 프로그램에서 긍정적인 면을 전혀 찾을 수 없을까? 우리가 가진 편견에서 단 한 발자국만 물러나 다른 관점으로 바라볼 수는 없는 것일까?

이제 우리는 이 주제의 한가운데에 와 있다. 너무 어렵지만 많은 일들을 훨씬 더 쉽게 받아들이게 하는 관점의 변화라는 주제 말이다.

마음의 이론

기본적으로 인간에게는 다른 사람의 입장에서 생각할 수 있는 능력이 있다. 자기중심의 그늘에서 빠져나와 남들이 자신을 어떻게 바라보는지를 그려볼 줄 아는 능력이 있다. 또한 다른 사람이 처한 상황에 자신을 놓아보고 그 사람이 필요로 하는 것과 의도를 짐작할 수도 있다. 아기가 말을 시작하기도 전에 부모는 그 아기가 원하는 것이 무엇인지 알아차린다. 커플들은 서로의 생각을 알아차리는 능력을 발전시킨다. 인간은 다른 사람의 생각과 느낌, 인식과 관점, 의도를 읽을 수 있는 '지도'를 만들 수 있으며 타인의 그것이 자신의 것과는 다르다는 것을 잘 이해한다. 심리학자들은 이것을 '마음의 이론'이라고 부른다. 아이 때부터 발전시켜온 이러한 능력은 다른 사람의 생각을 알아채고 그에 대한 판단을 내리며 타인의 행동 패턴을 예측하는 데 도움을 준다.

하지만 이러한 능력은 자신이 의식을 가진 존재이며 무엇이 옳고 그른지를 판단할 수 있는 존재라는 것을 인식할 때를 전제로 한다. 보통 3~4세쯤 되면 이러한 인식 능력이 생겨난다. 이 기간 동안 우리는 타인도 의식을 갖고 있으며 그들의 생각과 믿음과 감정이 우리와는 다를 수 있다는 것을 서서히 깨닫기 시작한다. 그리고 자신을 다른 사람의 입장에 놓아보고 그들의 관점에서는 특정 사안이 어떻게 보일지를 생각해보는 것이다.

1983년에 심리학자 하인츠 비머Heinz Wimmer와 요세프 페르너 Josef Perner에 의해 개발된 '거짓-믿음-문제'에서 우리는 이미 '마음의 이론'이 발전된 사람과 그 이전 단계의 차이를 볼 수 있다. 두 사람은 실험을 통해 한 아이에게 두 소녀의 이야기가 그려진 그림을 보여주었다. 한 소녀가 들어와서 공을 찬장에 숨긴 다음 방을 나갔다. 다른 소녀가 들어와서 공을 꺼낸 다음 다른 찬장에 숨겼다. 자, 이제 첫 번째 소녀가 다시 방에 들어와 공을 찾으려 한다. 실험 속의 아이에게 하는 질문은 다음과 같다. "첫 번째 소녀는 공을 찾기 위해 어느 찬장을 열어볼까?" 만약에 "첫 번째 찬장이요. 거기에다 공을 넣었거든요"라는 대답이 나오면 그 아이는 마음의 이론

The theory of mind(경험, 내재적 상태 및 행동 간의 관계를 이해할 수 있는 아동의 사고 체계—옮긴이)을 가지고 있다고 봐야 한다. 두 번째 소녀가 찬장에서 공을 꺼내 다른 찬장으로 옮겼지만 첫 번째 소녀는 그 사실을 알 수 없다는 것을 아이가 이해하고 있는 것이다. 아동들은 보통 이러한 관점의 차이를 이해할 수 없다. 이들은 대체로 공이 정말로 들어 있는 찬장을 가리킨다. 공이 저기 있는데 다른 찬장을 뒤질 필요가 뭐 있어, 라고 대부분의 아동은 생각하는 것이다.

수십 년 동안 신경학자들도 두뇌를 샅샅이 살피면서 어떤 부분이 '마음의 이론'을 수행하는 데 가장 큰 역할을 발휘하는지를 연구해 왔다. 그중에서도 두뇌 앞부분에 있는 전두엽이 가장 결정적인 역할을 하는데, 우리 감정으로부터 추상적인 개념을 뽑아내고 전략적 사고와 선제 계획을 가능하게 한다. 인간이 태어날 때는 성숙되지 않은 상태지만 생후 몇 년 동안 전두엽은 아주 큰 변화를 겪는다. 몇 년에 걸쳐 서서히 성숙되는 과정을 통해 관점을 바꿀 줄 아는 능력을 갖추게 되는 것이다.

하지만 아이를 지나치게 감싸고 품으려고만 하고 마음의 이론을 훈련시킬 필요성을 느끼지 못하는 부모 밑에서 외동으로 자라난다면 이러한 능력이 결핍될 가능성도 많다. 온 가족이 아이를 우주의 중심으로 키우는 환경에서는 아이가 다른 사람을 이해해야 할 필요성을 느끼지 못하기 때문이다. 심리학자들이나 심리 치료사들은 이러한 현상이 바로 우리 사회가 점점 이기적으로 되어가는 이유라고 말한다. '형제가 여럿인 집안에서 자란 아이들은 일찍부터 놀이 환경에 익숙해, 아이들이 서로 다른 반응을 보인다는 것을 빨리 눈치채고 그에 대해 생각할 기회를 얻는다. 하지만 부모 밑에서 외동이로 자란 아이는 대체로 부모의 유일한 희망이며 항상 관심을 받는다. 그 아이는 자기가 공동체의 일원이 아니라 한 세계의 중심이라는 느낌 속에서 자라는 것이다.' 뮌헨의 심리 치료사인 넬레 크로이저가 《디 벨트》지의 베아트리체 바그너와의 인터뷰에서 한 말이다. 두뇌 연구의 관점에서 보자면 이것이 의미하는 바는 다음과 같다. 그런 아동은 다른 사람의 관점을 헤아려보고 상대의 행동 패턴을 예측할 수 있는 배움의 기회를 갖지 못한 것이다. 이들은 자신이 바라는 것을 표출하기만 하면 그것으로 모든 것이 충족되었다. 두뇌는 도전을 받는 영역만 발전한다.

 실제 사례
모의전과 마인드 매핑

자, 그럼 관점을 바꿔 생각해보는 작업을 매우 잘하는 사람들을 살펴보자. 레베카와 요르그라는 커플이 있다. 이들은 중요한 부분을 서로에게 숨기고 있다. 이들은 베아트리체 바그너 박사의 심리 치료 모임에 여러 번 참가하기도 했다. 그 자리에서 대체로 여러 문제를 공개적으로 이야기했지만 관계에는 전혀 진전이 없었다. 오히려 그 반대였다. 심리 치료사가 레베카가 심하게 질투하고 있는 여성을 어떻게 생각하는지 요르그에게 물으니 그는 모호한 말을 늘어놓으며 분명한 대답을 피했다. 뭔가 진지하게 느껴지기는 했지만 핵심이 없는 피상적인 얘기를 했을 뿐 그 질문에 대한 답이 되지는 못했다. 그 문제는 적당히 얼버무린 채 요르그는 전혀 새로운 주제에 대해 이야기하기 시작했고 그것이 레베카를 기분 나쁘게 만들었다. 그 일로 원래의 '비판적' 질문은 빠르게 잊혀졌다. 심리 치료사가 이번에는 레베카에게 요르그와의 미래를 어떻게 그리고 있는지 질문하니 비슷한 반응이 나왔다. 레베카는 정확한 답변 없이 그가 과거에 저지른 일에 대해 불평만 늘어놓았다.

두 사람 모두 서로 불편하게 여기는 문제가 있었지만 그것을 인정하지 못했다. 또 그 이야기를 하는 것도 원하지 않았는데, 입 밖에 내는 순간 자신들이 뭔가를 숨기고 있다는 사실을 인정하는 것이 되기 때문이다. 따라서 서로 우아하게 민감한 주제를 피하는 방식을 선택했다. 이들은 치유 모임을 상대방이 진정으로 원하는 것을 알아내기 위한 모의 전쟁터로 활용하고 있었다. 대화하는 것 같지만 실은 복잡한 책략이 개입된 게임이었다. 이 게임은 물론 상대방의 입장에 자신을 놓고 그가 무엇을 생각하고 알고 있는지를 짐작하는 능력이 있을 때만 제대로 기능한다. 한 사람이 다른 상대의 머릿속을 염탐하는 것이다. 성 심리상담사인 다비드 슈나르크David Schnarch는 이것을 '마인드 매핑Mindmapping(읽고 분석하고 기억하는 모든 것을 마음속에 지도를 그리듯 사고하는 훈련법 — 옮긴이)'이라고 부른다. 앞서 예로 든 커플은 비밀요원들이 스파이 활동을 숨기듯 서로가 마인드 매핑하는 것을 숨기려 한다. 따라서 두 사람 다 겉보기에는 쿨한 것 같지만 속으로는 굉장히 긴장하고 있다. 그런 모습은 몇 가지의 신체적 신호를 통해 드러난다.

레베카와 요르그의 경우, 관점을 바꾸어 사고할 수 있는 능력은 서로의 관계를 개선시키기보다는 오히려 각자의 거짓과 비겁함을 유지하는 데 일조한다. 따라서 심리 치료사는 대화의 수위를 한 단계 높여서 서로가 진실을 말하게 하고 그걸 통해 자신들이 처한 갈

등의 원인을 바라보게 했다. 갈등을 통해 두 사람이 다 같이 성장하는, 한층 성숙된 관계를 만들어갈 수도 있다. 서로 정직하게 진실만을 말한다면 관계를 지속할지 아니면 그 반대로 갈지 결정하기도 쉬워지기 때문이다.

천국에는 얼마나 많은 신이 살고 있을까?

다른 사람의 입장에서 생각해보고 다른 관점으로 상황을 바라보는 일은 우리가 일상적으로 사용하는 두뇌의 기본 능력이다. 하지만 정치나 종교 문제에 부딪치면 사람들은 확연히 다르게 반응한다. 타종교의 원리나 개념을 이해하려고 애쓰는 종교를 본 적 있는가? 그렇다. 자신들만이 옳고 세상을 제대로 이해하고 있다고 자부하지 않는 종교를 우리는 한번도 본 적이 없다.

이것을 확실하게 볼 수 있는 장소가 스리랑카에 있는 애덤스 피크Adam's Peak이다. 스리랑카의 가장 높은 봉우리 중 하나인 산의 정상에는 길이가 1.5미터에 넓이가 0.5미터인 발자국 모양의 돌이 있다. 이 발자국은 어디서 온 것일까? 힌두교도는 그들의 신인 시바Shiva가 그것을 남겼다고 믿는다. 따라서 이곳을 시바 아디 파탐Shiva Adi Patham 즉 '시바의 탄생 춤'이라고 부른다. 불교도는 부처가 남긴 것이라고 믿고 있으며, 이슬람교는 이곳을 아담의 발자국이라고 믿고 있다. 전설에 의하면 이곳에서 아담은 천년 동안 한 발로 서서 고행을 했다고 한다. 이렇게 세 종교가 서로 자기들의 성역이라고 해석하는데, 네 번째 종교라고 가만히 있겠는가? 물론 아니다. 남인도인들과 싱할리스 기독교인들은 이 발자국 모양의 돌이 있는 자리가 사도인 성 토마스가 대중에게 복음을 전하기 위해 설교하던 곳이라고 주장한다.

이 세상 모든 종교는 자신들의 관점으로 세상을 해석할 권리를 독차지하고 다른 종교에게는 손톱만큼의 진실에 대한 권리도 허용하지 않는다. 종교의 구조 안에서 보자면 다른 종교는 절대로 존재해서는 안 되는 것이다. 이제까지 누구도 하나의 천국에 기독교의 신과 유대의 신, 알라와 부처, 그리고 힌두교의 수많은 신들이 공존한다는 얘기를 들어본 적이 없다는 사실 하나만으로도 이것은 분명하다. 하지만 네 사람(혹은 신)이 동시에 발자국을 내기란 불가능하므로, 결국은 모두 각자의 권리를 외치는 것이다.

네 개의 종교 세계가 존재하며 이들이 비교적 사이좋게 공존하고 있는 스리랑카이지만 다른 한편으로는 감당할 수 없는 결과로 이어지기도 한다. 종교의 절대적 진실에 대한 주장들은 모두 알다시피 유혈 전쟁을 불렀다.

관점을 바꾸어 생각하는 능력을 인간 모두 타고났다 해도 종교나 사회적 문제와 같은 광범위한 개념일 때 문제는 특히 더 어려워진다. 처음의 예로 돌아가보자. 비민주적인 국가에서 일어나는 일들은 그것이 인민의 건강과 복지에 관한 것이라 할지라도 우리는 조금도 긍정적으로 보지 않으려 하지 않는가.

이원주의 대 노장 사상

자, 이제 함께 관점의 변화를 경험해보자. 중국인은 세계를 어떻게 보는가? 유럽의 문화와는 달리 중국인의 세계에는 마음과 몸을 분리해서 바라보는 이원론이 존재하지 않는다. 플라톤의 철학 이래로 유럽을 지배해온 물리적 세계와 관념의 세계에 대한 구분이 중국인들에게는 의미가 없다. 프랑스의 철학자 르네 데카르트René Descartes는 이러한 구분을 좀 더 심화시켜서 세계를 물질적 실체와 비공간적 관념적 실체로 나누었다.

그렇다면 중국은 어떤가? 중국의 주요 철학인 노장 사상을 보면 서로 다른 에너지가 긴밀히 연결되어 있는데 이는 양과 음이라는 기운으로 표현된다. 음양의 문양을 보면 음양이 조화를 이루고 있다. 흰색인 양은 남성적이고 강하고 밝고 뜨거우며 기운찬 에너지를 상징하는 반면, 음은 검은색으로 여성적이고 부드러우며 어둡고 차갑고 조용한 에너지를 상징한다. 이 두 가지의 기운을 별개로 보는 것은 생각조차 할 수 없다. 문양 속 백색 바탕에는 검은 색의 눈이 그려져 있고 어두운 바탕에는 밝은 색의 눈이 그려져 있다.

음양을 전통적으로 형상화한 태극 문양은
상반된 요소가 얼마나 서로에게 의존하고
있는지를 잘 보여준다.

중국 전통 의학도 이러한 상반된 요소를 이용하여 서로가 상호작용을 통해 효과를 나타내도록 한다. 따라서 중국 전통 의학에서는 모든 요소들이 서로 직간접적으로 연결되어 있다. 질병이 생기는 것도 수많은 요인들이 축적된 결과다. 이러한 질병 앞에서 치료사나 의사는 다음과 같은 질문을 던진다. X와 Y는 서로 어떻게 관련이 되어 있는가? 반면에 서양 의사들은 다음과 같이 질문한다. 어떤 X가 Y를 부추겨 문제를 일으키는가? 다시 말해서 동양 의학의 의사들은 생물학적·감정적·사회적, 그리고 외부적 요인이 인간의 생체 조건에 많은 영향을 준다는 사실을 한시도 잊지 않는다. 감정과 생각, 심장 박동 수와 혈압, 이 모든 것들이 똑같이 건강에 영향을 미치는 요인이라는 사실 말이다. 이러한 관점에서 학생들이 신체적으로 건강할 때, 건강하게 사고하고 공부할 수 있는 능력을 갖출 수 있다는 점을 주목한 것이다. 신경생물학적 연구 결과는 이같은 중국의 신체 단련과 학습 능력 사이의 상호의존적 관계에 대한 활용 방식이 옳다는 것을 입증한다. 제7장에서 우리는 보다 자세하게 이 문제를 논의하고자 한다.

당신의 관점은 편견일 수도 있다

자, 그렇다면 언뜻 보기에는 개인의 사생활 침해로 여겨지는 조치들이 다른 관점에서는 아주 다른 모습으로 비추어진다. 이 장을 쓰고 있는 동안에 우리는 전 총리인 헬무트 슈미트Helmut Schmidt를 통해 이러한 사실을 확인할 수 있었다. 2013년 5월 린홀트 베크만의 토크쇼에 출연한 헬무트 슈미트는 중국을 보는 서구인들의 관점에 대해 총체적인 질문을 했다. 대부분의 독일인은 중국에 선입견을 갖고 있으며 중국의 민주화를 위해 독일식 민주주의를 전파해야 한다고 생각한다고 슈미트는 말했다. 하지만 이미 지난 몇십 년 동안 중국은 민주화 과정을 지나왔으며 일정한 수준에 도달하기 위해서는 시간이 필요하다는 사실을 사람들은 종종 간과한다. 다른 나라에 자신들의 방식을 강요하는 것은 오만한 행동이라고 슈미트는 말했다. 우리 관점으로는 거대한 중국 대륙의 민주주의가 어떤 방식으로 얼마큼 진행되었는지 제대로 판단할 수 없다는 것이다. 또한 서구와는 달리 중국 정부는 다른 나라에 자신들의 사회적 모델을 강요한 적이 전혀 없다는 점도 슈미트는 지적했다.

관점을 바꾸어볼 기회가 없었으면 자기 관점의 중요성과 한계를 모르고 지나치기 쉽다. 우리 중 세상과 자신을 돌아보기 위해 중국 신문이나 미국 혹은 폴란드의 신문을 읽는 사람은 거의 없다. 하지만 헬무트 슈미트 전 총리는 그것을 실천했고 이로 인해 다른 관점으로 많은 것들을 바라볼 수 있었다. 이는 비단 중국에만 한정된 문제가 아니라 유럽도 마찬가지다. 슈미트는 자신의 국제적인 독서 경험과 정치 경력을 바탕으로 EU를 분석했는데 그의 분석에 따르면 EU는 자기에게 닥친 위험에 둔감하다는 것이다. EU가 항상 자기 꼬리를 물고 돌고 있기 때문이다.

중요한 문제든 작고 사소한 문제든, 관점을 바꿔볼 수 있는 능력이 있음에도 불구하고 자신의 공고한 위치나 확신을 버리기란 쉽지 않다. 또한 자기를 잃어버리지 않기 위해서는 생각의 든든한 초석이 꼭 필요하다. 하지만 종종 우리는 자신의 지평을 넘어서서 보지 못한다. 그러다 보니 결국 고집스럽고 어리석은 사람으로 남게 되는 것이다.

다른 시점에서의 관점의 변화라는 주제를 마주하기 위해 이제 우리는 중국에서 눈을 돌려 게임의 세계로 가보겠다. 여기서는 다른 사람의 관점에서 자신을 바라보는 능력이 아주 큰 역할을 한다. 바로 체스의 세계다.

체스

흑백의
체스판 위에서
관점 바꾸기

전 체스 세계 챔피언인 러시아의 가리 카스파로프Garry Kasparow(아제르바이젠에서 가리크 바인슈테인으로 태어남)는 역동적이고 공격적인 게임 스타일로 유명하다. 가장 큰 장점 중 하나가 게임의 초반에 상대를 제압하는 기술이었다. 대부분의 게임에서 카스파로프는 처음 10~15수 이내에서 체스 판을 유리하게 선점함으로써 승기를 잡았다. 특히 독창적인 초반 게임 기술은 카스파로프 자신이 개발한 것이 대부분이다. 또 상대에게 혼란을 주기 위해 가리는 비장의 무기인 초반 게임 기술을 항상 사용하는 것이 아니라 어떤 경우에는 초반 경기를 쉽게 풀어 나갔다. 그러면 상대는 혹시 가리가 함정을 판 것이 아닐까 더 깊이 생각하게 된다. 초반 게임이 쉬워 보인 건 단순한 우연일 뿐이고 곧 새롭고 놀라운 카스파로프의 폭발력이 터져 나오지 않을까? 이러한 생각을 하다 보면 곧 혼란에 빠져서 실수를 하기 쉽다. 이것이 트릭이었다. 체스는 논리의 게임이 아니라 심리학의 게임이기 때문이다. 따라서 카스파로프는 자신이 속일 수 있는 상대가 누군지를 정확하게 파악하고 있었다고 할 수 있다.

딥 블루 물리치기

다른 사람의 입장에서 생각해보고 자기 관점을 바꿀 수 있는 이 놀라운 능력도 그것에 지나치게 의존하게 되면 독이 될 수 있다. 1977년 카스파로프가 세계 최고의 체스 게임 컴퓨터인 딥 블루와 치른 게임을 보면 그 사실이 더욱 분명해진다. 카스파로프가 딥 블루를 상대로 한 여섯 번의 게임에서 4 대 2로 이기고 있을 때 세상은 인간의 마음이 컴퓨터보다 우월하다는 사실에 뿌듯해했다. 하지만 그 다음 해부터 카스파로프는 완전히 실패를 거듭했다. 그러자 사람들은 인공지능 연구의 획기적인 성과에 대해 이야기하기 시작했다.

무슨 일이 일어난 것일까? 한편으로는 딥 블루가 전설적인 프로젝트를 개발한 IBM 과학자들에 의해 엄청나게 발전한 덕분이다. 주요 메모리와 하드디스크 저장 공간이 거의 두 배로 커졌으며 체스 프로세서의 수도 엄청나게 증가했다. 컴퓨터에는 더 많은 체스 게임과 알고리즘이 저장돼 순식간에 게임 분석을 수행했다. 이런 업그레이드를 거쳐 딥 블루는 1초 만에 이전보다 두 배 많은 양인 2억 개의 체스 위치를 분석할 수 있었다.

결정적 패인이라면 카스파로프가 컴퓨터를 잘못 평가한 탓일 것이다. 예를 들어 마지막 게임에서 그는 그의 게임 경력에서 가장 단시간에 패배하는 기록을 세웠다. 여기서 카스파로프는 특정한 게임

기간 동안 딥 블루가 체스 컴퓨터 딥 프리츠처럼 행동할 것이라고 추측했다. 하지만 그런 일은 일어나지 않았다. 카스파로프는 적의 장점과 전략을 평가하기 위해 자신을 적수의 자리에 놓을 줄 아는 능력이 있었다. 하지만 딥 블루의 경우는 달랐다. 게임을 하는 동안 프로그램이 전략 수정과 적응을 거듭하기 때문이었다. 카스파로프는 컴퓨터와 게임하는 것뿐만 아니라 컴퓨터와 프로그래머와도 동시에 싸워야 했던 것이다. 사실 체스 한 수마다 전략이 다른 여러 적과 싸우는 것과 같았다. 그렇지 않았다면 카스파로프가 말한 대로 그가 이겼을 것이다.

카스파로프가 그냥 가만히 있었으면 분명 유리했을 동점 상황에서 경기를 포기했을 때도 비슷한 일이 일어났다. 카스파로프는 분명히 이길 가능성을 보고도 컴퓨터가 그 같은 전략을 간파하지 못했을 리가 없다고 생각하고 미리 포기해버렸다. 하지만 사실 컴퓨터는 그것을 간파하지 못했다. 딥 블루에 대한 카스파로프의 마음의 이론은 체스의 황제인 그가 예기치 못한 문제 때문에 실패했다. 프로그래머의 실수로 딥 블루의 시스템 안에 버그가 침입했던 것이다. 딥 블루의 '아버지'인 머레이 캠벨Murray Campbell이 이에 대해 인터뷰한 내용이 네이트 실버Nate Silver의 책《신호와 소음 The Signal and the Noise》(2012)에 실려 있다. 이 버그 때문에 딥 블루는 첫 번째 게임에서 제대로 된 전략을 쓰지 못하고 응급 전략을 선택했다. 따라서 카스파로프는 딥 블루의 전략을 제대로 판단할 수 없었다. 딥 블루의 능력을 과대평가한 나머지 너무 일찍 포기해버렸다는 것이 캠벨의 해석이었다.

체스 선수의 두뇌 속으로

에른스트 푀펠은 독일의 체스 그랜드 마스터인 헬무트 플레거 Helmut Pfleger에 대한 연구를 소개하며 이렇게 말한다. "체스판 위에 말이 아무렇게나 놓여 있으면 전문가들이 그 패턴을 곧바로 이해하기는 어렵다. 그럴 때는 체스 전문가조차도 경험 없는 체스 아마추어와 같은 처지가 되는 것이다."

TV 시리즈 〈체스-한 수 한 수 놓기〉라는 체스 교습 프로그램을 시청한 독자라면 잘 알고 있을 헬무트 플레거는 자신의 병원에서 내과전문의 겸 심리 치료사로 근무하면서 뮌헨 대학에서 의학박사 학위를 받았다. 그 때문에 에른스트 푀펠과는 개인적으로 아는 사이다. 저자들은 체스 선수의 두뇌가 어떻게 작동하는지 알아보기 위해 플레거를 직접 초대해 얘기를 듣는 시간을 가졌다. 그는 기꺼이 요청에 응해 자신이 참가하기도 했던 한 연구실험에 대해 말해주었다. "연구진들은 우리 체스 전문가들에게 체스 말이 일정한 위치에 놓인 체스판을 주며 5초 동안 관찰하게 했습니다. 이어 체스의 말들을 모조리 치운 다음 우리에게 빈 체스판에 다시 정렬하라고 했지요. 그건 대부분 거의 완벽하게 해냈습니다." 아마추어 선수들에게 같은 일을 시키면 다섯 수에서 일곱 수 정도는 제대로 된 위치를 벗어나게 된다. 이는 인간의 단기 기억 능력의 한계이기도 하다.

그렇다면 체스 선수 등은 기억력이 더 뛰어난가? 꼭 그런 것만은 아니다. "좋은 체스 선수는 공간 기학적 사고력이 아주 잘 발달되어 있습니다. 이는 체스 선수들이 마스터한 다른 여러 가지 기술과 마찬가지로 훈련을 통해 이루어진 것이지요"라고 헬무트 플레거는 설명한다. "그랜드 마스터는 한 게임에서 체스 말의 여러 가지 결합이나 말의 위치, 그리고 게임 시작 패턴 등에 관해 5만에서 10만 개 정도의 패턴을 인식할 수 있습니다. 훌륭한 체스 선수는 말의 위치만 보고도 상황을 즉시 파악할 수 있을 뿐 아니라 위치까지 기억할 수 있고요. 하지만 아마추어는 패턴을 못 보기 때문에 체스 말의 위치를 하나하나 다 기억해야 하는데 이는 굉장히 힘든 일입니다."

재미있는 부분은 이제부터다. 다음 단계에서 연구자들은 체스 말이 아무렇게나 놓인 이상한 체스 판을 체스 전문가들에게 내밀었다. 그런데 일정한 패턴 없이 놓여 있을 때는 전문가라 할지라도 아마추어보다 나을 게 없다는 점이 밝혀졌다. 대부분 선수들이 말의 위치를 5~7개밖에 기억하지 못했다. "실험자들은 어떤 패턴이나 제대로 된 모양을 보여주지 않았고 피실험자들은 모든 말의 위치를 일일이 기억해야만 했어요. 정말 힘든 일이지요." 플레거의 말이다.

이 실험은 두 가지를 증명할 수 있었다. 일단 체스 선수들이 일반인보다 기억력이 뛰어난 것이 아니라는 것과, 두 번째는 체스 조각들은 머릿속에 하나의 패턴으로 자리 잡고 있어서 두뇌 연구 관점에서 보자면 기억하기 위해 크게 노력하지 않아도 된다. 패턴에 아무런 의미가 없을 때는 이들의 단기적인 기억력도 체스 말을 하나씩 따로 기억하는 것 이상은 발휘되지 못하는 것이다. 이것은 단위화(묶음화, Chunking)의 원칙이다. 독자들도 한번 시도해보라. JRheTaihiNs라는 글자를 보고 알파벳을 기억해보는 것이다. 대문자나 소문자까지 정확히 기억해야 한다. 어렵다고? 아마 그럴 것이다. 하지만 방법이 있다. 패턴을 기억하는 것이다. 이것은 어떤 노래 구절의 첫 글자를 따서 만든 것이기 때문이다. "Ja Rosi hat ein Telefon, auch ich hab ihre Nummer schon(로시에겐 전화기가 있고 난 벌써 그녀의 전화번호를 알고 있지)"라는 그룹 스파이더 머피갱Spider MurphyGang의 노래 '출입금지 구역의 스캔들'의 가사다. 이래도 JRheTaihiNs라는 글자를 기억하는 것이 어려울까? 이런 방식으로 체스 선수들도 e2-e4 c7-c5 식의 체스 말 조합을 기억할 수 있는 것이다. 이 공식은 카스파로프가 선호하는 초기 게임 기선 제압 방식으로 시실리안Sicilian 방어법이라고도 불리는데, 딥 블루는 이 월드 챔피언과의 체스 게임에서 d7-d5라는 알라핀Alapin(안티 시실리안이라고도 하는 체스의 방어법—옮긴이)의 한 방식으로 그에 대응했다. 체스 선수들은 이러한 패턴을 알고 있기 때문에 곧바로 알아볼 수 있다. 하지만 우리 같은 저자들은 이에 대한 공부를 해야 했다.

플레거는 설명한다. "체스 경기를 할 때는 패턴을 먼저 인식합니다. 다른 계산을 할 필요 없이 체스 판의 형태가 달라지는지를 관찰하고 있다가 그에 대응합니다."

연구는 아직 끝나지 않았다. 실험 참가자들 모두 그들의 시각적 움직임을 추적하고 기록하는 장치인 시선 추적 안경을 받았다. 그 실험을 통해 우리는 다음과 같은 사실을 알게 되었다. 체스의 아마추어들은 체스 판을 우선 훑어보고 파악하려 한다. 하지만 체스 전문가들은 결정적인 위치를 곧바로 주목한다. 게임에서 결정저 역할을 하지 않는 체스 말은 이들의 관심을 전혀 끌지 못한다. 이로써 우리는 이미 알고 있던 패턴 인식이라는 체스의 핵심을 확신할 수 있게 되었다.

사람은 패턴과 모양을 만든다

관점의 변화라는 문제로 돌아가보자. 이것이야말로 사람이 컴퓨터와 대항할 때 가장 큰 장점을 발휘한다. 앞서 예로 든 경우, 카스파로프는 딥 블루의 끊임없는 전략 수정을 계산에 넣지 못하는 바람에 패배할 수밖에 없었다. 하지만 서로의 관계를 고려하여 앞으로의 행동을 예측할 수 있는 우리 능력은 순수하게 합리적인 분석을 기반으로 한 컴퓨터보다는 이점이 많다. 순수하게 수학적인 컴퓨터의 능력과 대결해서 이길 수 있는 인간은 아무도 없다. 기억하는지? 체스 선수는 보통 말의 위치를 5만~10만 개 정도 기억할 수 있지만 컴퓨터는 이미 1990년대 말쯤에 2억 개가 넘는 위치를 계산할 수 있게 되었다. 그럼에도 불구하고 카스파로프는 딥 블루를 확실히 제압할 수 있었다. 그 후로 더 발전된 형태의 체스 컴퓨터인 왓슨Watson과 블루 진Blue Gene이 개발되었다. 이들의 기술적 능력은 현저히 향상되었다. 그렇다고 인간이 그 속도를 따라잡아야 할까? 인간의 진정한 힘은 관점을 변화시킬 수 있는 능력에 있는 것이 아닐까? 적어도 지금까지 컴퓨터는 그럴 능력이 없다.

헬무트 플레거는 이러한 사실을 다음과 같이 확인시켜준다. "어떤 체스 선수는 객관적인 경기를 하길 원한다. 이들에겐 오직 체스 말의 위치가 중요한 것이다. 또 다른 선수들은 심리적 요소를 이용해 자신을 상대 선수의 위치에 놓는다. 이 또한 괜찮은 방법이다." 그 이유에 대해서 플레거는 짧은 일화를 통해 설명한다. 체스 선수 중에는 경기 내내 포커페이스를 유지하는 이들이 있다. 하지만 카스파로프는 경기 도중 얼굴에 감정을 드러낸다. 현재 세계 챔피언인 비스와나단 아난드와의 경기에서 실수를 저질렀는데 그 순간 당황한 표정이 카스파로프 얼굴에 역력히 드러났다. 이것을 본 상대방은 카스파로프가 실수한 사실을 알게 되었다. 포커페이스를 유지할 수 있었다면 카스파로프는 아마 게임에서 이길 수 있었을 것이다.

딥 블루도 같은 결과를 낳을 수는 있지만 그러기 위해선 부지런히 계산을 해야 한다. 인간은 경험을 통해 패턴과 형상을 한눈에 알아보는 반면 컴퓨터는 체계적인 계산을 통해서 연관성을 유추해낸다. 이것을 좀 더 자세히 살펴보자.

 두 뇌 탐 험
우리는 정보를 어떻게 처리하는가?

당연히 컴퓨터는 컴퓨터만의 장점을 가지고 있다. 인간은 여러 가지 요소를 한꺼번에 균등하게 처리하지 못하고 컴퓨터보다 수학적 능력이 훨씬 뒤처지기는 하지만 여러 면에서 컴퓨터를 따라잡을 수 있다. 인간의 두뇌는 컴퓨터와는 근본적으로 다르게 작동하기 때문이다. 인간은 어떤 일을 하기 전에 가설을 먼저 세운다. 기존 지식에 새로운 정보가 더해지면 뭔가를 할 수 있게 되는 것이다. 원래 지식이라는 것이 위에서 아래로 움직이는, 상하이동 처리 방식을 지니고 있기 때문이다. 하지만 컴퓨터는 정확히 반대로 작동된다. 일단 모든 정보를 모아서 비교하고 복제하고 계산한 다음 결론에 도달한다. 결론이나 산술 과정은 아래서 위로, 밑에서 위로 처리된다.

잭슨 폴락Jackson Pollock의 그림을 정확하게 복제하려고 해본 적이 있는가?

아마 없을 것이다. 거의 불가능한 일이니까. 우리는 패턴을 제대로 인식할 수 있는 그림만 복제할 수 있을 뿐이다. 폴락의 그림을 보면 괴상한 점이나 그림물감 방울, 혹은 선들이 알아볼 수 없도록 엉켜 있다. 하지만 컴퓨터 스캔 프로그램의 경우 선이나 글자 혹은 신호가 어떤 의미를 지니는지는 전혀 중요하지 않다. 컴퓨터는 그저 표면이 색칠되어 있는지 아닌지와 같은 정보만을 수집할 뿐이다. 인간은 이에 반해 하나의 정보를 통해 패턴을 얻고 거기서 지식을 추론할 뿐이지 똑같이 그것을 복제하지는 못한다. 직관적이고 사진을 찍듯이 정확한 기억력을 가진 사람들이 있긴 하지만 아주 드물다. 대부분의 사람들은 일정한 배경에서 어떤 패턴이나 형상을 인식하고 그것을 구체화한다. 동그라미 하나와 두 개의 점, 하나의 쉼표와 선으로부터 사람들은 얼굴이라는 형상을 쉽게 유추해낸다. 흐릿한 형상들 속에서도 우리는 몇몇 불필요한 것들을 지움으로써 특정한 얼굴을 알아볼 수 있다.

이는 한계가 명백한 두뇌를 가진 인간이 거대한 산술 능력을 갖춘 컴퓨터를 어떻게 이길 수 있는지에 대한 답이 될 수 있다. 우리 두뇌가 이룰 수 있는 가장 큰 성취는 위에서 아래로의 과정과 아래에서 위로의 과정을 연결할 수 있는 능력에 있다. 아래에서 위로의 처리 원칙만 가지고 산다면 세부사항의 홍수 속에 질식할 것이다. 중요한 것과 그렇지 못한 것을 구별하지 못한 채 단지 뛰어난 기억력만을 지닌 사람이 그렇듯이. 또한 위에서 아래로의 원칙만 고집한다면 이 세상과 진정한 관계를 맺는 것은 불가능할 것이다. 고착관념에 빠져 경험이나 관찰에서 비롯되는 새로운 정보를 얻지 못하고 분명한 '증거'에 바탕을 둔 새로운 세계관을 발전시킬 기회를 놓친다. 주변을 둘러볼 수 있을 때 비로소 우리는 자신의 어리석음을 딛고 일어설 수 있다.

다른 사람의 입장에 서본다는 것

다시 한 걸음 마음의 이론으로 돌아가보자. 우리 안에는 다른 사람의 입장에서 사고하는 능력이 있지만 그럼에도 불구하고 언제나 가능한 능력은 아니다. 중국의 예에서 보았듯이 비판받기 쉬운 상황과 그것이 불러온 긍정적인 효과를 한꺼번에 묶어서 이해하기는 어렵다. 또한 체스 게임을 통해 볼 수 있듯이 마음의 이론은 경쟁자의 입장에서 사고하는 것을 가능하게 하는 장점이 있는 반면, 다른 경기 상대나 컴퓨터가 전략을 갑자기 바꿀 경우에는 실책의 원인이 될 수 있다.

우리 가정과 사회에서 자주 볼 수 있는 또 다른 예로는 세대 간의 갈등을 들 수 있다. 세대 간 갈등은 주로 기성세대는 젊었을 때의 모습을 망각하고 젊은 세대는 기성세대의 관점으로 세상을 보는 법을 배우지 못했기 때문에 생긴다. 젊은 시절의 모습이 어땠는지를 망각해버린 기성세대가 많다는 것은 참으로 놀라운 일이다. 어쩌면 나이가 들면서 다른 사람이 입장, 특히 다음 세대에 자신을 비추어 보는 능력이 감소하는 것은 아닐까? 이는 한편으로는 마음의 게으름 탓이기도 하고 다른 한편으로는 나이가 들면서 융통성과 더불어 다른 정신 능력이 쇠퇴하기 때문이 아닐까 싶다.

우선 게으름에 대해 이야기해보자. 우리는 이미 살면서 얻은 것들에 대해 질문하는 것을 달가워하지 않는다. 정해진 사고의 패턴 안에서 세상사와 상황에 대해 익숙한 견해를 내놓는다. 정치인들은 다 머저리이며 축구선수는 개념 발언을 할 줄 모르고 여자들은 절대로 섹스를 원하지 않는 반면, 남자들은 항상 섹스에 미쳐 있고 의사들은 돈만 좇으며 미국인은 얍삽하고 이슬람교도는 다 테러리스트이며 네덜란드 사람들은 모두 캐러밴을 타고 천천히 독일 고속도로를 지나 휴가를 간다……. 이러한 견해들은 이미 고정된 것이며 사람들은 이 같은 선입견을 통해 세상을 판단한다. 이러한 사고와 수용 방식에 질문을 던지기 위해서는 사실 힘겨운 노력이 따르기 때문이다.

또한 다른 여러 두뇌 기능과 마찬가지로 나이가 들면서 정신의 유연성이 감소하기 때문일 경우도 있다. 하지만 나이가 들어도 관대함과 공감 능력과 유연성을 지닌 사람들이 여전히 존재하듯, 정신적 게으름이나 자연적 사고 능력 감소를 시간의 경과에 따른 당연함으로 받아들여야 하는 건 아니다. 관점을 바꾸는 훈련을 통해 그것들을 물리칠 힘이 생길 수 있지 않을까? 가령 성인 교육 프로그램이나 과목에 서로를 더 잘 이해할 수 있는 코스를 마련해보는 것은 어떨까? 아직까지는 그런 과목이 있다는 얘기를 듣지 못했지만 괜찮은 생각일 것도 같다.

관점 바꾸기 훈련은 나이 든 사람 뿐 아니라 젊은이에게도 큰 도움이 된다. 가장 좋은 방법은 자신과 다른 생각을 가진 사람의 입장에 서서 그 관점을 옹호하는 토론을 해보는 것이다. 혹시 사사건건 의견이 부딪히는 사람이 있는가? 좋다. 그렇다면 판을 뒤집어놓고 그 사람은 당신의 의견을, 당신은 그 사람의 생각을 옹호하는 토론의 시간을 마련해보자. 설득력 있는 의견을 내기 위해서는 다른 사람의 입장에 제대로 서볼 수 있어야 한다. 저이는 어떻게 저런 생각을 갖게 되었을까? 거기에는 어떤 장점이 있을까? 또 그 생각들은 다른 사람에게 어떤 영향을 줄 수 있을까?

만약 토론할 상대가 없다면 텔레비전 정치 토론을 보며 당신과 가장 상반된 생각을 하고 있는 사람의 견해를 혼잣말로 혹은 글로 적는 방식으로 옹호해보라. 아니면 다음과 같은 훈련 방법도 좋다. 종이와 연필 혹은 노트북 컴퓨터를 들고 가까운 카페나 공원의 벤치 혹은 집이라면 창문 가까이에 자리를 잡는다.

사람들을 관찰해보라. 당신이 싫어하는 행동을 하는 사람은 누구인가? 행인들 사이를 스케이트보드를 타고 주행하는 녀석? 아니면 당신의 얼굴에 대고 담배 연기를 뿜어대는 이웃? 당신의 집 담벼락에다 밤새 낙서를 휘갈겨 놓고 도망친 그래피티스트(전철이나 건축물의 벽면, 교각 등에 낙서처럼 긁거나 스프레이, 페인트를 이용해 그림을 그리는 사람—옮긴이)? 뛰어노는 아이들을 공연히 혼내는 심술궂은 노파? 언제나 큰 소리로 전화 통화를 하는 바람에 세상 사람들이 그가 무슨 일을 하는지 어째서 그런 행동을 하는지 다 알도록 만드는 잘난 척하는 사업가? 혹시 그 스케이트보드 타던 친구는 달리 보드를 탈 곳이 없는 게 아닐까? 그 이웃도 카페에서 한 30분 쉬면서 느긋하게 담배 한 대 피울 시간을 학수고대하고 있지나 않았을까? 그래피티도 어떤 것은 예술적으로 보이기도 하지 않나? 한밤중에 집을 빠져 나와 남의 집 담벼락에 스프레이를 뿌리며 자신을 표현하고자 하는 젊은이의 심정은 어떤 걸까? 그 할머니는 언제나 아이들을 싫어했을까, 아니면 청력과 시력이 나빠지고 걸음도 잘 걷지 못하게 되면서 그리 된 걸까? 그 사업가는 그럼 어떤가? 혹시 주변을 모두 잊어버린 걸까? 아니면 단지 그런 척하는 걸까?

사람들의 사연에 대해 소소하게 상상해보는 거다. 그렇게 잘 쓸 필요도 없고 나중에 버려도 된다. 중요한 것은 자기가 싫어하는 행동을 하는 사람들의 입장에 한번 서보는 것이다.

한번 해보시라. 인간의 마음속에서 일어나는 창조적 활동의 새로운 원천을 발견할 수 있을 것이다.

뢰펠의 덧붙임

**관점을 가진 사람만이
관점을 변화시킬 수 있다**

관점을 변화시키기 특히 어려운 분야가 바로 바로 정치와 과학 쪽이다. 가령 민주주의 체제에서 정치인은 정당의 프로그램에 따라 움직인다. 물론 이 방식은 유권자들에게 정당의 목적을 알리고 그에 따른 행동을 하기 위한 것이니 당연하다. 하지만 정치인 개인의 입장에서 볼 때 정당의 고정 프로그램에 따라 움직이고 당과 프로그램의 요구대로만 행동하는 것은 인간의 고유한 마음을 침탈당한 것이나 마찬가지다. 나는 정당 프로그램 안에서도 개인적 사고를 위한 공간은 필요하다고 본다. 그렇지 않다는 것은 세상에는 옳고 그른 것뿐 아니라 그 중간의 것도 많다는 사실을 받아들이지 못하고 유권자를 모욕하는 것이나 다름없다. 따라서 정치인이라면 프로그램에 따라 정해진 대로만 행동할 것이 아니라 자기 양심에 따라 여러 세부사항에 다른 방식으로 답할 수 있어야 한다.

흥미롭게도 헬무트 슈미트같이 기존의 사고를 깨는 정치인은 장기적으로는 더 높은 평가를 받는다. 어쩌면 많은 유권자들은 혹시라도 실수할까 봐 절대 직접적인 발언을 하지 않는, 언론에 잘 길들여진 정치인들에게 식상함을 느끼고 있는지 모른다. 자기 의견을 밝히지 않는 정치인들은 꼭두각시이며 스스로를 우스꽝스럽게 만드는 것이다. 특히 정치적 문제에 대해서는 관점의 변화가 필요하며 특정 상황에서는 실수를 인정할 수 있어야 한다.

관점의 변화가 요구되는 또 다른 영역은 불행히도 학술 연구 분야다. 어쩌면 과학적 질문의 복잡성 때문일 수도 있겠지만 인간의 정신 영역은 분명 그 발전 속도가 매우 느리기 때문이다. 학술 분야에서 대부분의 연구자들은 자기 연구가 지향하는 개념의 기반이 되는 특정한 패러다임이나 학파 혹은 사고의 계보를 중시한다. 하지만 그러다 보면 다른 연구자나 다른 이론에 속하는 개념들은 종종 무시당하는 경우가 생긴다. 따라서 자신의 사고를 발전시키려다 보면 다른 수많은 사고가 발전할 기회를 막게 되는 것이다. 자신들의 학문이 종말에 이르렀다고 선언한 19세기 말의 물리학자들을 돌아보자. 이들은 물리학 영역에서 모든 것이 연구되었으므로 더 이상 어떠한 것도 연구할 필요가 없다고 생각했다. 하지만 20세기 초 양자 물리학이나 상대성 이론이 등장하면서 비로소 진정한 물리학은 시작되었다고 볼 수 있다. 이들 이론은 반박할 수 없다고 여겨지던 정통적 물리학을 물리치고 새로운 가정 하에 수많은 연구의 가능성을 열었다.

학문의 진정한 진보는 패러다임을 파괴하는 것이다. 그러므로 이치에 맞고 선구자적인 혁신적 학문조차 늘 환영받지는 못한다. 종종 일탈자는 자신이 몸담은 연구 조직으로부터 추방당하기도 한다. 패러다임의 변화는 대부분 언제나 개인 혹은 집단에게 엄청난 변화를 몰고 오기 때문이다. 지금까지 기반이 되어온 기존 가설이 무너지면 현재 진행 중인 연구 작업도 같이 무너지고 이로 인해 연구비와 연구직도 잃게 될 수 있다.

연구 작업의 배경과 패러다임에 관한 '묻지 못한 질문Unasked questions'이라는 주제의 국제 워크숍을 준비하면서 나는 학자들이 패러다임의 변화를 얼마나 꺼리는지 잘 알 수 있었다. 초대받은 학자 중 일부는 다른 참석자들의 연구 작업을 잘 알고 있기 때문에 오지 않겠다고 답했다. 다른 학자들이 펼쳐놓을 새롭고 심도 깊은 이야기를 알아보려는 노력도 없이 그저 일정을 취소하는 학자도 있었다. 이는 무지의 소산이다. 어쩌면 이 같은 거절의 이면에는 비판적 질문과 지금까지 제기되지 않은 질문에 대한 두려움이 숨어 있지 않을까. 아무튼 이는 피상적이고 자발적인 어리석음이라고밖에 볼 수 없다.

자발적 어리석음에서 탈출하는 것은 알다시피 쉬운 일이 아니다. 오랜 시간 고착된 사고의 패턴과 도그마와 형식에 의문을 품고 이를 극복하겠다는 것 자체가 개인 정체성의 경계에 대한 하나의 도

전이기 때문이다.

어떠한 입장이 '올바른' 것인지는 최종적으로 어떻게 판단할 수 있을까? 내게 있어 그 문제는 외국어를 들을 때 설령 내가 이해하지 못하는 언어더라도 그것이 언어임을 인식하는 것처럼 명백한 것이다. 또한 내가 상대를 보지 않더라도 낯선 소리를 내는 주체가 사람이라는 것을 인식할 수 있는 것과 같다. 그곳이 원시림이든 파리의 카페든 아니면 일본의 기차 안이든, 그 뜻을 이해하지는 못하더라도 우리는 말소리를 내는 것이 사람이며 그가 인간의 언어를 말한다는 것을 인식할 수 있다. 나에게는 이것이 아주 정상적인 인식으로 여겨진다.

하지만 유명한 영국 심리학자가 그에 대한 반론을 제기했을 때 나는 정말 놀랐다. 외국어를 배워야만 그것이 외국어라는 것을 인식할 수 있다는 그의 말에 너무 놀라 입을 다물 수가 없었다. 나는 지금도 그의 견해가 상당히 어리석다고 생각한다. 이 세상에는 약 5,000여 개의 언어가 있지만 통용되는 소리는 100여 개밖에 되지 않으며, 인간은 소리를 듣고 내는 능력을 유전적으로 습득한다. 또한 모든 언어에는 모음과 자음의 변화가 있으며 소리를 낼 수 있는 자음과 그렇지 않은 자음이 있다. 또한 대부분의 언어는 그 빠르기가 비슷해서 10개의 단어를 말하는데 보통 2, 3초가 걸리는 구조를 가지고 있다. 이러한 공통된 요소들 때문에 우리는 뜻을 이해하지 못하면서도 그 소리가 인간의 소리라는 것을 인식할 수 있는 것이다. 이것은 너무 명백한 사실이어서 나로서는 그에 대한 관점을 바꾸는 것이 불가능하다는 생각이 든다. 그렇다면 나는 어째서 이토록 강한 확신을 갖고 있는 걸까?

정체성에 대한 질문

지금까지 관점을 변화시키는 것에 대해 포괄적으로 다루었는데 그렇다면 관점을 지나치게 변화시키는 것도 가능할까? 대답은 '그렇다'이다. 관점의 지나친 변화는 종종 자기 최면으로 이어지기도 하는데 이 또한 어리석은 일이다. 관점을 바꾸려면 우선 자신이 그 관점을 자각할 수 있어야 한다. 다시 말해 자신에게서 한 발짝 물러나서 자신을 새로운 대상으로 바라볼 수 있어야 한다는 말이다. 그러면 자신의 견해와 편견이 객관적으로 보일 것이다. 그런 다음에야 보다 효과적이고 정직하게 다른 사람의 입장을 생각할 수 있다.

이는 스스로 생각하기를 거부하고 그저 아무 생각 없이 다른 사람의 견해를 따르는 것과는 질적으로 다르다. 실패한 심리치료 상담이라든가 배우자와의 관계에서 그 이면을 들여다보면 이처럼 다른 사람에게 감정적으로 압도당해 상대의 어떠한 행동이든 이해하려는 모습이 보인다. 이런 경우 자신의 정체성을 포기할 뿐만 아니라 상대방의 정체성조차 보지 못한다. 독립적으로 사고하기를 포기하고 그 대신 다른 사람의 사고방식 속으로 숨어 들어가다 보면 자기 정체성을 잃게 될 뿐 아니라 상대의 감정에 압도당하기 십상이다.

여기서 결정적인 키워드는 정체성이다. 자기 정체성에 확신이 있을 때에만 관점을 바꾸는 것도 가능하다. 자신의 생각을 되돌아봄으로써 관점을 확인하고 현재의 경험을 통해 그것을 느끼는 것이다. 많은 사람들에게 이 능력이 부족한 것은, 스스로를 투명하게 바라보고자 하는 의지가 결핍되었기 때문이다. 하지만 개인적인 어리석음을 극복함으로써 이러한 자기 투명성을 얻을 수 있다.

다행히 관점의 변화가 어려운 경우에도 해결책은 존재한다. 서로 문화가 다를 때 상대방의 소통 신호를 잘못 해석할 경우— 제스처가 될 수도 있고 언어가 될 수도 있다— 서로 소통하기란 어려울 수밖에 없다. 인도의 어떤 지역에서는 머리를 좌우로 흔드는 것이 거절의 신호로 보이지만 실제로는 긍정의 신호다. 일본인이 '당신은 내 친구입니다'라고 하는 것은 미국 사람의 같은 말보다 훨씬 큰 의미를 지닌다. 따라서 여행이나 만남 전에 상대 국가의 관습이나 문화를 배우는 것은 변화된 관점으로 행동하면서 오해를 피하기 위한 가장 좋은 방법이다.

편견에서 한 발자국만 물러나 다른 관점으로
바라볼 수는 없는 걸까?

인간에게는 관점을 바꿔볼 줄 아는 능력이 있지만
자신의 공고한 확신을 버리기란 쉽지 않다.
자기를 잃어버리지 않기 위해서는
생각의 든든한 초석이 꼭 필요하다.
하지만 종종 우리는 자신의 지평을 넘어서서
보지 못한다.
그러다 보니 결국 고집스럽고 어리석은 사람으로
남게 되는 것이다.

친구란 많으면 많을수록 좋다. 그렇지 않은가?

성공적인 네트워크를 가르치는 세미나나 워크숍마다

성황을 이루니 말이다. 아니면 이 같은 현상은 그저

인간의 능력과 특징의 한계를 보여주는 것일까?

이를 알아보기 위해서는 내 삶에

다른 사람이 차지하는 부분을 분석해볼 필요가 있다.

친구 중독

너무 많은 친구가
우리를 멍청하게 만든다

나의 다른 면

우리는

진정

누구인가?

도플갱어와 같이 있는 방

장소는 당신 집에 있는 방이고, 시간은 미래의 어느 때라고 하자. 과학자들이 동시에 같은 장소에서 살아가는 다른 '나'를 창조하는 데 성공했다고 가정해보자. 자, 여기 그들이 있다. 돌아보면 수백 명의 사람들이 똑같은 유전자를 지닌 채 살고 있다. 모두 당신이라고 볼 수 있다. 정확히 말하자면 모두 당신이다. 만약 어떤 지점에서 같은 삶을 선택하며 살아왔다면 말이다. 자, 그럼 그중 하나인 당신의 '나'에서 시작해보자. 당신은 여성이며 50세가 좀 넘었고 결혼했으며 성년이 다 된 딸과 같이 살고 있다. 당신은 프리랜서 그래픽 디자이너로 일하고 있다. 일은 순조롭게 풀리고 있고 그동안 직업적 성취도 꽤 이루었으며 이제는 보수가 적은 일은 하지 않아도 된다. 자, 그럼 다른 도플갱어를 당신에게 소개해보자. 여기 우아한 옷차림의 여성 사업가도 또 다른 당신이다. 비싼 카르티에 시계를 차고 있고 개인 병원을 운영하고 있다. 결혼으로 부를 얻었을 수도 있고, 아니면 자수성가했을 수도 있다. 그녀는 또 다른 '나'가 자신들과 어울려도 되는지 못마땅한 표정으로 지켜보고 있다. 무엇보다 옆에 서 있는 칠칠맞지 못한 옷차림의 도플갱어가 맘에 걸린다. 이렇게 중요한 모임에 어떻게 저런 얼룩투성이의 조깅 바지를 입고 나올 수 있지? 눈 밑에 주름하며 저 살 좀 봐. 그리고 헤어스타일은 어떻고.

몇 발짝 더 나아가보자. 두 도플갱어는 이미 서로 친구가 되었다. 한 사람은 가벼운 옷차림에 날씬하고 햇볕에 적당히 그을린 피부를 보니 스포츠를 즐기는 것 같다. 그 옆에 있는 여자는 자신의 세 아이를 찍은 사진을 사람들에게 보여주고 있다. 그때 누군가가 이렇게 묻는다. "혹시 잘 때 이를 갈거나 하는 문제가 없나요?" 그러자 그 옆의 여자가 웃으면서 그렇다고 동의한다. 모성이 강한 여자가 제안한다. "여기 있는 사람들이 모두 나와 같은데 그냥 반말로 얘기하는 것이 낫지 않을까?" 스포츠를 좋아하는 여자가 말한다. "그러지, 뭐. 하지만 우리는 서로 매우 다른 인생을 살고 있는 것 같아." "난 살면서 아이를 갖는다는 생각은 한 번도 해본 적이 없어. 넌 어떤 남자한테서 매력을 느끼니? 혹시 네 남편 사진 없어? 세상에! 완전 내 타입인데?" 이야기는 이렇게 이어진다.

서로 다른 나는 비슷하지만 또 다르다. 또 서로 소통이 잘되거나 사이좋게 지낼 수 있을지도 의문이다. 각기 다른 내가 서로를 비웃으며 조롱할 수도 있다. 이런 공상과학 소설의 한 장면 같은, 여러 모습의 내가 타인처럼 직접 대면하는 일은 일어나지 않지만 우리 자신도 스스로에게 만족하지 못할 때가 많지 않은가.

앞에서 묘사한 똑같은 모습의 같은 유전자를 지닌 수많은 여인들은 한 사람이 가진 수많은 모습의 구현이다. 우리는 어떤 모습으로 발전할지 수많은 가능성을 지니고 있다. 인생의 갈림길에서 우리는 선택을 하거나 우연히 이러저러한 삶의 영역에 발을 들이게 된다. 이로써 삶의 방식이 달라지고 우리의 존재가 형성된다. 살면서 어떤 사람을 만나고 어떤 영향을 받는지가 내 삶에 결정적인 역할을 한다. 타인이 내 정체성에 큰 발자국을 남기는 것이다. 하지만 이는 또한 현재의 우리가 절대적인 우연의 산물이라는 것을 의미하기도 한다. 우리에게는 수많은 가능성이 잠재되어 있다. 그 가능성은 일상적인 의무를 벗어나 취미활동이나 자신이 하고 싶은 일을 할 때 드러나기도 한다. 하지만 자기 내부에 깊숙이 숨어 있거나 잠들어 있는 가능성을, 우리는 거의 잊고 사는 경우가 대부분이다.

그뿐 아니다. 지금 여기의 현실 속에서도 우리 모두는 자신의 다른 정체성을 경험하면서 여러 모습으로 살아간다. 예를 들어 우리(베아트리체 바그너와 에른스트 푀펠)도 저자로서의 모습과 부모, 친구혹은 배우자와 동료, 그리고 환자들을 대할 때의 모습이 각각 다르다. 모두가 마찬가지다. 우리가 가진 여러 모습들은 상대에 따라 다르게 분출된다. 우리 안에 여러 가능성이 웅크리고 있지만 언제 어디서나 나타나는 것은 아니다. 또한 우리를 기쁘게 하는 사람이 있는가 하면 만나면 불편한 사람이 있다. 어떤 사람을 만나면 덩달아 내 자신이 창조적이고 활동적이게 되지만, 만나자마자 이내 지루함을 느끼게 하는 사람도 있다. 어떤 배우자는 상대가 가진 최고의 가능성을 끌어내는 역할을 하지만(그런 배우자가 있다면 당연히 같이 인생을 보내는 것이 좋다) 그와 정반대인 경우도 있다. 또한 완전히 혼자 있을 때나 묵묵히 곁을 지키는 개와 함께 벽난로 가에 앉아 손에는 레드 와인을 들고 타오르는 불꽃을 바라볼 때의 내 모습은 다른 때의 내 모습과는 분명히 다르다. 그렇다면 어떤 것이 진정한 나일까?

타인은 내 정체성을 구성하는 요소

다른 사람과 함께할 때의 내 모습이 여러 가지로 다르다는 것은 타인이 내 감정과 인생에 중요한 역할을 하고 있다는 반증이기도 하다. 타인은 내 안에 있는 나의 모습을 보완해주고 내 안의 또 다른 모습이 형성되는 데 많은 역할을 한다. 따라서 살면서 마주하는 많은 사람들은 우리의 정체성을 구성하는 요소이기도 하다. 타인은 서로 다른 내 모습을 형성하는 데 결정적인 역할을 하며 나라는 사람의 전체 모습이 이루어지는 데 필요한 요소다. 당신은 다른 사람과 같이 있을 때에도 자기 모습을 그대로 지니고 있는가? 모든 사람에게 똑같이 행동하라고 충고하는 것이 좋을까? 사용하지 않을 바에야 무엇 때문에 수많은 종류의 내가 필요하겠는가?

에른스트 푀펠에 따르면 언제 어디서나 똑같은 행동을 한다는 건, 고집스럽다기보다는 오히려 편협함의 신호에 가깝다. 다른 사람이 우리 정체성을 구성하는 요소라는 사실을 무시하기 때문이다. 수많은 나를 갖고 있다는 것은 다른 사람과 여러 방법으로 소통할 수 있는 가능성을 보여준다. 자기 자신을 고립된 섬으로 볼 것이 아니라 타인까지 자신의 한 부분으로 볼 수 있어야 한다.

조언!

**자신과 자신의 도플갱어에게
친절하라**

늘 같은 모습으로 살아가는 것은 불가능하므로 지나치게 노력할 필요는 없다. 오히려 누군가와 관계를 맺고 있는 상황에서 자기 안에 다양한 모습이 있다는 것을 축복으로 받아들이는 것이 좋다. 그렇다고 속에 있는 모든 모습을 꺼낼 필요는 없으며 가장 핵심적인 모습을 드러내는 것만으로도 충분하다. 따라서 결혼생활이나 연애 관계 외에도 우정을 나눌 수 있는 관계를 유지하는 것이 중요하다.

여기서 중요한 것은 서로 다른 자신들이 서로 좋은 관계를 유지해야 한다는 것이다. 때로 스스로를 잘 모를 때가 있다. 누군가를 향한 분노로 제정신이 아닐 때, 살사 음악에 맞춰 정신없이 춤출 때와 같은 상황 말이다. 자신답지 않은 모습을 보였다거나 어리석고 바보 같은 행동을 하고 나서 스스로에게 완전히 실망한 때가 종종 있지 않은가? 여러 다른 자아를 가지고 있다는 사실에 저항하는 것은 어리석다. 또한 앞서 도입부에서 보았듯이 우아한 여성과 엉성한 옷차림을 한 여성의 경우처럼 서로 다른 모습을 참을 수 없더라도 그러한 모습들이 잘 공존할 수 있도록 노력하는 것이 좋다. 자신에게 항상 엄격하게 대하려고만 하지 말고 관대할 줄도 알아야 한다.

피펠의 덧붙임

**하는 일과 만나는 사람들이
인생을 결정한다**

"에른스트, 당신이 지금까지 굉장히 다사다난하게 살아왔다는 걸 알아요. 만약 당신의 도플갱어들이 이 방에 다 모인다면 어떤 모습일지 궁금한데요? 그중에서 가장 환영받을 만한 모습은 뭘까요?" 이 책의 공동 저자인 베아트리체 바그너가 한 질문이다.

"잘 알잖아요." 퍼펠 교수는 잠시 망설이더니 숨을 고르고 인생을 더듬어보기 시작한다.

"난 발트 해 근방의 포메른에 있는 농장에서 자랐어요. 만약 2차 대전이 일어나지 않았더라면 장남인 내가 농장을 이어받았겠죠. 그랬더라면 지금쯤 감자를 심고 몇 마리의 젖소를 키우며 아침마다 우유를 짜고 있을 테지요. 사실 종마 농장을 갖고 싶어 했던 아버지가 꿈을 이루었다면 지금쯤 내가 아버지의 가업을 잇고 있을지도 모르겠어요."

"전쟁이 끝나고 포메른의 학교에서 퇴학당한 뒤에는 함부르크 근처에 있는 티메르호른으로 이사해서 살인자의 집에 살았다면서요?"

"그래요, 맞아요. 하지만 다행히 그 살인자는 나에겐 아무런 해를 가하지 않았지요. 티메르호른에서 난 자그마한 읍내 학교를 다녔는데 선생님들 말에 고분고분 따랐다면 아직도 거기 살고 있을걸요. 고등학교는 물론 대학도 안 갔을 테고, 아마 슐레스비그-홀스타인에서 사업을 하고 있지 않을까요? 아니면 사촌 중 한 명처럼 판매원이 되었거나. 또 기독교 기숙학교에 입학하고 싶었던 꿈이 이루어졌더라면 지금쯤 완전히 다른 인생을 살고 있겠지요. 아마도 바덴에서 불만에 가득 찬 아내와 일곱 아이를 둔 목사로 살고 있지 않을까요?"

"아니면 매력적인 목사의 아내와 함께 행복하고 만족스런 인생을 즐기고 있을지도 모르죠." 의심스러운 눈초리로 베아트리체가 말했다.

"프로테스탄트 세계에선 불가능한 일이지요. 아무튼 난 목사가 될 생각은 꿈에도 없었고, 학교를 마치고는 곧장 미래가 보장되어 보이는 해군에 들어갔지요. 사슬을 끊어버리고 자유를 좇아 바다로 가기로 한 거예요. 만약 규칙을 어겨서 쫓겨나지 않았더라면 지금쯤은 해군장교가 되었거나 큰 배의 선장이 되었을지도 모르죠. 만약 바다에서 살아남았다면 은퇴한 지 벌써 몇 년은 되었겠죠."

"교수가 되기를 잘하셨네요."

"교수가 되는 것도 그리 쉬운 일은 아니었어요. 1960년 초쯤에 유명한 은행가 밑에서 공부를 했는데, 그 양반은 믿을 만한 수련 과정을 거쳐 국가 경제를 공부하는 게 좋겠다고 충고했어요. 그분 말을 들었더라면 지금쯤은 유명한 은행가가 되어 부유하게 살고 있거나 감옥에서 썩고 있을걸요. 하지만 난 계속 공부해서 콘라드 로렌츠Konrad Lorenz 밑에서 연구를 하고 싶었어요. 만약 아무 생각 없이 제비젠(훌륭한 시설과 과학자들이 모인 일종의 과학자 마을. 로렌츠는 여기서 행동생리학 연구소 소장을 지냈다 ― 편집자)으로 가는 대신 로렌츠와 약속을 하고 만났더라면 행동주의 연구가가 되어 있을지 모르지요. 그렇지만 우연히 안덱스에서 유르겐 아쇼프Jurgen Aschoff를 만나 시간생물학(하루 중의 시간이 인체의 기능에 미치는 영향을 연구하는 분야 ― 옮긴이)을 알게 되었답니다."

"그러고 나서 미국에서 얼마간 연구 활동을 했지요? 그 경험이 인생의 전환점이 되지는 않았나요?"

"그렇죠. 만약 고향으로 돌아가 계속 연구 활동을 해야겠다고 생각하지 않았더라면 이미 오래전에 미국인이 되어 다른 분야의 연구를 하고 있겠지요. 또 한때는 베네수엘라에 정착해볼까 생각한 적도 있어요. 베네수엘라의 기업에서 함께 일해보지 않겠느냐는 제안을 받아들였다면 지금쯤은 남미 사업가가 되어 여가시간에 악어사냥을 다니고 있을지도 몰라요. 그리고 결정적으로, 살면서 이런저런 여성들을 만나지 않았더라면 내 인생도 아주 다른 방향으로 흘러갔을 테고 지금처럼 아이들과 손자들이 있지도 않겠지요."

삶의 많은 부분들은 계획대로 되지 않고 만나는 사람들과 우연한 결정에 의해 좌우된다. 그러다 보니 나중에는 필연으로 해석하는 우연에 의해 많은 것들이 생겨난다. 사람은 살면서 많은 변화를 겪으면서 환경에 적응한다. 다가온 기회를 사용하기도 하고 거부하기도 한다. 그 경험에서 각인된 것들은 유전자에까지 커다란 영향을 미치기도 한다. 더 정확하게는 유전자의 화학적 변화인데, 즉 유전자가 활성화되거나 쇠퇴하는 현상이 일어나는 것이다. 이의 연관성은 후성유전학 분야에서 젊은 연구가들에 의해 활발히 연구되고 있다.

 두 뇌 탐 험

후성유전학 – 삶의 스타일이 유전정보에 영향을 미친다

후성유전학은 오랫동안 서로 대치해온 인간의 두 가지 중요한 요소를 결합시켜 연구한다. 인간은 분명히 환경의 지배를 받지만 한편으로는 유선적 특징도 절대로 무시하시 못한다. 후성유전학은 환경적 경험과 유전적 기본 특징이라는 두 가지 요소를 결합시킨다. 모든 생물은 이미 짜인 프로그램에 따라 사는 게 아니라 달라지는 상황에 항상 적응하며 살아간다. 인간은 극지방과 사하라에서도 살 수 있으며 음식이 넘쳐날 때도 단식을 해야 할 때도 그에 맞춰 적응하고 서로 다른 문화의 사회를 일구며 살아간다. 인간의 유전암호는 거의 개별적인 차이가 없지만 사람에 따라 유전자가 활성화되기도 하고 무력화되기도 한다. 유전자가 무력화되거나 활성화되는 것을 결정하는 것은 메틸화에 달려 있다. 소위 메틸 그룹이라고 부르는 작은 분자가 DNA 염기서열에 자리를 잡음으로써 유전적 연속성이 파악되어 단백질로 치환되는 것을 막는 것이다. 이것을 말 그대로 유전자가 무력화되는 것이라고 한다.

사람의 경험은 후성유전학적 관점에서 볼 때 크게 세 시기로 나누어 각인된다. 태아기와 세 살에서 열 살까지, 그리고 사춘기가 바로 그것이다. 이때 겪은 경험과 부모 혹은 조부모의 경험이 한 사람의 유전자가 활성화 혹은 불활성화되는 데 지대한 영향을 미친다. 이 외에도 일생을 살며 겪은 트라우마는 후성유전학적 구조에 큰 영향을 미친다.

후성유전학을 통해 우리는 같은 세포 속에 같은 유전자를 지니고 있음에도 마치 다른 생을 사는 타인처럼 우리의 도플갱어들이 서로 다른 삶을 살아가는 이유를 알 수 있다.

 조 언!
자신을 너무 심각하게
받아들이지 마라

에른스트 푀펠의 이야기를 듣는 동안 여러분도 이런저런 생각에 자신의 다른 모습을 상상해보지 않았는지? 결정을 내리던 순간의 갈림길을 떠올려보지 않았는지? 당신의 선택이 무엇이건, 둘 중 더 나은 선택일 수도 있지만 더 잘못된 것일 수도 있다. 당신이 선택한 것이 무엇이건, 당신의 자아는 그로 인해 변화되었다.

우리의 정체성은 한편으로는 내 속에 내재된 다른 부분에서 비롯되지만 또 한편으로는 다른 사람의 영향과 외부의 환경, 살면서 우리가 내린 결정에 의해 형성되기도 한다. 이 모든 것들이 내 속에 있는 특정한 면을 더 강하게 만들고 다른 모습은 움츠러들게 하는 것이다.

자, 그럼 당신의 성격이란 무엇인가? 성격의 적지 않은 부분은 단순한 우연의 산물이다. 이처럼 수없이 다른 성격적 특성들이 우리 안에 잠자고 있는데, 군이 자신이 정말로 누구인지를 찾아내려는 심리분석이 의미가 있을까? 스스로가 삶에 미치는 영향이 생각보다 낮다는 점을 자각하는 것은, 끊임없는 자기반성이라는 울타리 속을 빠져 나오는 기회가 될 수 있다. 지나친 자기반성은 과잉이다. 자신을 지나치게 심각하게 받아들이지 마라. 자신의 변화를 유머러스하게 바라보고 현재를 즐겨야 한다. 자신 속에 있는 여러 면들, 사랑받지 못하는 모습들과 싸워봤자 소용없다. 그저 그것을 직시하고 받아들이는 것이 더 의미 있고 나를 더 자유롭게 만드는 길이다.

우정

귀한
재산

우리의 목표가 무엇인지 여러분은 벌써 짐작했을 것이다. 우리는 많은 가능성을 안고 살아가지만 우리의 정체성이 어떤 방향으로 발전할지는 상당 부분 우리가 만나는 사람에 의해 결정된다. 제1장에서 읽었던 아니의 이야기를 떠올려보자. 지능 테스트에서 아니의 문제 해결 능력을 확신한 심리상담 교사 덕분에 아니는 학교 성적을 전체적으로 향상시킬 수 있었다. 또한 소년 클라우디오를 비난했던 교사는 클라우디오가 잘못된 길로 들어서는 데 일정 부분 책임이 있다고 볼 수 있다. 두 교사 모두 청소년이나 어린이가 지닌 부정적 혹은 긍정적인 면을 심화시켜서 삶에 막대한 영향이 미치도록 한 것이다.

태어나서 노인이 될 때까지 우리는 인간관계에 의해 발전한다. 이는 상호 진화의 한 부분이자 서로를 성장시킬 수 있는 인간의 기술이라고 심리치료 학자이자 분석학자인 유르그 빌리 Jürg Willi는 말한다. 타인이 내 행동을 보고 판단하고 다시 내가 그에 반응하는 과정을 통해 나는 많은 것을 배운다. 그러면서 공동체에 필요하지 않은 특성은 버리고, 보다 쓸모 있는 특징을 개발시키게 되는 것이 아닐까.

 두 뇌 탐 험

어째서 우리의 두뇌는 수많은 친구로 가득 차 있는가

친구들이 많은 것은 좋다. 우리 속에 있는 다른 면들을 보여줄 수도 있기 때문이다. 사실 인간의 두뇌는 150명 정도와 관계 맺을 수 있을 만큼의 용량밖에 되지 않는다. 아직 그 이상으로는 우리 두뇌가 진화되지 않았다. 전두엽의 계산 능력이 이를 증명해준다. 전두엽의 크기는 포유류의 집단적인 능력과 관련이 있다는 이론도 있다. 신경심리학자인 아르투르 야콥스Arthur Jacobs는 시인 라울 슈로트Raoul Schrott와 함께 펴낸 책《두뇌와 시 Brain and Poem》(2011)에서 '집단 내에서 발전해온 행동 모델은 특히 전두엽 부분의 형성에 큰 영향을 미치며 다른 부분과 비교해볼 때 유인원의 두뇌는 전두엽이 많이 발달된 것을 볼 수 있다'라고 밝혔다. 전두엽 크기를 보고 과거에 그가 속한 부족의 크기를 가늠할 수 있었다고 한다. 이를 통해 우리 두뇌는 150명 정도와 사회적 관계를 맺을 수 있도록 형성된 것을 알 수 있다. 물론 어떤 사람들은 그보다 훨씬 많거나 적은 수의 사람과 교류할 수 있다는 사실을 배제할 수는 없다. 이 150명이란 수는 한 사람에게 안정감을 주는 사회 공동체의 숫자이기도 하다. 물론 그 모든 사람이 친구인지는 의심스럽지만 말이다.

자기를 둘러싼 중요한 사람들을 친구라고 부르는 것은, 에른스트 퀴펠의 견해에 의하면 단면적인 이론에 불과하다. 세상에는 무수히 많은 사람들이 있으며, 우리는 이들을 단순히 자기편과 적으로 구분하는 것이 아니라 자신이 속한 집단과 그렇지 않은 집단으로 나누기 때문이다. 파푸아 뉴기니에는 많은 원주민 부족이 있는데, 무려 1000여 종의 다른 언어가 존재하고 그 속에서 친구와 적의 경계는 아주 선명하다. 이들에게 적이란 알지 못하는 사람이다. 어쩌면 우리 선조도 과거에 그랬을지 모른다. 하지만 오늘날 우리는 신뢰를 바탕으로 한 네트워크를 만들어내며 어떤 경우에는 그 그물망이 지나치게 커진다. 오늘날 친구와 적 사이에는 잘 아는 친구나 잘 모르는 친구, 페이스북 친구와 동료, 이웃 등이 포진해 있다. 이처럼 정신없이 확장되는 우리의 관계 그물망을 어떻게 정리할지에 대해서는 이제 곧 다루게 될 것이다.

우정 상품 아니면 진정한 우정?

잡지 《마담 Madame》이 조사한 내용에 따르면 대부분 설문에 참가한 모든 여성에게 우정은 멋진 섹스보다 더 중요한 것으로 밝혀졌다. 여성이 절친에게 바라는 것은 무엇보다도 자신을 이해받는 것이다. 여성들은 섹스나 남자, 일과 아이들, 헤어스타일이나 다리 면도, 속옷과 같은 여러 문제들에 대한 느낌과 생각, 그리고 바람이나 걱정을 누군가와 나누고 싶어 한다. 이러한 것들을 서로의 느낌에 대해 잘 알고 있는 여성과 공유하고 싶어 하는 것이다.

남성은 감정적 조화보다는 비슷한 관심사에 기반을 둔 우정을 선호한다. 같이 축구 경기를 보거나 같이 맥주를 마시거나 게임 테이블에서 축구게임을 하는 것을 좋아한다. 바비큐를 구우며 고기가 익어가는 것을 보며 조용히 그런 순간을 즐기는 것이다. 우정은 좋은일 궂은일을 함께 겪으면서 보낸 시간만큼 깊어진다. 그리고 모든 것이 잘되고 있다는 느낌이 들 때 남자들의 우정은 지속된다.

친구를 만들기 위해서는 모르는 사람과 관계를 갖기 위한 준비가 되어야 한다. 여성에게는 서로를 대면하는 것이 중요하다. 서로 마주 앉아서 자신이 느끼는 모든 것을 이야기하는 것이다. 반면 남자는 함께 무엇인가를 만들거나 같은 경기를 하면서 관계를 쌓아간다. 경험을 통해 이러한 사실을 잘 알고 있을 것이다. 그런데 그 이유는 무엇일까? 어째서 어떤 사람은 친구라고 부르고 또 어떤 사람은 친구가 아닐까? 우정을 가치 있게 만드는 것은 무엇일까?

친구 맺기에 대한 욕망의 이면에는 사회적 존재라는 인간의 본성이 도사리고 있다. 진화론적 유산에 의해 우리 인간은 안정감을 위해 친구와 소속 단체를 필요로 한다. 정기적으로 같이 훈련하고 모임을 갖는 스포츠 동호회가 필요한 것도 바로 그런 이유다. 또 어떤 사람들은 늘 같은 사람이 모이는 길모퉁이의 이탈리아 레스토랑을 선호한다. 나이 든 남자들에게는 정기적으로 앉아 있을 자리가 중요한데 외부인의 눈으로 보면 부족 간의 친밀함으로 보이기도 한다. 서로의 의견을 나누며 안전함을 느끼는 것이다.

그 외에도 일상의 직업을 통해 만나는 소위 직장 친구들도 있다. 이들과는 일을 같이하면서 서로를 친구로 여긴다. 하지만 일자리를 잃는 순간이나 직업을 바꾸거나 은퇴하게 되면 이들과의 만남은 뜸해진다. 이들은 일상의 일을 위한 기능적 친구들로, 진정한 친구 관계로 발전하기란 매우 드물다.

우정으로 보답하는 우리의 두뇌

정체성을 형성하는 데 있어서 친구가 얼마나 중요한지는 이미 잘 살펴보았다. 우리 삶을 보존하는 데 중요한 모든 것들은 자연이 보상으로 베풀어준다. 친구들에 둘러싸여 있는 것도 일종의 보상이다. 친구가 없다면 두뇌는 사회적 상호관계를 위한 신호를 발산하지 않을 것이고 우리는 공허함을 느끼게 된다.

혼자서 지내는 것을 즐기는 사람은 거의 없다. 자위하는 것도 괜찮지만 진실된 교감을 나누는 섹스와는 비교할 수가 없다. 따라서 우리 인간은 한편으로는 타인과 경쟁하면서 또 한편으로는 이들과 한편이 된다. 완전히 뒤틀린 관계라 할지라도 상대방이 내 삶에 꼭 필요한 존재라서 헤어지지 못하는 경우조차 존재한다. 다른 선택이 훨씬 나음에도 불구하고 자연이 주는 보상 체계 안에서 만족해야 한다는 것은 정말 어리석은 짓이다.

친구가 없거나 우정이 깨어졌을 때는 어린 아이들도 슬퍼한다. 외로움은 사람을 병들게 한다. 사회적 관계가 없다는 것은 하루에 15개비의 담배를 피우는 것만큼이나 건강에 좋지 않다. 게다가 운동도 하지 않는다면 더더욱 위험하다. 30만 명 이상의 피실험자를 대상으로 한 150건의 종적·횡적 연구를 통해 사회적 관계의 부재로 인한 건강의 위협을 흡연이나 알코올 섭취, 비만으로 인한 건강 위협과 비교한 메타 분석의 결과를 보면 그 사실을 알 수 있다.

하지만 지금까지 모든 것이 잘되고 있다고 가정해보자. 친구를 사귀는 데도, 우정을 지속해가는 데도 문제가 없다. 친구와의 우정은 일상생활을 하는 데 도움을 주고 자신감을 갖게 하고 사회적 욕구를 충족시켜준다. 그렇다면 친구는 많을수록 좋지 않겠는가? 관계망을 새롭게 넓혀 페이스북 친구도 몇 명 추가하고 예전의 동창들이나 어린 시절 소꿉놀이 친구들과도 다시 연락해보는 건 어떨까? 어떤 이들은 친구 사귀는 것을 그림 모으듯 한다. 어쩌면 더 많은 것을 갖고자 하는 욕망 때문이 아닐까? 사람을 만나면서 우리는 추억을 만들고 지루함을 이기며 자신의 존재 이유를 찾기도 하고, 때로는 단지 외로움 때문에 누군가를 찾는다. 어떤 사람들은 나비 수집하듯이 연애 상대를 모으기도 한다. 하지만 인간의 하루는 24시간으로 제한돼 있으며 감정 자원도 한계가 있으므로 너무 많은 '친구'들 사이에서는 우정이 한 사람에게 충실하지 못하고 소진되기 쉽다. 어쩌면 그중 여러 명과는 즐거운 시간을 보낼 수도 있겠지만 기억 저장고가 가득 차버려서 나중엔 누가 누구인지 구별하기 어려워질 수도 있다.

페이스북

500명의
친구들 속에서
길을 잃다

페이스북에 프로필을 넣고 나면 주소록에 얼마나 많은 연락처가 있는지와는 상관없이 친구는 급격하게 늘어난다. 수십 년 동안 연락 없던 초등학교 친구, 휴가나 파티에서 만나 친하게 지내던 사람이 사이버 수영장에 다시 나타나기도 하고, 한 번도 본 적 없는 이가 단지 프로필 사진이 멋지다며 친구가 되길 청해온다. 이들은 당신이 다니던 스포츠클럽과 상관있거나 당신의 자녀들, 혹은 친구의 지인일 수도 있다.

정신을 차려보면 어느새 당신에겐 50명, 100명 혹은 500명의 친구가 생겨 있다. 이 친구들은 당신에 대해 상세히 알기를 바란다. 아침에는 뭘 먹는지, 그릴에 뭘 구워 먹고 조깅은 언제 하며 몇 킬로미터나 뛰는지 등등. 친구들은 채팅 창에서 재빨리 소식을 주고받기를 기대하고 정기적으로 페이스북 상태를 업데이트하며 자신들이 업데이트한 상태에 대해 '좋아요' 버튼을 눌러주기를 바란다. 페이스북은 계속 업데이트를 시켜주어야만 유지되며 죽은 계정은 아무도 원하지 않는다. 특히 청소년이나 젊은이들에게 이런 반응은 아주 중요하다. 상대의 반응에 따라 자신의 시장 가치가 달라지기 때문이다. 올린 사진이나 글에 대해 '좋아요'가 뜸한 사람은 별로 인기가 없는 사람이다. '친구들'이나 학교 친구들은 '왕따'라고 부를 것이다.

 실제 사례
디지털 반응의 소용돌이

물론 청소년들은 다른 사람의 의견에 매우 민감하며 이는 자연적인 성장 과정이기도 하다. 하지만 요즘은 성인조차도 디지털 환경을 통해 자존심을 확인하려고 한다. 얼마 전에 베아트리체 바그너 박사의 진료실에 한 여성이 찾아왔다. 45세로 경제적으로 독립했고 사회적 지위도 훌륭한 마리라는 여성이었다. 마리는 실연의 상처로 힘들어하다 자신의 아픔을 나누고자 연애 문제에 대한 고민을 나누는 인터넷 동호회에 가입했다. 그곳에서 마리는 아바타를 만들고 익명의 아이디로 자신이 처한 문제를 털어놓았다. '한 남자를 만나 미친 듯이 사랑에 빠졌는데 그는 나를 사랑하지 않아요. 그렇지만 나와 멋진 섹스를 나누는 걸 좋아하죠. 그에겐 얼마 전 새로운 여자 친구가 생겼는데 아직도 나와 잠자리를 같이하길 원해요. 어쩌면 좋을까요?'

처음에는 아무 대답도 없었다. 히지만 클릭 수에 따라 몇 명이 자기 글을 읽었는지는 알 수 있었다. "누군가 내 글을 읽었다는 생각만으로도 한결 기분이 좋아졌어요." 마리는 치료 시간에 이렇게 털어놓았다. 처음으로 댓글이 달리며 다른 여성이 자신의 문제에 대해 쓴 것을 읽고 마리는 울었다. 마치 '한 가족'의 일원으로 받아들여진 것 같은 경험이었다. 인터넷 동호회 가입에는 개인 연락처가 필요치 않았기 때문에 모든 회원들은 익명으로 활동했다. 하지만 마리는 자신의 글(댓글이 같이 달려 있는 글 내용)에 날마다 조회 수가 늘어가는 것을 보고 기뻤다.

어느새 마리의 글은 조회수가 1000회가 넘었다. 마리는 자기 문제가 다른 사람들의 문제보다 더 주목받는 것이 기뻤다. 이제 더 이상 내용 따위는 상관없었다. "내 글에 댓글을 남긴 회원 대부분이 그 남자와 헤어지라고 충고했지요. 하지만 난 그럴 수가 없었어요. 좀 더 다른 종류의 충고를 원했던 거죠. 그러다 보니 다른 반응을 이끌어내기 위해 더 도발적인 내용을 써서 올리게 되었지요. 결국 글은 점점 더 내 현실과 멀어졌고 난 인터넷상의 내 역할에 점점 집착하게 되었습니다. 내가 처한 복잡한 상황을 낯선 이에게 모두 드러내긴 어려웠으니까요. 나는 감정 통제를 잘하는 척하며 앞으로도 그와 멋진 섹스를 나누는 것이 더 중요하다고 썼어요. 아무도 없는 것보다야 멋진 섹스를 나눌 상대라도 있는 것이 다행이지 않느냐고요. 그 글을 읽고 내가 잘못하고 있다면서 설득하려는 사람들도 생겨났죠." 마리에겐 댓글의 내용보다 누군가가 자신이 쓴 글에 반응하고 있다는 사실이 중요했다.

하지만 한순간에 마리는 그 모든 걸 중단했다. 하루아침에 인터넷 동호회에 발을 딱 끊어버린 것이다. 글도 더 이상 올리지 않았다. 남의 글도 읽지 않았다. 회원 탈퇴도 하지 않고 아예 로그인을 안 하기로 한 것이다. 그 이후 단 한 번도 다시 발을 들이지 않았다. 물론 초인종을 울리며 무슨 문제가 있냐고 묻는 사람은 아무도 없었다. 아무 연락처도 남기지 않았기 때문에 편지나 이메일 혹은 문자로 괜찮은지 묻는 사람도 없었다. 잿더미에서 불사조처럼 문득 솟아올라 타인에게 삶을 보여주고는 자신과 맞지 않는 부분이 생기자 급작스럽게 사라져버리는 방법을 택한 것이다.

무슨 일이 있었던 걸까? 어느 순간 마리는 섹스와 사랑의 감정을 분리시켜서 글을 쓰는 것이 부담스러워졌고, 감정적으로 파국을 경험했지만 동호회의 누구에게도 그 사실을 고백할 수 없었다. 부끄러웠기 때문이다. 마리는 자신이 창조한 온라인상의 아바타가 그 명성을 잃어버릴 것이 두려웠다. 이해가 가는가? 마리는 치료 시간에 이렇게 고백했다. "무엇보다도 온라인상의 인기가 무너지는 게 두려웠어요. 다른 사람과 똑같아지는 걸 견딜 수 없었지요. 다른 사람의 비난 섞인 댓글을 받고 금세 잊힐까 봐 그게 싫었어요. 그땐 그게 견딜 수 없었어요."

그렇다면 어째서 익명의 소통은 그토록 큰 매력을 지닐까? 무엇보다도 마리에겐 그 동호회가 새로운 '영혼'을 선사해주는 것 같았다. 그곳에서 그녀는 비슷한 문제를 가진 사람과 사귈 수 있는 가상의 공간을 발견했다. 이들은 그녀에게 관심을 보이고 조언을 해주었다. 그곳에서 사람들은 서로를 알아가며 신뢰를 쌓아가는 과정 모두를 생략한 채 소통할 수 있었다.

소셜 네트워크는 낯선 이들과 친밀한 주제에 마음을 열고 소통하게 하며 공동체의 일원이 된 것처럼 느끼게 해준다. 마리는 그에 대해 이렇게 말했다. "그건 마치 마약중독과 같아요. 휴대폰에 댓글이 달렸다는 신호가 올 때마다 난 그걸 읽으려고 즉시 인터넷에 로그인을 했죠. 나에겐 큰 의미가 되었어요." 그것은 일종의 소속감과 뭔가에 연결되어 있다는 느낌, 바로 마리가 찾고 있던 것이었다. 이로 인해 중독성 강한 욕구가 생겨난 것이다. "핸드폰에서 딩동하고 댓글이 도착했다는 소리가 날 때마다 마리의 두뇌에서는 자극적 효과를 불러일으키는 도파민이 분비되었다는 것을 알 수 있다"라고 에른스트 푀펠은 말한다. 이렇게 도파민의 분비는 새로운 도발적 글쓰기로 이어지고, 이는 여러 댓글을 유도하며 다시 도파민을 분비하게 만드는 딩동 소리로 이어진다.

중독의 위험에는 여러 가지가 있지만 가장 문제는 실제의 삶을 반영하는 것이 아니라 환상을 먹고 산다는 사실이다. 진정한 우정은 서로에게 자신을 보여주고 상대의 신뢰를 얻는 데 필요한 내적 교류를 기반으로 이루어진다. 서로를 알아가고 조심스럽게 접근하는 시간들이 필요한 것이다. 그러다 관계가 지속되면서 서로에게 유연해지는 시기가 온다. 두뇌는 서로를 데이터 처리 과정에서 받아들이고 애써 노력하지 않아도 서로 소통할 수 있는 방법을 찾아낸다. 아주 간단한 이론이 그 이면에 숨어 있다. 감정적으로 강렬한 경험을 할 때 우리 두뇌는 항상 변화한다. 상호관계에 있어서 두뇌 신경 흐름의 과정은 서로에 맞춰 진행된다. 소통이 잘될 때 두뇌는 조화로워지고 잘 안 될 때는 불협화음을 일으킨다. 이것을 신경의 유연성이라고 부른다. 같이 오래 살다 보면 상대가 말하기도 전에 무슨 말을 할지 알게 된다. 러시아에서 같이 나고 자라 지금은 핀란드에서 일하고 있는 쌍둥이 형제 알렉산더와 앤드류도 마찬가지다. 두 사람은 매일 똑같은 옷을 입고 같이 과학 논문을 쓰고 있는데 마치 퍼즐 조각을 맞추듯이 작업한다. 에른스트 푀펠은 이들과 대화를 나눌 때 실제로는 한 사람과 이야기하는 듯한 기분이 들었다. 한

쪽이 서두를 꺼내면 다른 한쪽이 말을 마무리했다. 서로를 너무나 잘 안 나머지 두 사람의 두뇌는 거의 일치했다. 친구나 배우자도 서로에 의해 변화되고 적응하여 관계가 굳건해지고 서로에게 확신을 갖게 된다. 이는 관계와 우정의 진화된 형태다. 하지만 이는 직접적인 만남에서만 제대로 작동한다.

그렇다면 마리가 인터넷 동호회에서 그랬던 것처럼 자신을 완전히 드러내지 않고자 하는 것은 어떤가? 실질적인 문제를 토로하긴 했지만 마리는 대답을 정해놓고 자신을 마치 다른 사람인 양 내보였다. 다양한 성격 중의 어떤 단면만 보여주고 실제로는 존재하지도 않는 사람의 역할을 연기한 것이다. 물론 친구나 이성 간의 관계에서도 이런 일은 일어나지만 마리가 동호회에서 보여준 모습과는 달리 실제로 우리가 일상에서 친구나 배우자에게 보여주는 모습은 훨씬 더 복잡하다. 게다가 언젠가는 현실과 대면해야 한다. 이를 통해 삶의 진화가 가능해지는 것이다. 실제 삶에서라면 마리는 자신이 강하고 직설적인 사람이 아니라 나약하고 일관성 없는 사람이라는 사실을 누군가에게 털어놓을 수 있을 것이다. 타인의 반응을 통해 우리는 자신을 보다 잘 보게 되고 스스로 성격의 특정 부분을 강화시켜 이후에는 문제에 보다 잘 대처할 수 있게 된다. 하지만 아무것도 확인할 수 없는 가상의 세상에서는 그 모든 것이 불가능하며 그저 단순히 사라질 뿐이다.

가상 세계에서 자신의 약점과 직면하게 되면 거기서 더 쉽게 물러나게 마련이다. 그러다 보니 성장의 기회도 놓치고 마는 것이다. 따라서 소셜 네트워크나 인터넷 동호회를 통해 형성된 우정이란 진정한 우정이라고 보기 어렵다.

154

두뇌 탐험
두뇌는 네트워크의 원형이다

페이스북 네트워크에서는 흔히들 말하는 친구가 있으며 정치에서는 당원과 후원자들이 있다. 또 과학계에서는 인용 - 조합이라고 할 만한 네트워크가 형성되어 있어서 연구 작업에 서로의 논문을 인용한다. 인맥을 갖는 것은 중요하며 뭔가를 이루려면 인맥을 쌓고 유지해야 한다는 충고를 우리는 종종 듣는다. 인맥은 어떤 경우에는 확실한 효과를 가져다주기도 하고 또 어떤 경우에는 소속감을 확인시켜주는 수준에 그치며 오히려 외로움을 증폭시키는 원인이 되기도 한다. 앞으로 이 부분에 대해 좀 더 확실하게 파헤쳐보자.

하지만 우선은 두뇌 속을 한번 살펴보겠다. 우리 두뇌의 모든 신경세포는 다른 신경세포와 네 단계를 거치면 서로 연결되도록 되어 있으며 세포 간의 거리도 짧다. 이 추상적 이미지를 보다 구체적으로 설명하기 위해 뮌헨 대학의 의과 대학 학생들에게 에른스트 퍼펠은 다음과 같은 예를 들었다. 자, 우리 모두가 하나의 신경세포를 상징한다고 가정하자. 독자나 저자나 모두 신경세포이며 서로 직접 연결되어 있다. 또한 모든 독자들은 저자들이 알고 있는 사람과 단 한 다리만을 건너 서로 연결되어 있다. 즉 독자들은 마리나 아니 혹은 클라우디오와 같은 사례에 등장하는 인물들과 거의 직접적으로 연결돼 있는 것이다. 또한 달라이 라마나 인도의 공주, 그리고 수마트라의 공주와도 연결되어 있다. 그뿐 아니라 아마존 강 상류의 야노마미Yanomami 인디언이나 독일 총리 앙겔라 메르켈Angela Merkel, 전 독일 총리 헬무트 콜Helmut Kohl 또는 작가 파울로 코엘료Paulo Coelho와도 연결되어 있다. 물론 마르켈이나 콜, 그리고 야노마미도 서로 연결되어 있으며 어쩌면 아주 흥미로운 대화를 나눌 수도 있을 것이다.

신경세포들만 이렇게 끊임없이 연결되는 것이 아니라 인간의 관계도 마찬가지의 구조로 연결된다. 이 세상 모든 사람은 서로서로 네 단계에서 여덟 단계만 거치면 다 알게끔 서로 연결되어 있다. 또 다른 연구나 인터넷 네트워크인 씽XIN(독일의 미니 블로그—옮긴이) 혹은 페이스북을 통해서 알 수 있듯이 우리는 간접적으로 서로 수없이 연결되어 있다. 두뇌 속의 신경세포처럼 사람들도 상상할 수 없을 만큼 서로 밀접하게 연결되는 것이다. 하지만 그러다 보니 경계도 필요하다. 주소록에 있는 사람들과 모두 소통할 만큼 시간이 무궁무진하지 않기 때문이다. 이는 두뇌도 마찬가지다. 만약 모든 신경세포가 한 방향으로만 정보를 '전송'한다면 정보의 카오스에 빠질 것이다. 따라서 두뇌는 경계를 정하고 때로 생각과 느낌을 분리할 필요가 있는 것이다. 하지만 항상 그것을 분리하는 데 성공하지는 못하므로 때때로 우리는 혼란을 피할 수 없어진다.

우리의 두뇌는 모든 네트워크의 원형이다. 하지만 연구자들이 상호 연결성을 파악하려고 애쓰는 동안 더 큰 구조 안에서 각 요소들은 상호 의존의 의미를 잊어버리는 경우가 많다. 물론 생물학적·사회적 체계 안에서 서로 모든 것이 연결돼 있다는 사실은 매우 놀랍다. 그렇지만 그 연결의 의미를 밝히는 것이 훨씬 더 흥미로운 일이다.

프리드리히 2세는 자신이 왕으로서 할 일은 멋진 길을 만들고 안전한 국경을 구축하는 것이라고 단언했다. 하지만 그 길 위에서 무슨 일이 일어나느냐는 다른 문제다. 무역이나 여행 혹은 누군가를 방문하기 위해 사람들은 길을 이용한다. 구조와 연결망도 이처럼 하나의 수단일 뿐이다. 그것을 어떤 의미로 사용하는지가 항상 더 중요하다. 하지만 사람들은 너무 자주 목적을 잃어버린 채 아무렇게나 네트워크를 구축하고 연락처를 수집하는 것을 즐긴다. 연락망의 구조와 그 안의 내용은 서로를 보완해준다. 자신이 왜 페이스북이나 다른 소셜 네트워크를 사용하는지 진정한 이유를 찾지 못한 채 남들이 하니까 따라서 한다면, 이는 어리석은 행위이며 나아가 우리 모두에게 좋지 않은 영향을 미친다.

가상의 우정

소셜 네트워크의 어마어마한 성공은 효과적인 가상의 우정에 바탕을 두고 있다. 이는 우리 모두가 실제적이고 물리적인 정체성을 드러내지 않은 채 외로움에서 벗어나고 싶은 욕망이 얼마나 강한지를 보여준다. 그런 면에서 이것은 가상의 우정이며 일방적인 관계다. 자신을 열어 보이지만 다른 사람에 대해 책임질 필요가 없다. 이런 점에서 페이스북 활동은 일종의 자발적 매춘과도 같다.

우리는 소셜 네트워크의 도움으로 친구를 사귈 수 있다고 믿는다. 하지만 소셜 네트워크상에서 진정한 만남은 이루어지기 어렵다. 상대에게 늘 일정한 거리를 두고 나는 내 자신으로만 남는다. 누군가에게 뉴스나 사진을 보낸다고 해서 우정이 저절로 자라나는 것은 아니다. 지금 이 순간 같은 공기를 나누고 있다는 것에서 오는 신체적 친밀감도 느끼기 어렵다. 관계를 안정화시키기 위해 필요한 것들이 부족하기 때문이다. 소셜 네트워크는 욕망의 확대경이며, 우정에 대한 환상이 잠깐은 충족될 수 있지만 결국에는 다른 사람과 현재를 나누고 있다는 느낌 없이 그저 서로 얘기만 주고받는 관계이므로 뭔가가 부족하다.

이러한 결핍을 의식하기 시작하면 우정에 대한 갈망은 더욱 심해진다. 이러한 갈망을 다시 페이스북을 통해 충족시키려 하면 할수록 공허한 악순환에 빠지게 될 뿐이다.

조언!
페이스북 끊기

가상의 세계에서 지나치게 많은 시간을 보내는 사람은 진정한 삶을 그리워한다. 이는 마리를 통해서도 알 수 있지만 베아트리체 바그너 박사의 진료실을 찾아온, 불안감과 관계 장애를 겪고 있는 마르틴이라는 젊은 남성을 통해서도 확인할 수 있었다. 청년기의 몇 해 동안 카운터 스트라이크Counter strike라는 컴퓨터 게임을 하며 보내느라 마르틴은 정상적인 발전 단계를 밟지 못했다. 그러다 보니 게임에서는 세계 챔피언 수준까지 올랐지만 '친구는 어떻게 사귀는가?' '사람을 어떻게 알 수 있는가?' '좋은 관계를 어떻게 만들까?' 혹은 '자기 존중이란 무엇이며 나의 장점은 무엇인가?'와 같은 질문에는 대답을 하지 못했다.

페이스북을 하거나 인터넷에서 가상의 삶을 산다고 해서 모두가 실제로 위험한 상태에 처한 것은 아니다. 하지만 매일 네 시간 이상을 가상 세계에서 보내는 것은 위험하다. 특히 일이나 학교, 학업이나 음식, 집안일을 등한시한 채 사이버 세계에 몰두해 있다면 더욱 그렇다. 치료 과정에서는 우선 환자에게 문제의 심각성을 자각하게 하고 그것이 건강을 크게 해친다는 것을 깨닫게 한다. 그런 다음에 일시적으로 온라인 활동을 중단하고 이전의 관심사를 환기시켜서 돌아갈 수 있도록 유도한다.

마리와 같이 자신의 힘든 상황을 실제로 누군가에게 털어놓지 못하는 경우 정체성에 문제가 있을 가능성이 높다. 그럴 경우 내면의 그림이나 과거의 기억들을 통해 자신을 되찾도록 도와줄 수 있다. 여러분도 한번 시도해보라. 눈을 감고 내면의 눈을 통해 자신의 삶을 비춰보는 것이다. 무엇이 중요한가? 무엇이 가장 크게 남아 있는가? 떠오르는 그림들을 적어보거나 휴대폰을 이용해 메모해도 좋다. 그림 속을 한번 거닐어보라. 그 속에 당신 외에 누가 더 있는가? 지나간 기억 속에서 우리는 종종 자신의 모습을 들여다볼 수 있다.

이런 방법으로 자신의 근원을 재발견했다면 지금 여기서 그 모습과 대면해보라. 이와 함께 조그마한 시도를 해보는 것도 좋다. 매일 한두 마디씩 얘기해보는 것이다. 계산원도 좋고 버스에서 마주친 이웃도 괜찮다. 천천히 다시 진짜 현실과 마주하는 법을 배우는 것이다.

가상의 친구들은 얼마나 리얼한가?

자, 한 걸음 더 나아가보자. 다른 유저의 프로필이 진짜 사람의 것인지 어떻게 확신할 수 있는가? 잘 프로그램된 로봇이거나 준비된 답변을 내놓는 연산기일 가능성도 있지 않을까? 더 무서운 사실은 만약 그렇다 하더라도 우리는 아마 눈치채지 못할 것이라는 것이다. 또 눈치를 챈다고 하더라도 결과적으로는 아무런 차이가 없을 것이다. 이는 정보 과학자인 요제프 바이첸바움Joseph Weizenbaum이 엘리자ELIZA를 통해 잘 보여주었다.

엘리자는 최초의 사회적 컴퓨터 프로그램이었다. 1960년 중반에 MIT에서 개발했으며 미국 심리학자인 칼 로저스Carl Rogers의 치료 방법을 차용한 프로그램이었다. 칼 로저스의 치료 방식은 본질적으로 환자의 입장에 공감하고 정확하게 원인을 파악해 환자와의 대화를 통해 치료하는 것이다.

그렇다면 컴퓨터가 어떻게 그 일을 할 수 있을까? 바이첸바움은 일반적인 질문을 많이 만들어서 대화의 논리적 구조에 맞게 순서대로 질문을 배열하는 방법을 택했다. 또한 답변의 패턴을 인식하는 능력도 큰 역할을 했다. 대화는 다음과 같이 이어졌다.

엘리자 : 저는 심리 치료사입니다. 내게 당신의 문제를 얘기해주세요. 질문이 끝나면 리턴 버튼을 두 번씩 눌러주세요.

젊은 여성 : 남자들은 똑같아요.

엘리자 : 어떤 면에서요?

젊은 여성 : 언제나 뭔가를 하라고 요구하죠.

엘리자 : 예를 들어 말해주시겠어요?

젊은 여성 : 네, 친구가 이곳에 가보라고 날 설득했어요.

엘리자 : 여기에 가보라고 친구가 당신을 설득했다는 말씀이세요?

젊은 여성 : 네. 내가 항상 우울해 있다고 하면서요.

엘리자 : 언제나 우울하다니 그것 참 안됐네요…….

젊은 여성 : 사실이에요. 난 행복하지 않아요.

엘리자 : 당신이 더 이상 불행하지 않도록 내가 도울 수 있을 거라고 생각하세요?

젊은 여성 : 내게 도움이 필요하다는 것만은 확실해요.

엘리자 : 당신에게 도움이 된다는 건 무얼 의미하나요?

젊은 여성 : 엄마와 좀 더 나은 관계가 된다는 게 아닐까요?

엘리자 : 당신의 가족에 대해 좀 더 말해주세요.

젊은 여성 : 엄마는 나를 돌봐주셨지요.

엘리자 : 다른 가족 중에 또 누가 당신을 돌봐주었나요?

젊은 여성 : 아빠요.

엘리자 : 당신의 아빠요?

젊은 여성 : 당신은 어떤 면에서는 우리 아빠 같아요.

엘리자 : 어떤 점이 닮았나요?

젊은 여성 : 당신은 별로 공격적이지 않아요. 하지만 그걸 내가 알아채는 것을 별로 좋아하지 않는 것 같군요.

엘리자 : 왜 내가 공격적이지 않다고 생각하세요?

젊은 여성 : 내 말에 반박하지 않으니까요.

엘리자 : 왜 내가 당신의 말에 반박하지 않는다고 생각하세요?

젊은 여성 : 당신은 날 겁내고 있어요.

엘리자 : 내가 당신을 무서워한다고 믿으면 기분이 좋아지나요?

젊은 여성 : 내 아버지는 모든 사람을 무서워했어요.

엘리자 : 아버지를 생각하면 또 어떤 단어가 떠오르세요?

젊은 여성 : 괴롭힘이요.

엘리자 : 그렇다면 그것과 친구가 당신을 여기에 보낸 것과는 무슨 관계
　　　가 있나요?

(엘리자, 1966년 바이첸바움)

위와 같은 결론에 놀라지 않았는가? 아무리 뛰어난 심리 치료사
라 해도 이 연관성 (젊은 여성이 친구의 설득으로 치료받으러 왔다. 이 여성은
자신의 아버지에게서 괴롭힘을 당했다)을 그렇게 짧은 시간 안에 유추해
내기는 어려웠을 것이다. 게다가 이 같은 연관성을 컴퓨터가 유추
할 수 있다고는 누구도 생각하지 못했다. 더 놀라운 것은 엘리자는
아버지가 무엇인지, 괴롭힘이 어떤 뜻인지도 알지 못했다는 것이
다. 그렇지만 이는 프로그램의 전략에 포함되어 있었다. 젊은 여성
의 말에 반응하면서 감정을 느끼는 것처럼 표현할 수 있었다. 또한
무엇보다도 엄마나 아빠, 공격적인, 우울함과 같은 단어를 선택할
수 있는 능력이 있었고 '가족에 대해 좀 더 얘기해 보세요' 같은 질
문을 던질 줄 알았다. 또한 새로운 질문을 만들기 위해 이미 환자가
대답한 내용들을 재구성할 줄 아는 능력이 있었다. 만약 앞의 두 가
지 전략이 통하지 않으면 엘리자는 이미 저장한 질문 형식 중에서
하나를 선택한다 ('무얼 의미하나요?'와 같은 질문). 마지막으로 엘리자
는 습득한 단어와 새로운 단어를 결합시킴으로써 놀라운 해석 능력
을 갖춘 것처럼 보인다 (그것과 친구가 당신을 여기에 보낸 것과는 무슨 관계
가 있나요?).

　그 프로그램을 처음으로 사용한 것은 바이첸바움의 학생들이었
다. 이들 모두는 엘리자가 아무런 의식이 없다는 것을 알고 있었다.
그럼에도 불구하고 모두들 엘리자와 대화하고 싶어서 안달했다. 임

상 심리학자인 셰리 터클Sherry Turkle은 인공지능에 대한 토론이 한창이던 1970년대 중반에 이와 같은 현상을 MIT에서 자주 목도했다. "수백 명의 사람들이 컴퓨터에 첫 번째 문장을 쓰는 것을 지켜보았다. 처음에는 '안녕?' 혹은 '잘 지내세요?'와 같은 문장이 대부분이지만 네댓 차례 대화가 오간 다음에는 다른 문장들을 쓰기 시작했다. '친구가 날 떠났어' 혹은 '유기화학 시험에 떨어질까 봐 고민이 돼' 아니면 '내 여동생이 죽었어'와 같은 문장들이 등장했다." (《100명의 친구들 속에서 길을 잃다》 셰리 터클 지음, 리만 출판사, 2012)

한번은 바이첸바움도 자기 비서가 엘리자와 개인적인 문제로 할 이야기가 있다면서 연구실을 비워줄 것을 부탁한 적이 있다고 말했다.

피그말리온 효과

벌써 50년 전의 일이다. 오늘날 인공지능을 이용한 연산 프로그램은 그때보다 훨씬 발전했다. 물론 페이스북에서 잘 모르는 친구와의 채팅이 실제로 로봇과 대화하는 것일 확률은 낮다. 아니면 페이스북의 속임수 기술이 너무나 완벽한 나머지, 우리는 대화 상대의 의식과 지성이 속임수라는 것을 전혀 의식하지 못하는 건 아닐까? 그렇다면 튜링 테스트Turing-Test도 아무 소용이 없을 것이다. 튜링 테스트는 1950년 앨런 튜링이 개발한 것으로 키보드를 통한 소통만으로 상대가 기계인지 사람인지를 구별하는 방법이다. 이러한 테스트를 통해 인간의 관점에서 볼 때 논쟁이 논리적인지 아닌지도 구별했다. 사실 이것은 굉장히 인위적인 접근 방식이다. 우리는 일상에서 만나는 사람들을 논리적 이성으로 판단하기보다는 서로에 대한 공감 여부나 직접 접촉한 결과로 판단하기 때문이다.

속임수를 눈치채지 못하게 하는 또 다른 장애 요소는 바로 우리 안에 있다. 우리는 자신이 소통하고 있는 존재가 의식과 지성을 갖고 있기를 바란다. "우리 모두는 피그말리온 효과(자기 암시의 예언적 효과를 통해 긍정적 사고가 사람에게 미치는 좋은 영향을 말함— 옮긴이)를 기대한다. 특정한 조건이 형성되면 곧바로 상대를 의식 있는 존재로 상정하는 경향이 우리 모두에게 있다"라고 에른스트 푀펠은 말한다.

생명이 없는 것을 살아 있는 생명체로 해석하는 피그말리온의 원래 의미와는 별개로, 지난 100년간 심리학과 두뇌 연구 분야에서 피그말리온 효과는 매우 잘 알려져 있다. 키프로스의 조각가인 피그말리온은 상아로 여자의 몸을 조각했다. 그는 자신이 조각한 조각상의 멋진 모습에 그만 사랑에 빠져버렸다. 어느 날 조각을 만지던 피그말리온은 조각상이 더 이상 차갑고 딱딱하지 않다는 것을 깨달았다. 신이 피그말리온을 불쌍하게 여겨 조각상에게 생명을 불어넣어준 것이다. 이는 오비디우스Ovidius의《변신 이야기 Metamorphoses》에 들어 있는 내용이다. 이후에 조지 버나드 쇼George Bernard Shaw는〈피그말리온〉이라는 연극을 무대에 올렸는데, 그 내용은 언어학 교수가 순진한 꽃 파는 아가씨 엘리자 두리틀을 발탁해 런던 사교계의 고급 언어를 훈련시킨 뒤 왕실무도회에 나가도 손색없는 숙녀로 만들겠노라 장담하는 것이었다. 이 연극을 바탕으로 뮤지컬과 영화〈마이 페어 레이디〉가 만들어졌다. 바이첸바움의 엘리자도 영화에 나오는 꽃 파는 처녀의 이름을 딴 것인데, 이는 다른 인물처럼 말하고 행동하는 영화 속 성격을 반영한 것이다.

현대 심리학에서는 실수로 야기된 결론도 피그말리온 효과라고 부른다. 학생의 IQ가 아주 높다는 얘기를 들으면 그것이 사실이 아님에도 불구하고 선생님은 학생을 훨씬 더 좋게 평가한다. 또한 학생들에 대한 기대가 높아서 이들을 특별한 방식으로 격려하며 작은 실수에 보다 관대하게 대하고 성취감을 고취시켜줌으로써 더 좋은 결과를 낳게 한다(6장에서 더 자세히 다룬다). 1장에서 살펴본 아니라는 학생을 생각해보자. 아니는 부정적 피그말리온 효과로 인해 괴로움을 당했다. 교사는 아니를 멍청하다고 생각했고 그에 따른 차별을 했기 때문이다.

하지만 피그말리온 효과의 보다 일반적인 의미는, 인간은 우리처럼 움직이고 표현하는 무엇인가를 보면 의식이 있는 존재라고 받아들인다는 것이다. 친밀함을 표현하고 같은 행동을 하며 소통하는 다른 존재를 보면 우리는 대부분 그것을 우리 중의 일원으로 받아들인다. 인간은 그렇게 만들어져 있는 것이다.

타인은 정체성 확립에 중요한 요소가 되므로 우리는 타인을 통해 자신을 규정한다. 자신을 알기 위해서는 타인의 반응이 필요하기에, 생명이 없는 존재에게까지 그토록 즉각적인 반응을 보이는 것이다. 자연은 상대와의 상호작용을 통해 인간이 정체성을 찾고 스스로를 인식하도록 우리를 만들었다. 그와 동시에 우정이라는 보상도. 이는 공동체에서 자기 자리를 확보하게 해준다는 측면에서 영리한 시스템이다. 또한 다른 한편으로는 우리 두뇌의 어리석음을 드러내는 것이다. 컴퓨터 프로그램이 의식이 없는 존재라는 것을 알면서도 인간과 같은 방식으로 소통하게 되면 우리는 그것을 의식이 있다고 생각해버린다.

끊임없는 환상

자, 그럼 전혀 다르게 생각해보자. 페이스북 사용자 중 인간이 아닌 존재도 있다고 가정해보는 것이다. 아니, 좀 더 파격적으로 당신만 진짜 사람이고 나머지는 모두 페이스북이 만들어낸 로봇이라고 하자. 하지만 당신은 그것을 눈치챌 수 없다. 그들 모두가 의식이 있는 존재라고 철석같이 믿고 있기 때문이다. 게다가 우리를 둘러싼 사람들도 사실은 인위적으로 만들어진 존재들인지도 모른다. 그것을 어찌 알겠는가? 우리는 자신에 대한 환상과 더불어 끊임없는 환상의 세계에 살고 있지 않은가? 타인을 통해 자신을 구성하는 존재인데 그들이 전혀 존재하지 않는다면 그들에게서 우리 정체성을 확인하는 것은 불가능하다.

온라인이나 거대 네트워크를 통해 단편적으로 피드백을 받긴 하지만 그것은 정체성을 구축하는 데에 큰 도움이 되지 못한다. 마르틴은 타인과 온라인 게임을 하면서도 사람 사귀는 법을 배우지 못했으며, 마리는 가상의 친구들과 대화를 나눴지만 자신의 문제를 해결할 수 없었다. 그와 마찬가지로 우리는 자신에게 인위적인 역할을 부여한 채 타인에게 스스로를 보여주면서도 전체적·복합적인 모습은 보여주지 않는다. 따라서 우리가 받는 피드백은 사실 실제 내 모습을 향한 것이 아닐 수 있다.

166

우리에게는 타인이 필요하다. 타인을 향한 인간의 욕구가 얼마나 큰지는 컴퓨터 프로그램 엘리자나 아바타를 의식이 있다고 믿으며 그것에 신뢰를 보내는 것을 보면 알 수 있다. 물론 그것이 원칙적으로 잘못된 것은 아니다. 단순한 온라인 우정이 내 능력과 한계를 발견하는 데 진정한 도움을 줄 것이라고 믿고 그 바탕 위에 정체성을 쌓지 않는 한은 말이다. 사람이 사람을 사귈 수 있는 숫자가 150명이라는 기본 한계를 무시하면 그와 비슷한 결과가 나타난다. 150명 정도의 아는 사람과 몇 명의 가까운 친구들이 우리 인간관계의 한계선이다. 그 이상의 인간관계에서는 한 사람의 개성을 구별하고 그에게 다가가 상대방의 비판이나 제안을 있는 그대로 받아들일 수 있는 마음가짐을 갖지 못한다. 소셜 네트워크나 잘 모르는 사람들과의 만남은 단지 패스트푸드 식의 우정만을 가져다줄 뿐이다. 빨리 받아들이고 적응하지만 내 삶에 지속적인 영향을 미치지는 못한다. 또한 장기적으로는 오히려 삶을 망가뜨리고 타인과 더불어 성장하며 또 다른 나를 발견할 수 있는 기회를 앗아가는 것이다.

결정을 내린다는 것은

복잡한 현실을 하나의 선택으로 만든다는 것이다.

여러 가능성 중에서 우리는

소수를 택하고 나머지는 남겨둔다.

그렇다면 무엇을 선택하고 무엇을 남겨둘까?

결정 내리기는 복잡한 과정으로,

우리의 감정과 마음이 결부된 것이다.

또한 당시에는 미처 깨닫지 못한 여러 요인이 작용하기도 한다.

결정 내리기라는 세계로 향한 여행에서

우리는 여러 갈래 길을 만날 수 있다.

완벽에의 강박

우유부단함이
우리를 어리석게 만든다

관계의 예

옛사랑과
새로운
사랑

달팽이의 자문자답

———

집을 떠나야 할까?

떠나지 말아야 할까?

한 발짝 바깥으로?

그러지 말까?

집 밖으로

다시 집 안으로

집 밖으로

다시 집 안으로

밖으로 밖으로 밖으로……

• 크리스티안 모르겐슈테른Christian Morgenstern

어떤 결정은 정말 어렵다. 크리스티안 모르겐슈테른의 시에 나오는 달팽이에게는 집을 나설까 말까 하는 단순한 질문이지만 인간은 종종 그보다 훨씬 복잡하고 장기적인 영향을 미치는 결정과 대면한다. 또한 달팽이와 마찬가지로 우리 역시 한 발짝도 바깥으로 나가지 못하고 생각 속에서 맴도는 경우가 많다. 결정을 내리지 못한 채 제자리에서 괴로워하는 것이다.

 실 제 사 례

달팽이집에 갇히다

마누엘라도 이 같은 상황에 처해 있다. 마누엘라에게는 10년이 넘도록 동고동락해 온 남자 친구가 있는데 최근 몇 년간은 그와 함께 있는 시간이 행복하지 않을 때가 많았다. 그와 헤어지고 나서 마누엘라는 다른 남자를 만나 가까워졌다. 처음에 그녀는 무척 행복했고 새로운 남자친구에게 완전히 빠져 있었다. 새로운 관계를 통해 불행과 절망의 달팽이집에서 간단히 탈출할 수 있을 것 같았다. 그런데 전 남자 친구가 다시 접근해왔다. "예전에는 그가 날 봐주길 얼마나 원했는지 몰라요. 이제 드디어 그 사람이 나만 바라보고 있는데 나에겐 이미 다른 사람이 생긴 거죠. 어떻게 해야 할까요?" 치료 시간에 마누엘라가 질문했다. "새 남자 친구로 결정하는 게 어때요?" 심리 치료사가 물었다. 그러기엔 옛날 관계에 아직도 많이 집착하고 있다고 마누엘라는 대답했다. "그럼 예전 남자 친구에게 돌아가지 그래요?" 다시 치료사가 물었다. 그러자 그녀는 이렇게 대답했다. "다시 돌아가더라도 그가 예전과 같은 모습을 보일까 두려워요. 그때쯤이면 다른 남자 친구도 떠나버릴지 모르고요." 마누엘라는 1년 동안 딜레마에 빠져 있었다. 어느 방향으로도 움직일 수 없이, 잘못된 결정을 내릴까 봐 두려워서 그녀는 모든 것을 그냥 그대로 내버려두었다. 매일 아침 마누엘라는 결정을 내릴 수 있기를 소원했다. 하지만 저녁마다 아직도 어찌해야 할지 모르는 자신을 보며, 둘 중 누구도 잃지 않고 그저 하루가 지난 것을 다행으로 여기게 되었다. "그렇지만 너무 힘이 들어요." 마뉴엘라는 회한에 찬 목소리로 털어놓았다. "전 너무 우울하고 스스로 점점 쪼그라드는 것 같아요. 당장 다음 주에 뭘 해야 될지도 모를 만큼 막막해요. 제 자신이 마치 빙산을 향해 다가가는 배 같다는 생각이 들어요. 이러다가 언젠가는 빙산에 부딪히는 날이 올 테고 그러면 두 남자 다 견디지 못하고 나에게 이별을 고하겠지요. 그러면 둘 다를 잃는 상황이 올 테고요. 그렇지만 지금도 어떤 방향으로 상황을 정리해야 할지 정말 모르겠어요."

무엇보다도 마누엘라는 해결 방안을 고민하는 시간 동안 자신을 소홀히 내버려두고 있었다. '억압된 느낌'에 사로잡혀 그녀는 삶을 낭비하고 있었다. "스스로가 자꾸만 '개구리 왕자'에 나오는 하인리히 같다는 느낌이 들어요. 마법에 걸린 왕자의 충복 하인리히는 슬픔과 괴로움에 가슴이 터져버리지 않도록 자신의 심장 주위를 세 개의 쇠사슬로 묶어 두잖아요. 나도 그래요. 제발 그 쇠사슬들이 저절로 툭 끊어져서 자유로워졌으면 좋겠어요. 그러려면 모든 것을 다 끌어안은 채 멍청히 서 있을 게 아니라, 작정하고 하나의 결정을 내리는 수밖에 없다는 것을 나도 잘 알아요."

상처와 결별하기

결정 장애는 대부분 내면의 갈등을 반영하고 있으며 심리적 장애로 이어질 수 있다. 또한 가슴이 답답하거나 위장 장애, 두통, 몸살 등의 징후를 동반하기도 한다. 내면의 괴로움은 갈라진 목소리나 피부 트러블 등으로 나타나기도 한다. 에른스트 푀펠 교수는 박사 과정을 밟고 있는 중국인 학생의 피부 상태를 보고 그가 새로운 환경에 적응하느라 몹시 힘들어한다는 것을 알아챌 수 있었다고 연구서에 밝혔다. 이러한 경고 신호를 심각하게 받아들일 필요가 있다. 지속적인 내면의 갈등으로 인해 우리가 세상을 두려운 시선으로 바라보게 된다는 점도 간과할 수 없다. 그렇지만 갈등이라고는 전혀 존재하지 않는 세상이란 없다. 또한 완벽하게 편안하고 조화로움이 느껴지는 상대를 만나는 일도 아주 드물다. 스스로를 가장하고 방어하지 않아도 되는 상대를 만나면 우리는 모든 것을 내려놓게 된다. 하지만 세상은 그렇지 않다. 직장에서나 누군가와 같이하는 삶 속에서 우리는 수시로 크고 작은 갈등을 겪으며, 자신이 가고 싶은 길을 가기 위해서는 선을 정해 놓아야만 한다.

예전처럼 사는 건 절대 불가능하다는 사실을 잘 알면서도 왜 사람들은 그렇게 우유부단할까? 그렇다고 해서 상황이 더 나아지는 것도 아니다. 오히려 그 반대다. 결정을 내리지 못하는 사람은 어느 순간 손에 쥔 카드가 하나도 없다는 것을 깨닫는다. 결정을 내릴 수 있는 사람은 타인이나 주위의 환경에 휘둘리지 않고 자기 삶을 독립적으로 꾸려갈 힘을 갖게 된다. 어째서 사람들은 결정하기를 두려워하는가? 매우 간단하다. 결정한다는 것은 주어진 가능성 중에 하나 혹은 여러 개를 포기해야 함을 의미하기 때문이다. 이는 사랑에만 국한된 문제가 아니다.

일과 공부

완벽주의는
그만

끊임없는 개선의 회로

이 문제를 논하기에 앞서 감각생리학 교수의 예를 들어보자. 그는 교수 자격 논문을 거의 끝내고 컴퓨터에 저장해 둔 상태였다. 하지만 끝을 맺고 제출하는 것이 쉽지 않았다. 논문을 끝내려 할 때마다 다른 요소들이 새롭게 부각되곤 했기 때문이다. 교수의 목적은 가능한 한 완벽한 논문을 써내는 것이었다. 그러다 보니 먼저 써놓은 내용을 다시 새롭게 고쳐야 하는 부분도 적지 않았다. 당연히 연결된 부분도 바꾸어야 했다. 지속적인 수정과 추가 작업을 거쳐서 결국 논문은 500페이지가 넘는 분량이 되었고, 작업은 결코 끝날 것 같지가 않았다. 그는 몇 년 동안이나 이 끝없는 개선의 회로 속에 머물러 있어야 했다. 에른스트 푀펠 교수는 '하던 일의 끝을 맺고 결론을 내려야 할 순간이 있다. 내 동료 교수는 그러한 시간을 놓친 것이다'라고 생각한다. 결정을 내리지 못하는 것은 애석한 일이다.

자격심사를 통해 실력을 인정받을 기회를 놓쳤기 때문이다.

　종종 이러한 망설임은 지나치게 완벽함을 추구하는 성향과 맞물린다. 완벽한 내용을 제출하려는 것은 좋다. 하지만 한 치의 결함도 없는 작업이란 있을 수 없으며 모든 자료와 최신 정보를 담은 학술 논문을 쓴다는 것도 불가능하다. 목표를 지나치게 높게 잡으면 작업에 만족하고 끝내기가 그만큼 더 어려워진다. 많은 학생들도 이같은 문제를 안고 있다. 대학에서는 이를 위해 '태만 예방'에 대한 세미나를 개최하기도 한다. 일을 시작하거나 끝맺는 것을 어려워하는 것은 단지 게으름 탓만은 아니다. 실패에 대한 극단적인 두려움이 그 이면에 숨어 있다. 결정을 내리지 않음으로써 실패를 피하고자 하는 것이다. 하지만 궁극적으로 이는 어리석은 행동이다. 정지된 상태에서 그대로 있는 것은 오히려 원하는 방향으로의 삶의 가능성을 완전히 소진시키는 결과만 가져올 뿐이기 때문이다.

조언!
**파레토의 법칙을
기억하라**

논문을 쓰든 프로젝트에 참가하든 일에 관한 것이라면 파레토의 법칙('80 대 20 법칙'이라고도 하며 '어떤 현상의 80퍼센트는 20퍼센트의 원인 때문에 발생한다'는 이론이다— 옮긴이)을 기억하는 것이 도움이 될 것이다. 파레토의 법칙은 이탈리아의 사회학자이자 경제학자인 빌프레도 파레토Vilfredo Pareto에 의해 정의된 분배에 대한 개념으로, 한 프로젝트에서 80퍼센트의 일은 전체에서 집중력을 발휘한 20퍼센트의 시간에 이루어진다고 한다. 하지만 20퍼센트의 시간 안에서 이루어진 일을 완벽하게 처리하려면 나머지 80퍼센트의 시간이 필요하다. 그런데 종종 목표에 이르기 위해서는 100퍼센트에 이를 필요도 없이 80~90퍼센트 선에서 족한 경우가 많다. 이런 방식으로 우리는 시간을 절약할 수 있다. 또한 스스로 압박감을 덜 느끼고 약간 모자라는 상태에 만족하는 법을 깨우치게 되며 일을 끝내고 시작하는 것이 더 쉬워질 수 있다. 카펫을 짜는 직공은 뛰어난 문양의 카펫을 만들 때에도 일부러 작은 실수를 한다고 한다. 실수는 인간의 몫이며 완벽함은 신만이 가능한 경지라고 믿기 때문이다.

이러한 조언에 따랐더라면 앞서 예로 든 교수도 수많은 문제를 해결할 수 있었을 것이다. 자신을 덜 압박하면서 비록 100퍼센트까지 완벽하지는 못해도 좀 더 쉽게 일을 끝마칠 수 있었을 것이다. 하지만 마누엘라의 경우는 좀 더 문제가 복잡하다. 그녀의 문제를 어떻게 해결할지는 뒤에서 다시 살펴본다.

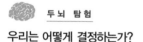

두뇌 탐험

우리는 어떻게 결정하는가?

일단 우리는 결정을 내리는 데 있어서 두 가지 방법을 사용할 수 있다. 하나는 사실이고 다른 하나는 직관이다. 사실을 확인하는 과정은 모두 잘 알고 있듯이 장점과 단점을 서로 비교해보고 판단하는 것이다. 하지만 직관은 떠오르는 생각이나 영감 혹은 내면의 소리를 바탕으로 한 것이므로 사실과는 반대되는 개념이다.

'가슴 속 느낌'을 갖기 이전에 물론 우리 두뇌도 계산을 한다. 거기에는 순수한 사실에 대한 의식뿐 아니라 다른 것들도 포함되며 이는 분명히 인지되는 것도 아니다. 직관적인 느낌에 있어서는 간접적인 의식 환경이나 이전의 경험 등이 중요한 역할을 한다. 살면서 내면화된 경험이나 인상 등이 나도 모르게 발동하는 것이다. 우리의 두뇌는 서로 긴밀하게 연결돼 있어서 1000억 개에 달하는 신경세포들은 가장 먼 경우라도 네 단계를 거쳐서 서로 연결된다. 서로 다른 정보나 기억, 감각 등이 서로 이웃하여 저장되어 있는 것이다. 그러다 보니 직관력을 발휘하는 것이 가능해진다. 우리가 뭔가를 가슴속에서부터 느낀다는 것은 그 속에 우리가 깨닫지 못하는 정신적 활동이 이루어지고 있다는 뜻이다. 이를 위해 우리 두뇌의 모든 영역이 서로 모여 빠르게 연결되는 것이다. 우리는 이러한 과정을 알아챌 수 없으므로 직관은 종종 단순한 비논리적인 가슴속의 감정으로 치부되기도 한다. 하지만 그것은 어디까지나 우리의 두뇌가 거치는 복잡한 과정을 보지 못하기 때문에 생기는 오해일 뿐이다.

그렇지만 사실과 직관, 이 두 가지 모두 결정에 중요한 영향을 미치므로 두 체계를 분리하기란 상당히 어렵다. 작은 결정에 관해서는 순수하게 합리적인 행동을 취하기가 쉽다. 비가 온다는 기상예보가 나왔는데 그래도 원피스를 입을까? 하지만 큰 결정일수록 순수한 사실을 바탕으로만 판단하기는 어려워진다. 어떤 배우자를 선택하고 어떤 직장을 다닐 것이며 어떤 집으로 이사할 것인가? 대부분은 우선 판단을 위한 합리적인 근거를 모은 다음 직관 혹은 '가슴속 느낌'을 바라보게 된다. 합리적인 고려를 하기 전에 직관이 앞서는 경우도 물론 있다.

합리적 혹은 직관적인 결정을 구분한다는 것 자체가 어리석은 일

이다. 직관이라는 것도 이유 없이 생기지 않으며 합리적 결정 속에
도 감정과 기분이 포함되기 때문이다. 두 회사에서 스카우트 제의
를 받은 사람은 월급이나 진급 가능성 혹은 직장과의 거리와 같은
현실적인 사실관계를 따져보겠지만 다른 한편으로는 예비 상사나
동료들에 대한 첫인상과 같은 과거 경험과 비교할 수 있는 기본적
인 느낌도 무시할 수 없다. 만약 사실과 직관이라는 이 두 평가 기
준이 서로 상충한다면 결정 내리기는 더 어려워진다는 것을 여러분
도 깨달았을 것이다. 그런 경우라면 한 가지 기준을 선택할 수밖에
없다. 어떤 것을 선택해야 할까?

　머리와 가슴 중 어떤 것이 더 나은 선택일지를 결정하는 데는 그
동안 우리가 경험을 통해 얻은 지식이 큰 역할을 한다. 이는 골퍼들
에 대한 연구를 통해 볼 수 있다. 초급 골퍼와 프로 골퍼에게 똑같
이 3초 안에 샷을 하라는 요구가 주어졌다. 3초란 전략적 사고를
하기엔 아주 짧은 시간이므로 직관에 의존할 수밖에 없다. 경험이
많은 골프 선수들은 이러한 상황을 평소와 마찬가지로 능숙하게 처
리하는 것으로 나타났다. 반면에 경험이 부족한 선수들은 훨씬 나
쁜 결과를 보였다. 이것이 의미하는 것은 경험이 풍부한 사람은 전
략적 사고가 필요 없으며 이미 자신 속에 전략을 내면화하고 있어
서 수월하게 직관적으로 대응할 수 있다는 것이다. 그렇지만 경험
이 적은 골퍼라 할지라도 약간의 축적된 선지식이 있는데 이것으로
바람이나 경사 혹은 거리 등을 가늠힐 수 있다. 심리학자인 게르트
기거렌처Gerd Gigerenzer는 《위험: 어떻게 올바른 결정을 하는가》에
서 이 문제에 대해 다음과 같은 해석을 내린다. 경험이 풍부할 때
직관은 아주 유용하지만 경험이 적을 때는 그렇지 않다. 로마의 역

사학자 타키투스는 여행하면서 만난 게르만 민족의 행동 패턴을 관찰하면서 이미 그와 같은 결론을 내린 바 있다. 사냥 영역을 옮길지 말지 등의 중요한 결정을 앞두고 가족의 최고 연장자들은 부족의 고문들과 만나 토론을 거친다. 그 다음에 술을 나눠 마시고 모두 취해서 감정적이 된 순간에 다시 한 번 같은 문제로 토론을 해보는 것이다. 만약에 취한 상태와 멀쩡한 상태에서 내린 결론이 같다면 그것으로 결정한다.

직관의 합리적인 균형이 두뇌에 의해 좌우된다는 것은 1848년 심한 사고로 머리를 다친 미국의 철도 노동자 피니어스. P. 게이지의 예를 통해 알 수 있다. 그는 폭발 사고로 쇠막대가 왼쪽 광대뼈에서 오른쪽 머리 윗부분을 관통하는 부상을 입었다. 끔찍한 사고에도 불구하고 게이지는 살아남았고 상처는 치료되었다. 담당의사인 존 할로우 박사에 따르면 게이지의 지적 능력은 사고 후에도 그대로였다. 하지만 사람이 완전히 달라졌다. 이전에는 조용하고 성격 좋고 붙임성 있던 사람이 사고 후에는 예측할 수 없는 호전적인 사람으로 바뀐 것이다.

게이지에게 일어난 극단적인 성격 변화를 정확하게 기록한 자료는 이후에 그를 연구하는 데 큰 도움이 되었다. 게이지의 사후에 두개골에 남겨진 구멍을 보고 연구자들은 두뇌의 부상 부위를 확인할 수 있었다. 손상을 입은 부위는 안와 전두 피질과 대뇌 전두엽 부분이었다. 그곳은 감정 폭발을 억제하는 신경이 모여 있는 곳이다. 감정에 대한 반사 신경은 하나의 패턴으로 두뇌에 저장되어 있다. 감정 폭발의 순간에 패턴이 활성화되며 충동적으로 탈억제 상태에 놓이게 된다. 이러한 탈억제 현상이 게이지의 경우에는 사고 전과 비교해볼 때 훨씬 빠르고 자주 일어난 것이다. 감정적 현상을 통제하던 합리적 판단이라는 부분이 사고로 인해 더 이상 영향을 발휘하지 못하게 되어 언제나 감정이 우위를 차지하게 된 것이다. 이로써 우리의 두뇌 속에서는 언제나 감정적 충동과 합리적 고려라는 요소가 서로 겨루고 있으며 각각 다른 방식으로 자신을 부각시키려 한다는 결론을 내릴 수 있다.

도덕적 딜레마

내부 관점과
외부 관점

적극적 살인 혹은 살인 방조?

이와 함께 인간 두뇌의 결함이라고 할 수 있는 또 다른 정신장애 혹은 역현상이 나타나는데, 바로 비사회적 인격장애가 그것이다. 이러한 장애를 가진 사람을 흔히 사이코패스로 부른다. 사회적 환경에 비정상적으로 위험한 태도를 보이며 공격성과 공감 능력 부족으로 불안 증세를 나타내며 종종 죄의식 없는 범죄 행위를 저지르고 자신의 실수로부터 교훈을 얻지 못한다. 사이코패스는 이 같은 감정 패턴이 기본적으로 취약하다. 이들은 주어진 상황에서 다른 사람들의 감정을 지각하고 분석하는 능력은 있으나 스스로 그것을 느끼는 능력은 제한돼 있다. 감정을 '제대로 느끼지 못하기 때문에' 사이코패스는 감정적 평가 없이 컴퓨터처럼 장단점을 계산해서 결정을 내린다. 하지만 보통 사람들은 이러한 결핍을 쉽게 알아채지 못하며, 사이코패스라 해도 겉으로는 멀쩡해 보이거나 어떤 경우에는 오히려 아주 매력적으로 보이기도 하므로 목표로 삼은 상대를 쉽게 속일 수도 있다. 하지만 연구 결과에 따르면 사이코패스나 비사회적 인격장애를 가진 사람은 일반적으로 정상인과는 다른 반응을 보이며 도덕적 판단도 잘 못하는 것으로 밝혀졌다. 또 한 가지 중요한 표식은 이들은 감정을 배제한 채 순수하게 합리적 근거로 결정을 내린다는 것이다.

인식 실험에서 도덕적 딜레마는 다음과 같이 나타난다. 한 사람을 희생시킴으로써 다섯 사람을 구조할 수 있다. 이것을 필리파 푸트Philippa Foot는 1978년에 트롤리Trolly(광차) 문제로 다루었다. 광차가 운행 중 통제 불능의 상태에 빠지면서 선로 위의 다섯 사람을 칠 상황에 놓았다. 하지만 전철기를 돌리면 전차를 다른 선로로 보내는 것이 가능하다. 하지만 그 선로에도 한 사람이 서 있다. 전철기를 돌려서 다섯 사람을 구하는 대신 한 사람을 죽이는 게 허용될 수 있는 일일까? 합리적으로 생각하면 물론 그렇게 하는 것이 확실히 논리적이다. 컴퓨터도 분석을 통해서 그와 같은 결론을 내릴 것이 분명하고 사이코패스는 물론 윤리위원회조차 같은 결론을 내릴 가능성이 농후하다. 하지만 한 사람 혹은 여러 사람의 죽음을 선택하는 것뿐 아니라 다른 사람을 살리기 위해 실제로 그들의 죽음에 직접 개입한다면 어떨까? 철학자인 주디스 자비스 톰슨Judith Jarvis Thomson은 광차 문제에 더하여 이런 질문을 던졌다. 특히 한 사람을 희생시키기 위해 직접 그 사람을 신로 위에 넘어뜨려 전차를 멈춘다고 하면 대부분의 사람들은 아무리 다섯 사람의 목숨을 구하는 일이라고 해도 행동하기를 주저할 것이다.

여기서 우리는 감정과 느낌이 어떻게 서로 모순되는지를 볼 수 있다. 합리적 관점에서 볼 때 타당한 것으로 보이는 일도 감정적 관점에서는 도저히 실천할 수 없는 일이 된다. 우리 대부분도 그와 비슷한 상황에 맞닥뜨리면 도덕적 갈등으로 괴로워하지 않기 위해 어떤 행동도 취하지 않으려 할 것이다. 즉 일부러 한 사람을 죽이기보다는 다섯 사람이 죽어가는 것을 수동적으로 지켜보는 쪽을 선택할 것이라는 얘기다. 이때 '어리석은' 선택을 하도록 부추기는 것은 우리의 감정이다. 사이코패스의 관점으로 볼 때는 한 사람을 희생시키는 것이 더 합리적인 방법인데도 말이다. 그렇다면 합리적임에도 불구하고 그같이 결정하는 것이 우리에겐 어째서 그토록 어려운 것일까? 우리가 알지 못하는 사이, 아마도 방어기제가 큰 역할을 할 것이다. 어쩌면 마지막 순간에 어딘가에서 무엇인가가 나타나 '데우스 엑스 마키나Deus ex Machina(라틴어로 문학 작품에서 결말을 짓거나 갈등을 풀기 위해 뜬금없는 사건을 일으키는 플롯 장치를 말함— 옮긴이)'처럼 모든 사람을 구해주기를 바라고 있지 않을까?

얽히고설킨 합리성과 감정

뮌헨 대학에서 박사과정을 밟고 있는 미하일 아브람은 도덕적 판단의 가치라는 주제를 연구하면서 힘든 상황에서의 결정이라는 문제를 다룬다. 미하일은 도덕적 판단을 외부적 관점에서 하느냐 아니면 스스로 내면에 비추어 결정하느냐에 따라 큰 차이가 있다는 것을 발견했다. 자기공명영상fMRT(Functional magnet resonance tomography)을 분석한 결과 그는 특정 문제를 '안전한 거리'에서 결정할 때는 스스로 행동함으로써 결정을 내릴 때—예를 들면 절벽에서 사람을 떠미는 것—와는 서로 완전히 다른 두뇌 영역이 사용된다는 사실을 발견했다.

이러한 차이는 동일한 상황에서 동일한 조언을 주고받는 경우, 내가 타인에게 조언할 때와는 달리 나중에 내가 조언을 들을 때에는 아무런 도움이 되지 않는다고 느끼는 적이 많은 것에서도 잘 알 수 있다. 객관적으로나 논리적·주관적으로 합당한 똑같은 조언인데도 말이다. 그럼에도 불구하고 사람들은 일상에서 두 가지 결정 방식에 근본적인 차이가 없는 것처럼 행동한다.

살아 있는 생물을 대상으로 한 연구 프로젝트를 평가하는 업무를 맡은 윤리위원회는 언제나 외부적 관점으로 연구 프로젝트를 평가한다. 만약 이들이 직접 행동해야 하는 상황에 처한다면 이들의 평가는 아마 상당히 달라질 것이다. 물론 합리적으로 판단하는 것은 중요하다. 하지만 도덕적 판단은 언제나 감정적인 요소를 포함한다는 사실을 잊지 말아야 한다. 우리가 '올바르게' 행동할지는 느낌이 말해주는 때가 많다. 여기서 우리는 사이코패스와 보통 사람 간의 본질적인 차이를 볼 수 있다. 사이코패스는 외부의 관점으로 상황을 파악하고 행동할 수 있는 능력이 없다. 자기 손으로 사람을 절벽 아래로 밀어뜨리면서도 감정에 거리낌이 없으며 합리적으로 최선의 해결방식을 실천했을 뿐이라며 스스로 만족할 것이다.

이런 점에서 볼 때 윤리위원회의 결정 또한 사이코패스의 방식을 모방한 것으로 어리석은 행위다. 윤리위원회의 결정은 혼자만의 공간에서 자신들의 즐거움을 위해 이루어지는 사고의 실험이 아니기 때문이다. 이들은 곤란한 상황에서 사람들이 어떤 결정을 해야 하는지 지침을 내린다. 따라서 실제로 행동하는 사람들 입장에서 생각해보고 자신의 감정도 충분히 반영하여 판단을 내려야 한다. 그렇지만 소위 전문가들은 문제를 지나치게 먼 거리에서 해결하려고만 하며 이로 인해 많은 문제점을 내포한 채 현실과 동떨어진 결정을 내리기 일쑤다. 이에 대해서는 다음 장에서 살펴보기로 한다.

정치인들이 아무런 감정 없이 합리적 결정을 두고 토론하는 것도 마찬가지다. 물론 독일국회의원들의 토론을 보면 열띤 논쟁 속에서 지나치게 감정적인 모습을 드러낸다. 지켜보는 국민들은 저토록 끊임없이 싸우면서 어떻게 나라를 이끌어갈지 한심해하지만 사실 이러한 논쟁이야말로 정치적 판단에도 감정적인 요소가 많으며 냉철한 머리와 이성만으로 해결하기 어렵다는 것을 보여준다. 그것은 긍정적인 요소이기도 하며 이를 부정하는 것은 멍청한 짓이다. 인간적이고 적절한 결정이 이루어지려면 싸움은 불가피한 과정인 것이다.

따라서 결정이란 늘 합리적이면서도 감정적인 요소를 가지고 있으며 때론 강하고 때론 약하게 서로 결부돼 있다. 이때 결정을 내리는 과정에서 여러 고려사항이나 요소들이 무의식적으로 영향을 미치는 경우가 많은데, 그 모든 사항을 의식적으로 일일이 확인하고 지각하기란, 우리 인간의 능력으로는 무리다.

물론 그 과정이 복잡하다고 해서 결정을 내리지 않는 건 더욱 어리석은 일이다. 우리는 합리성과 느낌이 서로 일치할 경우 대체로 올바른 결정이 내려진다는 것도 살펴보았다. 그렇다면 이 둘이 서로 다른 결론을 내놓을 경우는 어떻게 될까? 이때에는 시간이라는 제3의 요인을 고려해봐야 한다. 결정에 대해 만족하려면 건강한 기반이 필요한데 만약 그 기반이 없다면 그것이 발전될 때까지 어느 정도 시간이 걸려야 할 것이다. 이제 아시아 사람들이 결정을 내리는 방식을 살펴보자.

사업의 세계

일본식

협동

우리는 같이 일할 수 있을까?

아시모Asimo에 대해 들어보았는가? 아시모는 일본 기업 혼다가 만들어낸 인간화된 로봇이다. 이들의 야심찬 목표는 인간을 최대한 모방하는 로봇을 만들어내는 것이었다. 아시모는 외형이 우주조종사와 비슷하며 혼자 말할 수도 있고 서빙을 하거나 계단을 오르내리는 일도 가능하다. 최근에는 달리기도 할 수 있는 획기적인 발전을 이루었는데, 달릴 때는 두 발이 일시적으로 공중에 떠 있는 상태를 유지한다.

아시모가 개발되기 전 혼다의 경영진은 에른스트 푀펠 교수에게 협력을 요청해왔다. 그런데 예닐곱 차례를 만난 뒤로도 푀펠 교수는 이들이 하려는 일을 전혀 알 수 없었다. 혼다 이사진에서 파견된 네다섯 명의 대표와 뮌헨이나 도쿄에서 만난 것이 다였다. 이 미팅에서 프로젝트에 관한 말은 전혀 오가지 않았다. 그저 얼굴을 익히고 같이 저녁을 먹었을 뿐이다. 이로써 신뢰의 분위기가 형성되었다. 서로 같이 일할 수 있느냐가 무엇보다 중요한 첫 번째 결정사항이었던 것이다. 서로를 알기 위해서는 시간이 필요하다. 목적을 기반으로 결정하는 것이 아니라("우리 프로젝트를 위해서는 전문가가 필요합니다") 정서적 교감이나 상호 신뢰의 바탕이 더욱 중요했다("우리와 이 전문가가 함께 일할 수 있을까?"). 계약서에 사인을 할 즈음엔 쌍방이 이미 인간적인 관점에서 서로 무엇을 하려는지 잘 이해하게 된 상태였다. 또한 퀘펠 교수는 혼다 회장이 그에게서 무엇을 원하는지도 알게 되었다. 그것은 '우리 인간이 인간화된 기계로부터 어떤 도움을 받기를 원하는가'라는 질문에 대한 답변이었다.

혼다의 인간화 로봇 아시모.
달릴 때는 두 발이 일시적으로
공중에 떠 있는 상태를 유지한다.
아이들에겐 간단한 문제이지만
아시모에겐 엄청난 능력이라 할 수 있다.

**본질적으로 사람이
중요하다**

에른스트 푀펠에게는 새로운 사업이었지만 즐거운 경험이기도 했다. "두 기업이 만날 경우 계약이 이루어지지 않을 확률은 75퍼센트다. 결정은 통계와 시장 가치라는 추상적 요인으로 이루어지기 때문이다." 공동 프로젝트가 끝난 지는 오래되었지만 푀펠 교수는 아직도 당시의 혼다 회장 및 기술연구소장과 친분을 유지하고 있다. "모든 것은 사람들과의 관계에 달려 있어요. 이 원리를 정치와 경제에도 적용시킬 필요가 있습니다. 사람에 대한 고려 없이 목표를 세우는 경우가 많으니까요. 게다가 우린 종종 책임자들이 자신과 같이 일하는 사람이라는 사실을 잊어버리지요." 푀펠 교수의 말이다.

결정은 적재적소에서 하는 것이 중요한데, 적재적소에 대한 개념은 문화에 따라 다르다. 국가 간에 경제나 개인적 교류를 하는 데 있어서는 이 때문에 문제가 발생하는 일이 많다. 동양의 문화에서는 신뢰가 구축되기까지 기다리는 것을 중요시하는데 반해 서구 기업은 모든 과정이 빨리 진행되기를 원한다. 아시아에서도 특히 일본은 상대를 기다리게 함으로써 관계의 우위를 점한다. 시간의 압박에 시달리지 않는 것이다. 서구 기업은 어떤 진전도 이루어지지 않을까 봐 초조해한다. 하지만 기다림에는 보상이 따른다. 어느 정도 시간이 흐르면 그때까지는 장막 뒤에 서 있던 진정한 기업의 수장이 신호를 보낸다. 그것도 가볍게 고개를 끄덕이는 정도이지만 메시지는 명확하다. 결정이 이루어진 것이다. 우리 서구 문화에서는 결정사항을 명확한 언어로 표현하는 것에 익숙하다. 하지만 극동지방의 결정은 말없이 이루어진다.

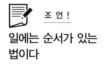

일본식 결정방식을 통해 우리는 다음을 배울 수 있다. 두 사람이 프로젝트를 같이하고 싶어 한다면 무엇보다 신뢰가 중요하고 그러려면 시간이 필요하다. 우리는 오로지 목표에 연연해 쌍방이 즉각 결정하기를 바라며 뒤에 놓여 있는 과정을 보기보다는 융통성이라곤 없이 그 결과에 매달리는 경우가 많다. 결정을 위해서는 거기에 이르는 과정이 필요하고 과정이 무르익을 만한 시간이 필요하다. 이 시간을 거쳐 준비가 이루어졌을 때 어느 순간 우리 눈앞에 분명한 결정이 떠오르는 날이 올 것이다. 이것이 바로 고대 그리스인들이 말하던 카이로스Kairos, 즉 무엇인가를 하기에 딱 맞는 바로 그 순간이다.

새로운 사랑을 도약대로 삼기?

다시 한 번 우리의 주인공 마누엘라 이야기로 돌아가보자. 어쩌면 마누엘라는 결정을 미루고 있는 것이 아니라 결정에 부합되는 조건을 지나치게 엄격하게 정해둔 것인지도 모른다. 장기적 관계를 위해서는 배우자와의 신뢰 구축이 필수적이다. 그리고 마누엘라의 경우 두 남자 모두 최적의 조건은 아닌 것이다. 수년 동안 사귀어온 남자 친구와는 최근 몇 년 사이에 신뢰가 깨졌고, 새로운 남지 친구와 신뢰가 형성되기에는 함께한 세월이 너무 짧다. 그녀는 새로운 관계가 왜 그토록 쉽게 흔들리는지에 대해서도 자문해보았다. 예전의 관계는 이미 지나치게 망가져서 믿음의 근거가 사라져버렸다는 것을 그녀도 잘 알고 있었다. 그렇지만 새 관계에 대해서는 자신이 진정으로 그를 사랑하는지 아니면 이전 관계로부터 자유로워지기 위한 발판으로 삼고 있는 건 아닌지 확신하지 못하고 있었다.

그녀는 분명 불안한 상태였고 결정을 내리기 위해서는 여전히 시간이 필요했다. 심리 치료사는 마누엘라에게 두 남자 모두가 압력을 행사할 수 없는 그녀 자신만의 방을 만들 것을 제안했다. 마누엘라가 늘 이쪽저쪽으로 마음이 움직였던 것은 바로 그런 압력 때문이었다. 두 사람과 만나지 않고 거리를 둘 시간이 필요했다. 그동안 마누엘라는 자신이 누구인지 정체성에 대해 스스로 생각할 수 있는 기회를 가졌다. 그 방법은 정말 효과가 있었다. 그 방법을 실행에 옮긴 첫날 마누엘라는 금세 자신의 결정 장애 원인을 파악할 수 있었다. 익숙한 것을 떠나는 것에 대한 두려움과 다른 남자와 확실한 관계를 이루고자 하는 열망이 동전의 양면처럼 붙어 있었던 것이다.

그렇다면 두려움의 정체는 무엇일까? 이것이 심리 치료사인 베아트리체 바그너와 함께 의논해야 할 주된 문제였다. 베아트리체는 그녀에게 색다른 제안을 했다. 자신을 그리스 비극이라는 연극 무대에 선 배우로 바라보는 것, 즉 자신이 주인공이면서 관객이기도 한 두 역할을 동시에 맡는 것이다. 내면의 관점으로 파악하기 힘든 상황에서 자신을 객관적으로 바라보면서 결정 방향을 활성화시키는 것이다.

두뇌 탐험

우리는 자유롭게 결정하고 있는가?

그렇다면 우리 스스로가 결정을 내리는 것일까, 아니면 결정이 스스로의 방향을 정하는 것일까? 두뇌 연구의 관점에서 볼 때 대답은 명확하다. 결정이 스스로의 방향을 정하는 것이다. 우리 대부분은 의식적으로 결정하는 것이 아니라 우리 안의 '무엇'인가가 결정하는 것이다. 결정의 크고 작음은 중요하지 않다. 우리 모두는 무의식적인 결정의 과정에 굴복하는 것이다.

자유 의지란 것이 과연 존재하는 것인지, 철학적 질문을 던지지 않을 수 없다. 사실 의지라는 것을 견고하고 의식적인 개념으로 보는 관점 자체가 잘못된 것이다. 또한 의식적으로 이루어졌건 혹은 무의식적인 결론이건 그냥 허공에서 불현듯 생겨난 결정이란 없다. 구체적(의식적)이건 추상적(무의식적)이건 대부분 어떤 결정에는 그것에 이르게 된 분명한 배경이 존재한다. 우리는 이렇게 말할 수 있다. 그 당시에는 딜레마를 의식하지 못하고 있을지라도 결정을 내리기 위한 작업은 우리 안에서 계속된다고. 이 또한 결정을 위한 과정이며 결정은 어떤 방향으로 나아가기 위한 하나의 분기점일 뿐이다. 우리는 미처 의식하지 못하지만 결과를 일구어내기 위한 과정에서 자신이 원하는 것과 그렇지 않은 것이 밝혀진다.

벤저민 리벳Benjamin Libet은 실험을 통해 이러한 무의식적 과정을 증명해 보였다. 피실험자는 임의로 자신이 원하는 시간에 손을 들 것을 지시받았는데 그 과정을 뇌파로 추적했다. 손을 들 때 미리 계획하지 말고(예를 들면 5초 후에 손을 들어야지, 하고 생각하는 것) 그냥 자연스럽게 손을 들도록 했다. 그 결과 피실험자가 손을 들겠다고 결심하기도 전에 이미 두뇌에서는 어떤 움직임이 감지되었다. 이를 통해 우리가 무언가 실행하겠다고 의식하기 전에 이미 두뇌는 행동을 준비하고 있음을 알 수 있다. 한 두뇌 연구가는 이 실험을 통해 인간에게 자유 의지란 없다는 해석을 내리기도 한다. 하지만 이는 어리석은 결론이다. 실험에서 말하고자 하는 것은 무의식적이고 암시적인 지식에 관한 것이기 때문이다. 물론 그 결과를 모든 다른 행동이나 결정에 적용시키는 것은 범주화의 오류에 속한다. 인간은 무의식적인 정신활동에 지배당하고 있으며, 소위 우리 의지와는 상관없이 결정된다는 이론에 대한 중요한 반론으로 전두엽의 크기와 기능을 들 수 있다. 이는 전체 두뇌의 40퍼센트를 차지하며, 바로 이 부분이 자신을 외부의 위치에서 파악하며 명백하고 의식적인 지식을 사용하는 기능을 맡고 있다. 따라서 전두엽이야말로 여러 사항을 고려해 행동 결정을 내리는 데 우선적인 역할을 하는 장소인 것이다. 진화의 역사 속에서 이런 것들이 아무런 소용이 없다면 어째서 전체 두뇌의 40퍼센트나 차지하고 있겠는가?

우리에겐 내밀한 지식을 위한 공간과 명백한 지식을 위한 공간 둘 다가 필요하다. 내밀한 지식 공간에서 일어나는 과정만 보고 명백한 지식의 공간은 필요 없다고 결론 내리는 것은 잘못이다. 그러므로 리벳의 실험은 우리가 어떤 지시를 받으면 그것을 미처 생각하기도 전에 손을 올릴 수 있다는 것을 보여준 것일 뿐이다. 고속도로를 오랫동안 쉬지 않고 운전해본 사람이라면 이러한 구조를 잘 이해할 것이다. 숙련된 운전자라면 기어를 넣고 핸들을 돌리고 추월하며 브레이크를 밟는 일련의 모든 동작을 아무런 의식 없이 해낸다. 그럼에도 불구하고 다른 곳으로 빠지지 않고 원하는 목적지까지 무사히 도착할 수 있다.

《고백록》
성 아우렐리우스 아우구스티누스 지음

내밀한 지식과 명백한 지식의 차이점은 아우구스티누스의 어록을 통해서도 볼 수 있다. '시간이란 무엇일까? 사람들이 질문하기 전까지 나는 그것을 잘 알고 있다고 생각했다. 그런데 막상 설명하려고 하니 그에 대해 아는 것이 전혀 없었다.' 하지만 이것은 높은 단계의 '어리석음'의 표현일 뿐이다. 여기서 지식의 개념은 두 가지 방식으로 사용되었는데, 하나는 내밀한 지식이고 다른 하나는 명백한 지식이다. 아우구스티누스는 이 두 가지를 혼동하는 우를 범했다. 이 두 가지를 서로 구별하지 못하면 좌절감에 빠질 수 있다. 즉 무엇인가를 알고 있지만 그것에 대해 설명하지 못하는 것이다. 아우구스티누스의 고백록 11권에 나오는 이 내용은 '인간이 받아들이는 시간과 일반적인 시간', 이 두 개념이 가진 문제에 대한 중요한 지표가 된다. 또한 그의 고백은 어려운 문제에 대한 이상적이고 감정적인 답변의 좋은 예이기도 하다.

우리는 일반적으로 어떻게 시간에 접근하는가? 아우구스티누스는 현재 경험을 통해 시간을 파악할 수 있으며 과거와 미래는 현재 경험의 추상화된 모습이라고 보았다. 과거는 기억이며 미래는 기대다.

해고의 정치학

일시적

관점으로

결정 내리기

결정과 관련된 복잡한 관계의 그물망

책임 있는 경영자라면 회사에 위기가 닥쳤을 때 가만히 있기보다는 회사의 안위를 위해 3천 명의 인원이라도 해고를 할 수밖에 없다. 물론 그것은 고통스러운 일이고 현재도 그 때문에 마음이 아프지만 어쩔 수 없는 결정이었다, 라고 익명을 요구한 한 회사의 사장이 우리에게 설명했다.

이와는 달리 위기 상황에서 직원들을 해고하지 않고 사재를 털어 회사를 유지하는 방법을 택한 이도 있는데, 시간이 지나 상황이 바뀌면 해고한 사람들을 다시 고용해야 할 수도 있다는 것을 내다보았기 때문이었다. 이 같은 선택을 한 이는 바로 바덴뷔템베르크에 위치한 한 중견 기업의 회장이었다.

이 두 가지 예는 시간에 대한 완전히 다른 개념을 보여준다. 기업의 경영을 맡아 일하는 사장은 무엇보다 중단기적인 결정을 내릴 수밖에 없다. 보통 3개월마다 기업의 시장 가치가 평가되고 그 가치에 따라 사장의 가치도 평가되기 때문이다. 따라서 사장은 자신이 재직하는 동안 상대적으로 단기적인 요인을 고려해 결정을 내릴 수밖에 없다. 하지만 기업의 사장이 동시에 그 회사의 소유자라면 상당히 다른 결정방식을 취할 수 있을 것이다. 그는 별다른 일이 없는 한 일생 동안 회사를 운영할 것이고 어쩌면 부모나 조부모로부터 기업을 물려받았을 수도 있다. 자기 직장에 대해 걱정하지 않아도 되는 처지이기 때문에 그는 현재나 미래나 회사의 안위만을 생각할 수 있다. 그러므로 4~5년 단위로 생각하기보다는 10년 혹은 몇십 년 단위로 사고하고 결정할 수 있는 것이다. 즉 결정을 내리는 데 있어서 확실히 다른 전략 지점을 갖고 있다고 할 수 있다. 또한 구체적인 문제를 어떻게 결정하는지는 관점과 목표에 따라 달라지기도 한다.

하나의 결정은 언제나 복잡한 관계의 그물망을 통해 이루어진다. 에른스트 푀펠 교수는 이것을 2008년에 펴낸 저서 《타고난 결정자. 기업 운영자의 두뇌 연구 _Zum Entscheiden geboren. Hirnforschung für Manager_》에서 결정에 대한 E-피라미드를 통해 잘 보여주고 있다.

 조언!
E-피라미드로 자기 삶에서 영웅되기

E-피라미드는 여러 가지 요소로 이루어져 있으며, 형상이 완전해지려면 서로 다른 요소들이 모두 필요하다. 결정도 이와 마찬가지로 모든 것의 바탕이 되는 요소가 필요하다. 이를 바탕으로 여러 다른 요소들이 결합돼 가장 높은 목표

를 이루는 것이다. 그렇다면 두 남자 사이에서 갈팡질팡하고 있는 마누엘라의 경우 피라미드에 놓일 반석의 종류는 어떤 것일지 한번 살펴보기로 하자.

일단 가장 중요한 목표부터 시작하자(전략적 목표). 여기서 다른 모든 결정을 지배하는 가장 결정적인 질문이 나온다. 내가 인생에서 이루고자 하는 것은 무엇인가? 내 인생을 어떻게 창조할 것인가? 전략적 목표는 모든 결정을 관통하는 기본 목표를 말하며, 개인적 삶이나 사회생활에서 균형을 찾는 것일 수 있다. 모든 다른 요소들을 하위 요소로 삼는 또 다른 전략적 목표로는 과학자나 예술가로서 한 분야에서 뛰어난 위치를 확보하는 것이 될 수도 있다. 이와 같이 전략적 목표는 분명하게 제시될 수 있어야 한다. 대다수의 사람들은 자신에게 정말 중요한 것이 무엇인지 알지 못한다. 가장 윗부분에 있는 전략적 목표는 가족이나 환경, 감정을 통한 삶의 경험으로 이루어진다. 마누엘라가 자유로워지기 위한 수단으로 삶의 안정이라는 목표를 갖고 있다고 가정해보자. 그렇다면 그 다음 단계에서 그녀가 결정할 요소들은 확실히 달라질 것이고 하루빨리 결혼이라는 제도 안에 안착하는 것이 좋을 것이다.

그 다음 단계로 개인적 혹은 사회적 목표가 있다. 이 두 번째 층위에서는 정서적 안정 요소(가족이나 친구)가 중요하다. 정서적 안정 요소는 자신감 확보를 위한 전제 조건일 뿐 아니라 창의력을 발휘하기 위한 조건이기도 하다. 이 요소에 문제가 있을 경우 그 결과는 광범위하게 나타날 수 있다. 정서적으로 안정되지 못한 사람은 결정 장애가 있으며 다른 사람이나 사회의 이익을 위해 목소리를 제대로 내지 못한다. 또한 창의성에 제약이 생기면 개인적 부조화뿐

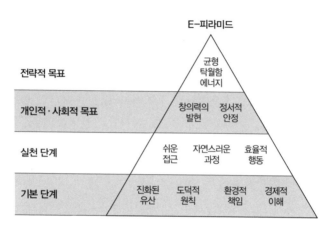

| 결정 피라미드 |

아니라 혁신이나 새로운 사고가 요구되는 사회생활에도 부정적인 영향을 미칠 수 있다. 예를 들어 마누엘라가 책임을 맡은 자리에서 계속 일하려면 자신의 불안정한 감정 때문에 일에 지장을 초래하지 않기 위해서라도 신속하게 결정을 내릴 필요가 있다.

그 아래 세 번째 단계는 실천 영역으로 행동을 책임지는 부분이다(실천 단계). 이 단계 역시 문제가 생길 여지가 있다. 두뇌가 요구하는 대로 필요한 정보를 쉽게 전달할 수 있어야 하는데 그렇지 않을 경우 우리는 그것을 못 본 채 그에 따른 행동을 하기 때문이다. 또한 무엇인가를 실행하려면 인간의 게으름이란 부분도 고려할 필요가 있다. 우리 모두는 쉽게 살려는 경향이 있다. 이는 게으름의 유전자를 가진 인간의 자연스러운 특성으로 그만큼 휴식이 중요하다는 반증이기도 하다. 스스로에게 게으름을 허용할 수 있을 때(!) 비로소 능률적으로 행동할 수도 있다. 또한 효율적 실천을 위해서는 외부의 적절한 반응도 중요한데, 보상에 대한 갈증을 충족시켜 줄 수 있는 칭찬과 인정이 없으면 실천 의지가 줄어들 수 있기 때문이다. 여기서 우리는 환경적 요인이 실천력과 전체 시스템에 얼마나 큰 영향을 미치는지를 볼 수 있다. 기술적 진보나 독재 정치의 영향으로 정보의 흐름이 의도적으로 차단되거나 중단될 때, 우리는 실천 방향을 잃고 흔들릴 수 있다. 또 자기 행동에 대한 사회적·개인적 반응이 미약하면 행동에 대한 동기를 잃어버리기 십상이다. 모두 알다시피 한 단계에서 장애가 생기면 이는 전체 피라미드 시스템에 영향을 미친다. 마누엘라도 일상생활을 해 나가기가 힘들 만큼 우울한 혼란 상태에 빠져 있다. 이 또한 정상에서 벗어난 아주 부자연스러운 상태다. 이 혼란스럽고 우울한 상태에서 마누엘라는 심리 치료를 받을 수밖에 없다.

맨 윗부분이 가장 기본적인 질문에 대한 답이라면 피라미드의 가장 낮은 부분은 인간의 기본적인 조건, 개인적·사회적으로 안정감을 얻을 수 있는 조건을 가리킨다. 이는 유전 프로그램의 형태로, 인간이 지닌 진화의 산물이며 인간이라는 존재를 규정한다. 개인과 사회 모두에 적용되는, 누구도 피해갈 수 없는 인류의 보편성이 존재한다는 것을 자각하는 것이 무엇보다 중요하다. 정치 지배층이 인간에 대한 이해 없이 이러한 진리를 철저히 무시할 경우 그 체제는 언젠가는 무너지고 만다. 이는 역사 속에서 거듭 증명된 바다. 신의 노여움을 달래기 위해 살아 있는 젊은 남자의 가슴을 열고 심장을 꺼내 제물로 바친 아즈텍 문명을 보라. 아즈텍의 인간 희생제는 15세기 후반에 가장 성행한 것으로 보이며, 결국 아즈텍 문명은 16세기 초에 몰락한다. 어떤 학자들은 아즈텍 문명의 몰락은 스페인 침공과는 상관없이 인간 희생제가 그 원인이라고 해석하기도 한다. 도덕적 원칙을 거스르는 잔인한 행동이 횡행하는 사회는 결코 영구히 지속될 수 없다. 따라서 맨 아랫단계의 영역은 또한 도덕적 원칙의 단계이기도 하다. 세계적으로 널리 퍼져 있는 철학과 종교가 남에게 대접받고 싶은 그대로 남을 대접하라는 황금률(예수가 산상 수훈 중에 보인 기독교의 기본적 윤리관— 옮긴이)을 가르치는 것은 단순한 우연의 일치가 아니다. 이는 기독교를 비롯한 다른 종교의 기본 계율을 봐도 알 수 있다. 임마누엘 칸트의 정언명령(보편적 법칙에 타당한 원리에 의해서만 행동하라)이나 '타인이 내게 하는 혐오스러운 행동을 나 또한 다른 사람에게 하지 마라'는 어록과 같은 맥락에서 나온 것이다. 마누엘라의 삶 또한 이런 원칙에 적용된다. 그녀는 아무도 상처주지 않으면서 두 남자 모두와 함께하기를 원하고 있기 때문이다. 우리 행동의 기본에는 세상에 대한 책임이 녹아 있다. 다시 말해 타인과 여러 생명들, 그리고 자연에 대한 책임 말이다.

오늘날 환경과 조화를 이루며 살아가는 것은 우리에게 가장 중요하면서도 어려운 과제이기도 하다. 앞으로의 세대를 위해 함부로 자연을 훼손하지 않고도 생존할 수 있어야 한다. 하지만 인간이 제한된 자원을 어떻게 다루고 있는지를 지켜보노라면 한 가지 분명한 사실을 알게 된다. 현대 문명의 가장 커다란 어리석음은 오랜 세월 동안 지켜온 것들이 얼마나 중요한지, 또 그것을 지키는 것이 얼마나 중요한지를 망각한 데서 비롯됐다는 사실 말이다. 원시 부족은 자연을 함부로 다루면 안 된다는 진리를 잘 알고 있었다. 하지만 현대의 인간은 진보의 소용돌이에 휩싸여 스스로 전지전능하며 자연적 한계를 벗어날 수 있다고 믿는 듯하다. 이 세계는 합리성을 바탕으로 이루어졌다는 강한 믿음이 미래에 대한 맹신을 부른다. 탄소의 배출량을 제한하는 기후협약은 실패를 거듭하고 있는데 이는 우리 모두 후손을 위한 삶의 조건이 위험에 처하는 것을 막아야겠다는 본능적인 감각을 잃어버렸기 때문이다.

E-피라미드의 바탕에는 또한 경제적 이해 부분도 포함되어 있다. 결정 피라미드에 왜 경제가 포함되는지 의아하게 생각하는 독자도 많을 것이다. 하지만 우리는 돈을 중시하는 사회에 살고 있으며, 이런 외부 요인과 동떨어진 삶을 살 수 없다. 모든 것이 평등하게 조성된 토마스 무어나 플라톤의 유토피아와는 달리 현실 세계에서는 개인의 경제 상황이 결정에 커다란 영향을 미친다. 물론 결혼 프로포즈를 하면서 세금 감면을 염두에 둔다거나 불행한 결혼생활을 경제적 문제 때문에 참고 견디고 있다는 것을 인정할 사람이 얼마나 되겠는가? 비록 우리가 인정하지 않더라도 경제 문제는 결정 과정에 끊임없이 영향을 미치고 있다. 마누엘라가 걱정하는 부분 중 하나는 새로운 남자가 예전 남자처럼 자신의 일을 적극 지원하지 않을지도 모른다는 것이었다. 심리 치료가 끝난 시점에 마누엘라는 자신이 누구를 진정으로 사랑하는지 감정적 결정을 내리기에 앞서 자신의 재정적 이해관계를 고려해보아야 한다는 사실을 깨달았다. 사회에서도 경제적 이해관계는 중요한 결정을 내리는 배경이 된다. 즉 개인과 국가의 이해 사이에서 균형을 찾아내는 것이 중요하다.

새롭게 삶을 조각하기

이와 같이 우리는 네 단계로 나뉜 10개 요소에 의해 결정이 이루어 진다는 것을 확인했다. 결정을 내리기 힘든 상황이라면 E-피라미 드의 개별 요소들을 하나씩 점검해볼 필요가 있다. 나는 어떤 도덕 적 원칙을 위반하고 싶은가? 내가 책임을 느끼는 상대는 누구인 가? 내 경제사정이 결정에 미치는 영향은 어느 정도인가? 내 사고 와 행동은 자연스러운가? 나는 효율적으로 문제를 해결하고 있는 가, 아니면 문제 해결을 위해 온 에너지를 쏟고 있는가? 그런 다음 개인적·사회적 목표로 눈을 돌려보아야 한다. 개인적 문제가 사회 적 관계와 창의성에 영향을 미치고 있는가? 그리고 가장 중요한 질 문은 내 삶에서 정말로 원하는 것은 무엇인가이다.

우리의 주인공 마누엘라도 치료 시간에 이런 요소를 하나씩 짚어 나갔고, 마침내 자신의 문제가 '자연스러운 과정'이라는 단계(3단 계)에 있다는 것을 발견할 수 있었다. 즉 그녀는 매일 매일의 일상 과 돈벌이, 집안일에 버거움을 느끼며 몹시 지쳐 있었던 것이다. 이 는 진정한 결론도 없이 결정 내리기 과정에서 지나치게 많은 에너 지와 시간을 낭비한 결과였다. 이 때문에 직업상 성공을 통해 재정 위기를 타개하는 데 꼭 필요한 그녀의 창의적 능력이 손상을 입었 다고 볼 수 있다. 문제의 해결점을 찾고 조화롭고 제대로 된 관계를 갖고야 말겠다는 그녀이 전략적 목표(제1단계)를 이루기 위해서도 창의성은 꼭 필요한 요소였다.

우리는 결정을 내리지 못하는 것이 어떤 어리석음을 가져오는지 를 재차 확인했다. 결정을 못함으로써 병이 생기고 불만이 늘어나며 자신이 원하는 삶을 꾸려가는 데 방해가 된다. 하지만 이러한 어리석음은 이 책에서 우리가 묘사한 여러 가지 문제들과는 달리 해결이 그다지 어렵지 않다. 어쩌면 그저 시간이 필요한 문제일 수도 있으므로 좀 더 시간을 투자하면 해결될 수 있다. 그렇다고 불분명하게 수동적으로 '운명이' 우리를 찾아와서 결정할 때까지 그저 무턱대고 기다리라는 말은 아니다. 결정 장애를 적극적으로 제거함으로써 피라미드에서 실종된 돌을 찾아 삶에서 유용하게 사용할 수 있어야 한다.

"결국 내 삶에서 영웅이 될지 아니면 누군가가 그 자리를 차지할지는 이 페이지들이 증명할 것이다." 찰스 디킨스Charles Dickens의 소설 속 주인공 데이비드 카퍼필드는 말한다. 다시 말해 자기 삶에서 영웅이 되는 것, 주도적으로 삶을 이끌어가며 충분한 숙고의 시간을 거쳐 행동에 옮기는 것이다. 이로써 우리는 온전히 살아갈 수 있으며 잘못된 결정을 내린다 하더라도 그 결과를 받아들일 수 있다. 어떤 경우에는 전혀 결정을 하지 않는 것보다 무엇인가를 결정하는 것이 더 낫기 때문이다.

독일에는 이미 많은 전문가가 있다.

TV 토크쇼를 몇 번 보기만 해도 알 수 있다.

등장하는 모든 사람들이 최고의 전문가임을 자부한다.

만약 일이 잘못되기라도 하면 그들은 어떻게 하는가?

어떤 사람은 교묘하게 책임을 회피하려 하고

또 어떤 사람은 진작 문제를 파악해야 했었다며 남을 비난한다.

그렇다면 최고 전문가들이 맡은 중요한 프로젝트임에도

실패를 거듭하는 이유가 무엇일까?

이것이 전문가 현상에서 볼 수 있는 가장 당혹스러운 부분이다.

세부 지식에 능통한 사람은 종종

전체적인 큰 그림을 보지 못할 때가 많다.

그 결과는 모든 사람에게 큰 재앙이 되고 만다.

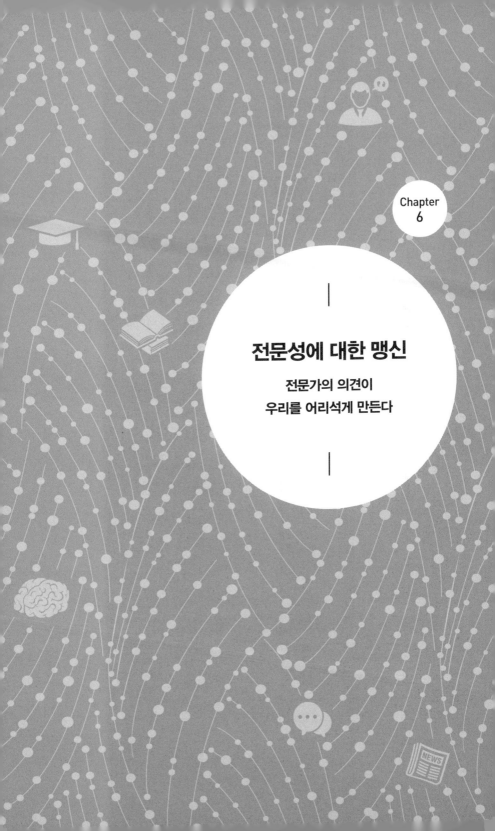

Chapter
6

전문성에 대한 맹신

전문가의 의견이
우리를 어리석게 만든다

철도 교통

악연의
운명적
귀결

끊임없이 공사가 진행 중인 독일 철도 이야기부터 시작해보자. 독일 철도 시스템에 대해서 분노하지 않는 사람이 없다. 지연 사고와 차체의 결함, 에어컨의 고장 등 문제가 끊이지 않기 때문이다. 실제로 독일의 기차를 타고 자주 여행하는 사람이라면 아무 문제없이 목적지에 도착한 경우가 드물 것이다. 화장실이 고장 났거나 에어컨이 작동하지 않거나 식당차에 식수가 없거나 아예 기차 운행이 취소되거나 하는 문제가 빈발한다. 화장실이 쓸 만하고 차내 온도가 적당하며 식당 안의 식수에 문제가 없고 음식이 충분하더라도 기차가 운행시간보다 훨씬 늦게 올 수도 있다. 어떤 경우에는 출발 시간이 코앞인데 기차가 다른 플랫폼에서 출발한다고, 객차 번호가 바뀌었다고 통보받기도 한다. 그때까지 조용히 기다리던 승객들이 정신없이 계단을 달려 올라가 바뀐 플랫폼을 찾느라 허둥대는 모습을 쉽게 목격할 수 있다. 1번 객차가 도착할 자리에 서 있던 사람이 맨 끝으로 가야 하고 늦게 도착한 사람은 수많은 승객 틈을 비집고 자기 자리를 찾아가야 한다.

교토에서 도쿄까지 10분 간격으로 고속전철 신칸센을 운행하는 일본에서는 그러한 문제가 전혀 없다. 그냥 좌석을 예매해둔 객차가 서는 플랫폼에 가만히 서서 차례를 기다리면 된다. 자동제어시스템에 맞춰 기차는 정확히 제시간에 도착한다. 만약 1미터라도 제자리에서 벗어난 곳에 정차하면 그 다음날 신문에 보도될 정도다.

완벽한 시스템과 훈련된 인력과 컴퓨터화된 시간표를 갖추고 있는 독일 철도에서 어떻게 이런 실수가 발생할 수 있을까? 질문에 대한 답은 단 하나다. 즉 승객의 책임인 것이다! 이따금 기차에 아무도 타지 않기를 간절히 바라는 듯한 태도를 보이는 철도 노동자들을 보면 이러한 생각은 더욱 굳어진다.

에른스트 푀펠은 자신이 기차와 악연을 가진 것이 아닐까 생각한다. "기차를 탈 때마다 꼭 무슨 일이 생겨요. 지난번에는 객차 절반이 사용할 수 없는 상태였는데 거기에 대해 아무도 설명해주지 않더군요. 그래서 기차 안의 모든 승객이 나머지 객차에 모여서 타고 가야 했어요." 아니면 철로가 고장 나서 교통 정체에 시달리거나 철로를 이탈하는 바람에 기차 시간이 지연되기도 했다. 푀펠은 기차가 목적지를 그냥 지나가버리는 것까지 직접 경험했다. 어떤 때는 브레이크가 고장 나는 바람에 중간에 다른 기차로 옮겨 타기까지 했다. 푀펠 교수는 다음과 같은 말로 이야기를 마쳤다. "나와는 같은 기차에 타지 말 것을 분명히 경고합니다." 물론 아예 승객이 없는 기차라면 지독하게 운 나쁜 승객 또한 있을 리 없을 것이다.

두뇌 탐험

쉽게 미신에 빠지는 우리

이제 농담은 접어두자. 우리 두뇌는 끊임없이 원인과 연결점을 찾는다. 어떤 사람이 기차를 타려 할 때마다 지연이 된다면 사람들은 우연히 벌어진 두 사건을 연결시켜서 뭔가를 만들어낸다. 두뇌는 서로 다른 현상과 사건을 연결시키는 능력이 있는데, 이는 매우 유용한 기능으로 우리가 세상에서 길을 찾는 데 도움이 된다. 하지만 이것은 때로 잘못된 연관성을 만들어낸다거나 미신으로 이어지기도 한다. 자기만족 성향이 강한 예언은 또한 유효한 증거들을 제공함으로써 미신을 강화시키는 데 일조한다.

13일의 금요일에는 제대로 되는 일이 없거나 뭔가 안 좋은 일이 생길 것이라고 생각한다면 행동이 부자연스러워진다. 일상적인 행동도 자연스럽게 할 수 없고 불행을 피하느라 하는 일마다 엄청난 주의를 기울이는 것이다. 그러다 보면 실제로 불행한 일이 생기기도 한다. 하늘에서 꽃병이 떨어지는지 살펴보려다가 개똥을 밟을 수도 있고 안전을 위해 집에서 지내려다가 담요에 둘둘 말려 침대에서 떨어질 수도 있다. 그럴 때 우리는 아무리 비논리적인 상황이라 하더라도 주저 없이 미신을 믿게 된다.

인위적인 통제가 부정적 영향을 미치는 이유는 그것이 우리 몸에 각인된 지식을 지워버리기 때문이다. 이는 우리 인간에게 존재하는 다른 형태의 지식이다. 스키를 타거나 혼잡한 도로 위를 운전하는 기술은 일단 습득이 되면 이후부터는 의식하지 않아도 자동적으로 가능한 것이다. 하지만 불행이 닥쳐온다고 생각하면 자기 통제 장치가 작동하게 된다. 그러면서 무의식적으로 해온 행동이 의식적인 반응에 의해 차단된다. 이로 인해 마치 초보자처럼 서툴어지는 것이다.

앞의 예에서 본 것처럼 비논리성도 미신의 한 형태다. 사람 사이의 문제나 사건이 나 때문에 일어난다는 생각을 기반으로 하고 있기 때문이다. 이야말로 순수한 자기중심주의이며, 세상이 자신을 중심으로 돌아가고 자신의 행동이 세상의 사건에 영향을 미친다는 믿음을 깔고 있다. 괴테는 메피스토펠레스(괴테의 작품 《파우스트》에 나오는 악마 — 옮긴이)가 마녀의 부엌에서 고양이들에게 마녀의 행방을 묻는 장면을 통해 자기중심주의를 꼬집는다.

메피스토펠레스: 그 여자는 여기 없는 것 같은데?

고양이: 잔칫집에 가려고 굴뚝을 타고 집을 나갔지요.

메피스토펠레스: 그럼 보통 얼마 동안 밖을 싸돌아다니다 오지?

고양이: 우리가 발을 덥히는 동안입죠.

마녀와 고양이의 발이 무슨 상관이 있다는 말인가! 어떤 사건의 원인이 나라는 생각은 자기중심적인 미신에 불과하지만 우리는 무의식중에 자주 그런 표현을 사용한다. "난 언제나 긴 줄에 서게 돼." 혹은 "내가 우산을 들고 나가는 날엔 꼭 해가 나온단 말이야." 혹은 "불행은 언제나 마법처럼 나를 따라다녀. 내게는 언제나 이런 일이 일어난다니까." 일시적으로 일어나는 일련의 사건들은 서로 필연적으로 연결된 것이 아니라 두뇌 속에서 인위적으로 연결된다. 두뇌 속의 이성적 능력을 잘 작동시켜보면, 서로 연관되어 보이는 것들이 실제로는 아무런 관련이 없을 수도 있음을 알아차리게 될 것이다.

한 걸음 더 깊이

《운 좋은 바보 Narren des Zufalls》
나짐 니콜라스 탈레브Nassim Nicholas Taleb, 빌레이 출판사, 2005.

인간은 사건이 발생하면 항상 그 이유를 찾으려 든다. 하지만 확실한 이유를 찾기 힘든 경우가 많아 인과관계를 충족시키기 위해 흔히 미신에 의존하게 된다. 삶을 돌아보면 어떤 일을 성공으로 이끈 우연한 계기가 분명히 있다. 하지만 대부분은 이러한 행운을 자신의 짠 전략의 결과로 착각한다. 탈레브는 '행운의 덫'에 걸렸다고 믿거나 성공사례를 들려주는 조언자의 말을 믿고 투자한 사람들이 큰 손실을 입은 예를 여러 차례 제시한다. 성공사례들은 조언자의 능력과 지성을 바탕으로 고객을 유인하려는 미끼로 던져진다. 하지만 주식시장에서는 비전문가들이 전문가들과 똑같이 성공하거나 오히려 더 뛰어난 분석능력을 보이는 경우도 많다. 다가오는 사건을 예상하기는 어렵지만 운명이 우연에 의존한다는 것을 인정할 수는 없으므로 우리는 그에 맞는 설명을 만들어내는 것이다.

대규모 프로젝트

전문가들의

엄청난

실패

일의 진행에 있어 중요하게 작용하는 것은 무엇일까. 일시적 연관성이 반드시 필연적인 인과관계로 연결되는 것은 아니다. 우연이 반드시 필연으로 귀결되는 것도 아니다. 대규모 프로젝트를 맡은 전문가들에게 이는 훨씬 더 어려운 문제다. 큰 프로젝트의 경우 대부분 작업 환경에 다양한 요인이 영향을 미치므로 한 개인의 마음에 다 담아내기에는 역부족일 때가 많다. 그러다 보니 원인과 결과를 쉽게 구분하지 못하고 잘못된 결정을 내리는 실수를 할 수 있다. 베를린-브란덴부르크의 수도 공항 건설 사례를 보면 알 수 있다. 쉬네펠트Schönefeld 남쪽에 공항을 건설하려는 계획은 1996년에 만들어졌다. 2011년 11월 준공을 목표로 첫 번째 기공식이 2006년에 열렸다. 하지만 재정적 어려움과 시민들의 항의, 계획 차질로 인해 준공식은 2012년 6월로 미루어졌다. 준공식이 열리기 한 달 전, 귀빈을 위해 접대 음식까지 예약한 상태에서 모든 것이 취소되었다. 준공식은 2013년 3월로 연기되었다가 다시 그해 10월로 연기되었으며 그 또한 여의치 않자 무기한 연기되었다. 그동안 예산은 처음의 17억 유로(2004년)에서 50억 유로 이상으로(새로운 프로젝트의 책임자 하르트무트 메흐도른이 예측한 액수다) 불어났다. 베를린-브란덴부르크 공항(BER 공항)을 반쯤 짓다 말 것이라고 생각했던 빌리 브란트 Willy Brandt(1961년부터 1988년까지 독일 사회민주당을 이끈 정치인 — 옮긴이)의 생각은 틀렸다. 공항은 이미 완공된 것처럼 보였다. 밤낮으로 환하게 불이 켜 있고 공항 전광판에서는 쉴 새 없이 이착륙하는 항공편에 대한 정보가 흘러나오고 있었다. 하지만 아직 실제 운항하는 항공기는 없으니 비행 시뮬레이션으로 봐야 했다. 그러다 2013년 5월, 드디어 운행 시뮬레이션 프로그램도 중단되었다. 그렇다면 도대체 누가 이 문제를 책임질 것인가? 운행 시뮬레이션에 들어간 예산은 어느 정도인가? 전광판을 작동시키는 데 소요되는 에너지의 양은 얼마인가? BER 공항을 작동시키는 데는 베를린-테겔 공항보다 더 많은 비용이 들어간다. 공항 운행 시뮬레이션에 드는 비용이 실제 운행비용보다 더 높은 것이다. 마치 현실에서 거짓말을 유지하기 위해서는 진실을 말하는 것보다 에너지가 많이 필요한 것과 같다.

실제로 BER 공항과 같은 재앙은 어떻게 일어날 수 있었을까? 독일이 특히 그 같은 문제에 취약한 것일까? 예를 들어 함부르크의 엘브필하모니 하우스, 슈투트가르트 21(독일의 공적 사업 — 옮긴이), 혹은 독일 고속도로의 트럭 전용 톨게이트 설치 등 여러 대형 프로젝트에 관련된 사례들을 보면 이 같은 의심을 지울 수가 없다.

좀 더 쉽게 갈 수 없을까?

그렇다면 어째서 대규모 프로젝트는 이토록 실패하기 쉬운 것일까? 전문가들의 능력 문제인가, 아니면 이들마저도 불가항력인가? 많은 전문가들이 자기 의견을 지나치게 중요시하고 자신만 옳다고 여기는 경향에 대해서는 전에도 이야기했다. 진정한 문제는 거기에 있다. 하지만 이들을 비난할 수만도 없다. 전문가들 역시 인간의 마음이라는 잘못된 하드웨어의 희생양이기 때문이다.

하지만 우리 두뇌는 대규모 프로젝트라는 복잡한 상황을 제대로 파악하지 못하고 좀 더 쉽게 이해하기 위해 어떻게든 속임수를 쓰려 든다. 즉 복잡한 상황을 단순화시키려는 시도가 시작되는 것이다. 그것이 수도권 공항 신설이건 주식시장 거래건 아니면 환경에 대처하는 방식이건, 일반적으로 전문가들은 다음과 같은 자세를 취한다. 일단 자기 분야의 상황을 평가한 후 한 부분을 빼내어 다른 요소들과 분리한다. 인간의 마음은 복잡한 상황은 감당하기 어려우므로 문제를 하나씩 분리해 따로 이해하려고 하는 것이다. 또한 전문가들은 자신의 영역 외의 부수적 영역에 대해서는 쉽게 이론을 만들어 적용시키려 한다. 그런 다음 문제 해결책을 제시하고 시뮬레이션을 실시하고 연구를 통해 나온 결과를 받아들인다. 하지만 문제는 다른 분야의 전문가들은 그와는 다른 부분을 주목하고 또 다른 결론을 내린다는 점이다. 양쪽 다 옳을 수도 있지만 이들은 전체 프로젝트의 한 분야만을 맡고 있을 따름이다. 그러므로 BER 공항의 총책임자는 다음의 문제들을 고려해 전문가들을 배치해야 한다. 이를테면 출발과 도착 장소, 승객과 주차장 같은 요소들, 택시

정류장과 대중교통, 쇼핑센터 등이다. 아마 이러한 부수적 문제를 맡은 전문가들은 자기 방식대로 최선을 다했다고 할 수 있을 것이다. 하지만 불행히도 항공교통과 승강장, 대중교통과 쇼핑 영역 사이에 원활한 조정이 이루어지지 않으면 아무런 소용이 없다. 즉 각각의 개별 영역에 대한 논의와 배치가 함께 이루어지고 계획안에 다른 영역을 포함시켜야만 대규모 프로젝트가 실현 가능한 것이다.

BER 공항의 문제는 바로 거기에 있는 것으로 보인다. 쇼핑센터를 맡은 전문가의 의견이 항공교통 전문가의 의견보다 큰 영향력을 가진 것이다. 이해가 안 되는 것은 아니다. 공항 내의 쇼핑센터는 수입원의 대부분을 차지하며 항공기로부터 오는 수입은 미미하기 때문에 쇼핑센터가 중심이 되는 것은 어찌 보면 당연하다. 그렇다고 해도 지극히 편협한 관점이다. 사실 항공기가 없다면 사람들이 공항으로 몰려와 물건들을 살 이유도 없지 않은가. 복잡한 프로젝트의 경우, 사공이 너무 많아 배가 산으로 가는 경우가 다반사다.

다른 한편으로 보자면 한 사람이 전 영역을 관장하기란 불가능하므로 많은 전문가들이 개입할 수밖에 없다. 한나 아렌트Hannah Arendt가 말한 대로 "사실 소수에 의해 결정되는 부분이 많지만 그 소수가 너무 적어도 문제다."(한나 아렌트와 카를 야스퍼스Karl Jaspers 간에 오갔던 1926~1969년의 서신 중에서) 즉 이상적인 전문가의 숫자가 큰 역할을 하는 것이다.

또한 전문가들 사이의 팀워크도 무시할 수 없다. 대부분의 경우 팀워크는 저절로 되는 것이 아니며 일의 전반을 파악하여 보편적인 이해관계를 조율할 수 있는 뛰어난 역량의 지도자가 필요하다. 도시 공항 계획과 건설을 위해 여러 전문가들이 모였어도, 자기 영역이외의 부분은 모른다거나 부서간 협력 방안과 임무 배치의 분명한 기준이 없으면 제대로 된 기능을 발휘하기 어렵다. 팀워크는 저절로 이루어지는 것이 아니라 위에서 아래까지 포괄하는 시스템이 있어야 가능하다.

따라서 대규모 프로젝트는 각 분야별 전문가의 수적 부족이나 결함이 문제가 아니라 지도력을 발휘할 프로젝트 책임자의 자질이 문제가 될 수 있다. 책임자는 한 분야의 뛰어난 전문가라기보다는 개별 사안의 이해관계를 조정하고 서로 통합하며 연결시키는 데 탁월한 역량을 지녀야 한다. 즉 전체 프로젝트에서 개별 영역이 서로 나란히 원활하게 제 기능을 다하도록 이끄는 능력이 필요한 것이다. 정치인들은 일이 순조롭게 진행되는 동안은 이러한 책임을 기꺼이 받아들인다. 하지만 대부분의 정치인들은 프로젝트를 가동시키는 데 필요한 전문적 지식이 거의 없다. 가령 병원에서는 복잡한 수술이 이루어질 경우 책임 의사부터 보조 간호사에 이르기까지 무슨 일을 해야 할지 잘 안다. 하지만 대규모 프로젝트 계획에 관해서는 임명된 책임자가 프로젝트의 실체에 어둡거나 자세한 내용을 이해하지 못하는 경우가 많다.

이에 대해 '법관은 사소한 사건은 다루지 않는다(Minima non curat praetor)'라는 고대 로마법에 관한 격언을 인용하며 반박하는 목소리도 있다. 하지만 '악마는 세부적인 것에 집착한다'라는 다른 격언도 있다. 현실에는 이 말이 더 살 어울리는 것 같다. 거대 공항 건설을 지휘하는 사람이라면, 스스로 상황을 판단할 수 없을 때는 어떤 정보를 믿고 의지해야 할지에 대한 최소한의 지식을 갖추고 있어야 한다. 의학이나 의사라는 직업적 특징을 전혀 이해하지 못하는 사람은 어떤 방법과 절차가 진정한 혁신인지 판단하기 어렵다. 그런 사람은 보건복지부 장관이 되지 않는 것이 좋다. 또 재생 에너지를 전혀 모르는 변호사 출신의 환경부 장관이라면 특정한 로비 그룹에 의해 왜곡된 정보를 기준으로 정치적 판단을 내릴 수도 있다.

 조 언 !
좋은 지도자가 되기 위한 조건

그렇다면 좋은 지도자가 되기 위해 특히 필요한 것은 무엇인가? 무엇보다도 프로젝트에 참여하는 모든 이들의 관점을 수렴할 수 있는 것이 중요하다. 다시 말해 책임 문제에 관한 것이건 계획 일정이건, 정치적 결정 혹은 전체 프로젝트에 관한 것이건, 수평적·수직적 관점을 모두 고려해야 하는 것이다. 계층이 다른 여러 사람들의 동등한 권리라는 문제에는 또 다른 심리적 접근이 필요하다. 이때 세부 지식을 갖춘 엔지니어나 기술자들은 문제를 직시하고 상관에게 직언하는 것을 두려워하지 말아야 한다. 교수에 대한 학생의 태도나 경험 많은 비행조종사에 대한 젊은 부조종사의 태도도 마찬가지다.

훌륭한 지도자는 한편으로는 세부적인 전문지식을 갖추어야 하지만 다른 한편으로는 전체를 조망할 수 있는 포괄적인 지식 또한 갖춰야 한다. 또한 자기 밑에서 일하는 사람들이 특별한 분야에서 전문성을 갖춘 사람들이며 자신보다 더 나을 수 있다는 점을 잊지 말아야 한다. 훌륭한 지도자는 그런 면에서 그들이 가진 세부 지식과 능력을 존중할 줄 알아야 한다. 이로써 문제를 더 빨리 파악하고 다른 사람의 의견을 수렴하여 신속하게 반응할 수 있는 것이다.

초고속 전철의 위험

일단 기차를 간단히 살펴보자. 어떤 분야의 전문가를 자처하고 잘 꾸려진 팀에서 일하는 사람조차 간혹 이상한 결론을 내리기도 한다. 따라서 기본적으로 모든 견해를 비판적으로 받아들일 필요가 있다. 19세기 뮌헨 의과대학 교수의 일화를 통해 이 같은 사실을 잘 알 수 있다. 당시 영국에는 시속 평균 32~49킬로미터로 운행하는 기차가 처음으로 선보였다. 마차보다 세 배나 빠른 속도였다. 따라서 이 '현기증 나는 속도'가 건강에 위험하지 않다는 의사의 증명서가 필요해졌다. 뮌헨 대학의 의사 연합회는 이에 대해 다음과 같은 결론을 내렸다. '매우 빠른 기차의 속도는 승객에게 어지럼증과 신경쇠약증을 일으킬 위험이 있으므로 철로 주위를 나무 벽으로 쌓아서 승객이 밖을 볼 수 없도록 해야 한다.' (《어리석음에 대해 - 인간의 부족함에 대한 성찰》, 레오폴드 로웬펠트, 1909) 이제는 세상이 바뀌었다. 기차는 예전의 시속 평균 32~49킬로미터에서 200~300킬로미터의 속도로 달리면서 인간의 신경불안증을 가뿐히 뛰어넘었다.

소위 철도 교통 전문가들의 다른 평가도 스스로 철회되어야 한다. 이들은 짧은 시간에 거리를 단축시키는 것에 대해 '공간과 거리에 대한 난계적이며 전면적인 파괴'라고 정의하고 이것이 인간에게 불이익을 가져다준다고 평가했다. 이 견해는 1839년도의 영국 잡지 《쿼털리 리뷰Quarterly Review》에 실린 것이다. 163년 후에 바이에른 지역의 다른 전문가는 이제 시속 400킬로미터에 달하는 고속 전철의 속도가 이익을 가져다준다고 주장한다. "이것은 물론 중앙 역이 바이에른 지역과 가까워지는 것을 의미합니다. 바이에른 지역의 여러 도시들이 이제 중앙역과 연결될 테니까요." 무슨 말을 더 하겠는가? 어쩌면 역설적으로 이렇게 말할 수도 있을 것이다. 전문가를 절대 믿지 말라고.

시간 요인

계획을 세울 때의 관점은
결과에 어떤 영향을
미치는가

대규모 프로젝트를 계획할 때 간과해선 안 될 요인은 시간이다. 여러 분야의 전문가들은 각기 다른 시간 개념으로 자신의 능력을 증명한다. 기자라면 매일 매일의 흐름이 매우 중요하다. 자기가 취재해서 실으려던 내용이 하루 전에 다른 기자에 의해 보도되는 것만큼 분통 터지는 일도 없을 것이다. 특종의 압박에 매일 시달린다는 것은 그만큼 제대로 된 취재를 하기 어렵다는 뜻도 된다. 투자가들의 시간 개념은 그와는 좀 다르다. 이들은 대부분 12개월에서 18개월이 지난 후에야 성공여부를 확인하고 투자비를 회수하려 한다. 투자자들은 1년 단위로 사고하고 판단하는 것이다. 그런가 하면 기업 입장에서는 장기적 성과를 꾀하기 위해 단기적 성공은 그다지 중요하지 않다.

정치인들이라면 매년 4~5년마다 돌아오는 선거에 맞춰 사고하고 계획을 세운다. 이는 여러 기업 책임자들도 마찬가지다. 같은 기간 안에 자신의 능력을 증명해야 하므로 임기가 끝난 후에도 영향을 미칠 장기적 변화를 도모하는 것은 이들에게 큰 의미가 없다. 환경 문제나 에너지 문제, 사회 안정망 구축과 같은 부분은 오늘의 결정이 다음 세대까지 영향을 미치는 사안이다. 하지만 그 영향이 현실화될 때쯤이면 책임자들은 대부분 이미 오래전에 그 자리를 벗어나버렸고, 정작 그 대가를 치르는 것은 다른 사람들이다. 잘못된 결정을 내리더라도 재직하는 동안에만 책임을 지는 것이 대부분이기 때문이다.

이것을 우리는 시스템에서 기인하는 어리석음이라고 부르는데, 다행히 모든 직업 분야에 해당되지는 않는다. 농부나 숲의 주인들은 훨씬 장기적으로 한 세대를 미리 내다보고 사고한다. "오늘 우리가 숲을 잘 가꾸어놓으면 그 이익은 다음 세대가 누리게 될 것입니다. 또 우리가 지금 누리는 것은 우리의 부모 세대가 투자하고 조성한 숲에서 나오는 것이죠." 한 산림 소유자가 들려준 말이다. 조림사업을 추진할 때에는 어떤 나무를 베어낼 것인가는 물론 미래의 환경을 고려해서 어떤 나무를 심을 것인가를 고려하는 것도 중요하다. 오늘날 산림 소유자들은 다가오는 지구온난화를 대비해 다음 세대까지 잘 자랄 수 있는 나무를 심어야 하는 것이다. 현재 독일에서 가장 중요한 수종 중 하나인 전나무는 높은 기온과 건조한 기후를 견디지 못하므로 앞으로는 점점 사라질 전망이다. "그래서 올해는 지구온난화와 건조한 여름에 대비해서 단풍나무와 느릅나무를 많이 심었다"라는 게 앞서 말한 산림 소유자의 말이다.

기업을 경영하는 사람들도 독재자나 왕정체제의 지도자와 마찬가지로 10년 이상을 내다보고 사고한다. 장기 계획은 대부분 그만큼 보상을 받지만 단기 계획은 그렇지 않다. 하지만 현대에서 대부분의 영역을 지배하는 것은 단기적인 사고와 계획이다. 교육제도조차도 장기적이고 지속적인 영향을 전혀 고려하지 않고 실행되고 있는 것이 현실이다.

전략적·전술적·외과적·신경적 단계

전문가들이 주어진 시간 안에 자신을 증명해야 하는 방식은 계획을 왜곡시키는 결과를 낳는다. 게다가 전문가들은 종종 전략 단계와 전술 단계를 혼동하기도 한다. 저자와 완전히 상반된 견해를 피력했던 한 금융 전문가는 이렇게 말한 적이 있다. "작은 단계에서 실수하지 않는 사람은 큰 단계에서도 완전히 잘못될 수 없다." 하지만 바로 그것이 잘못된 생각이다. 전략 단계가 전술 단계와 충돌하는 경우가 종종 있기 때문이다. 남쪽으로 여행하려면(전략적 목표) 가까운 기차역이 있는 북쪽(전술적 목표)으로 가는 게 나을 수 있다. 마찬가지로 30년 후에도 푸르른 산을 원한다면 전나무보다는 천천히 자라지만 변화되는 기후에 더 잘 적응할 수 있는 나무를 심는 것이 좋다.

또한 대규모 프로젝트의 경우 항상 전략적 목표에 직접 도달할 수 있는 것도 아니다. 전술 단계 다음에는 실천 단계가 온다. 이것은 구체적인 능력과 깊은 관련이 있는 단계다. 거대한 공항을 건설하고자 한다면 용접이나 시멘트 공사 등의 분야에서 책임을 다할 수 있는 노동자들을 고용해야 한다. 요약하자면 필요한 일이 현실적으로 잘 수행될 때 비로소 전술적인 목표에 도달할 수 있다는 얘기다.

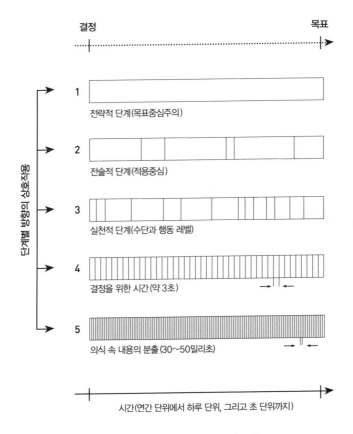

| 결정 내리기의 5단계 모델 |

 두뇌 탐험

**현재라는 창문과
동시성의 지평**

전략적 · 전술적 · 실천적 단계 아래에는 우리 두뇌의 신경 구조와 관련된 또 하나의 단계가 있다. 이는 아주 당연하게 여겨지는 단계이기도 하다. 한 분야의 전문가가 되기 위해서는 그 사람의 두뇌가 아무 이상 없이 작동되고 있어야 한다. 그렇지 않으면 지식을 모으거나 적용시키거나 다른 사람과 소통하는 것이 불가능하기 때문이다.

전문가로서 행동하고 사고하려면 두뇌는 무엇을 해야 할까? 우선 지금 있는 그대로를 느낄 수 있는 두뇌 능력이 필요하다. 두뇌 연구에 의하면 현재를 자각하는 데는 3초가 필요하다. 에른스트 푀펠 교수는 우리의 두뇌가 새로운 것을 인지하고 받아들이는 데는 3초가 필요하다는 것을 발견했다. 서로 이야기하거나 무엇인가를 같이하는 두 사람은 이 3초의 시작과 끝을 동시에 경험하며 그렇게 함으로써 소통이 이루어진다.

한 단계 더 깊이 들어가보자. 시간에 대한 또 다른 두뇌의 영역에서는 30~40밀리초 만에 무엇인가가 이루어진다. 이것은 두뇌가 무엇인가를 자연스럽게 감지하는 시간이다. 눈과 귀에서 들어오는 정보가 두뇌에 전달되는 시간은 각각 다르다. 가령 청각 정보는 시각 정보에 비해 대뇌 피질에 빠르게 전달된다. 이에 대해 에른스트 푀펠 교수는 다음과 같은 실험을 했다. 그는 뮌헨 대학교 의학심리학연구소의 복도에서 반응 시간을 측정해보기로 했다. 복도의 길이는 56미터였다. 그는 복도의 한쪽 끝에 소리가 나는 기계와 빛이 나오는 기계를 설치했다. 그리고 각각 다른 거리에 피실험자를 배치했다. 피실험자들은 청각 혹은 시각적 신호를 받으면 버튼을 눌러야 했다. 이 실험을 통해 그는 다음과 같은 사실을 발견했다. 이처럼 짧은 거리에서 빛의 속노는 동일하게 적용되기 때문에 시각의 반응 시간은 항상 같다. 반면 청각 반응은 거리에 따라 서로 달랐다. 에른스트 푀펠은 새로운 사실을 발견했다. 10미터마다 청각 반응과 시각 반응 시간이 일치하며 여기서 동시성의 지평이 열리는 것이다. 거리가 짧으면 청각에 반응하는 시간이 짧아진다. 하지만 10미터 이상의 거리에서는 청각 반응의 시간도 길어진다.

이러한 차이에도 불구하고 누군가와 이야기할 때 그 사람을 바라보면 입 모양과 목소리가 일치하는 것을 볼 수 있다. 이것은 우리의 두뇌가 같은 시간대에 도달하는 정보를 동시에 처리하는 단기적 창구를 제공하기 때문이다. 정보는 시간의 연속성에 의해 함께 뭉쳐진다. 이를 통해 우리의 두뇌는 한꺼번에 많은 일을 할 수 있다. 만약 이러한 기능이 제대로 작동하지 않는다면 우리는 세부 정보들 사이에서 길을 잃고 연결점을 찾을 수 없을 것이다. 세부 정보로부터 의미 있는 연결성을 찾아내는 신경논리의 기반이 없기 때문이다. 3초 창구나 단기간의 창구가 제대로 기능하지 못하면 사람들은 소통하거나 결정하는 데 장애를 겪게 된다.

특히 이러한 소통 능력과 결정 능력이야말로 지도자 위치에 있는 전문가에게는 필수적인 요구사항이다. 한편으로는 세부적인 부분을 잘 알고 있어야 하지만 다른 한편으로는 자잘한 부분에 빠져서 길을 잃지 않고 전체적인 통찰력을 갖는 것이 필요하다. 또한 가장 영리한 전술을 선택하고, 실천 영역에서 이러한 계획을 실행에 옮기는 사람들과 원활하게 소통해야 한다. 이렇게 우리에게는 자연스럽게만 느껴지는 두뇌 기능이 제대로 작동하지 않는다면 모든 것이 불가능할 것이다.

아무것도 해결되지 않을 때: 능력 있는 척하기

어쩌면 이 글을 읽는 동안 전문가에 대한 여러분의 시각도 얼마간 바뀌었을지 모르겠다. 경험을 더듬어보면 자기중심적이고 편협하며 근시안적인 전문가를 만났던 적이 분명 있었을 것이다. 어쩌면 자신을 전문가라고 소개하며 당신을 잘못된 길로 인도했던 사람의 꾐에 넘어간 경험도 있을지 모른다. 직접 경험했든, 아니면 언론 보도를 통해서든, 우리는 이러한 예들을 잘 알고 있다.

그렇다면 어째서 우리는 약속은 거창하지만 실천 능력은 미약하기 짝이 없는 무능력한 전문가들의 속임수에 번번이 속아 넘어가는 것일까? 우리는 무엇을 보고 그 사람을 전문가라고 판단할까? 거기에는 전문가임을 자처하는 사람의 특별한 화술과 설득력 혹은 외모가 작용할 수 있다. 우리는 모두 어느 정도의 편견을 갖고 있으며, 실제 능력과는 전혀 상관없는 인상에 좌우돼 인물을 평가한다. 옷차림이 번듯하기 때문에 금융 고문의 말을 신뢰한다. 입에서 나오는 전문용어 때문에 의사의 말을 신뢰한다. 또 자동차 영업소 직원의 매력에 넘어가서 시운전을 해보기도 한다. 로베르트 무질 Robert Musil은 소설 《특성 없는 남자 Der Mann ohne Eigenschaften》에서 사람에게는 겉으로 보이는 외모와는 정반대의 성격이 숨어 있을 수 있음을 지적한다. '우리는 때로 일반적인 경험을 통해 외모에 신경을 많이 쓰는 여성이 오히려 상대적으로 도덕적인 경우를 본다. 이처럼 외형이 진정한 모습을 가리는 경우가 많은데 가령 유명한 스포츠 스타가 오히려 연애에 서투르거나 전쟁광 장교가 알고 보면 전쟁터에서는 서투른 군인이고 특히 지적 능력이 넘치는 사람이 실

제로는 바보인 경우가 많다.'

전문가들이 높은 지위에 오르게 된 것은 그 분야의 대가이기 때문이기도 하지만 자신을 잘 포장한 덕분이기도 하다. 무엇인가를 성취하기 위해 자기 홍보를 잘하는 것도 하나의 게임이다. 어떤 경우에는 능력을 가장하는 속임수와 요란한 분위기를 빼면 남는 것이 아무것도 없을 때도 있다.

물론 그렇다고 해서 모든 전문가가 사기꾼이라는 얘기는 아니다. 하지만 오늘날 대부분의 주제는 아주 복잡해서 전문가들조차 자기 영역에 속하는 지식의 일부분밖에 모르는 경우가 태반이다. 그렇지 않다면야 어째서 의학 치료에 대한 의견이 그토록 다양할 수 있겠는가? 이러한 무지는 과학계에 만연한 현상으로 이제부터 그 실상을 밝혀볼까 한다.

과학

**더 이상
지혜의 피난처가
아니다**

이 세상에는 분야별로 워낙 정보가 방대해서 한 분야를 제대로 훑어보는 것조차 버거울 지경이다. 그러다 보니 지식의 한 분야에 정통할 뿐인데도 마치 그것이 전체인 양 뻐기는 전문가 집단도 등장했다.

이 책의 저자들을 능력 있는 전문가라고 생각했다면 여러분도 우리 고백에 충격을 받을지 모르겠다. 사실 우리 작가들도 마찬가지다. 우리가 모든 것을 아는 것은 아니며, 책에 등장하는 정보 중 많은 부분은 다른 곳에서 인용한 것이다. 우리가 참고한 여러 연구 주제나 탐구 활동을 보면 충분히 짐작이 갈 것이다. 또한 우리에게도 나름의 편협함과 정신적 한계가 있으며 종종 우를 범하거나 편견 속의 무지와 어리석음을 드러내기도 한다. 가장 높은 차원의 전문가들도 예외일 수는 없다. 어리석음은 인간의 본성이기 때문이다.

그렇다고 자신의 어리석음을 자랑스러워하는 사람은 거의 없으며 우리 역시 마찬가지다. 따라서 우리는 스스로의 편협함을 영리한 단어 속에 감추고 모든 것을 아는 듯한 분위기를 풍긴다. 어리석음을 숨기기 위해 유능한 척 꾸미는 수법만 한 것도 없다. 또 그런 수법에 유난히 능한 사람이 있다. 능력 있는 척 꾸미려면 얼마간의 '꾸밀 수 있는 능력'이 필요하기 때문이다.

한 걸음 더 깊이

《우리를 더 똑똑하게 만드는 것은 무엇일까? *Was macht uns schlauer?*》
존 브록만John Brockman 편집, 피셔 출판사, 2012.

최근 몇 년 사이, 인문과학과 자연과학이라는 두 학문적 풍토 외에도 일반적으로 쉽게 이해할 수 있는 방식으로 지식을 전달하려는 '세 번째의 학문 풍토'가 새롭게 자리를 잡았다. 존 브록만은 자신을 이 세 번째 학문의 주창자라고 주장한다. 2011년 존 브록만은 과학적 업적이 뛰어난 사람들을 대상으로 인간의 '사고 상자'를 확장시키기 위해 '과학은 모든 의문에 답할 수 있는가?'라는 질문에 대한 답변을 모았다. 하지만 그가 질의를 던진 '선도적' 과학자들은 거의 대부분 영미계에 속한 이들이었다. 아시아 쪽 과학자는 아무도 없었다. 다른 종교나 문화계의 과학자들이 같은 질문에 어떤 대답을 할지는 전혀 모르는 상태였다. 여기서 우리는 과학뿐만 아니라 경제나 정치 영역에서조차 특정 문화가 얼마나 지배적인 영향을 미치고 있는지를 볼 수 있다. 그럼에도 불구하고 이들은 전 세계의 지식을 대표한다고 주장한다. 이 책에서 에른스트 푀펠은 이 '사고 상자'의 내용을 조롱하고 그것을 정신적 쓰레기라고까지 부른다. 우리는 생각을 줄이고 약호화하기 위해 끊임없이 개념을 이용한다. 개념의 이러한 간소화는 '선함, 진실됨, 아름다움'과 같은 고전적인 개념을 보면 잘 알 수 있다. 과연 이 개념은 무엇을 의미하는 것일까? 학문의 영역에서 우리가 흔히 사용하는 진화나 유전자, 문화, 추상화 개념 등은 그 안에 깃든 사고의 다양한 층위를 고려하지 않고 간략하게 사용할 수 있도록 축약된 것들이다.

본질적으로 한계가 있는 우리의 정신은 소통을 단순화하기 위해 추상화라는 도구를 발명하고 여러 상황을 그 안에 '끼워 맞춘다.' 이는 복잡함의 간소화 표현 방식이며 우리 인간은 이렇게 단순한 방식을 선호하는 것이다.

그렇다면 이렇듯 복잡함의 단순화를 통해 우리는 자신과 세상을 제대로 볼 수 있을까, 아니면 이는 단지 인간의 편견과 제한된 이성적 능력의 표현에 지나지 않을까? 그렇다고 해도 우리 행동은 달라지지 않을 것이며 혼란에 빠졌을 때는 이런 단순화된 개념 없이는 문제를 해결할 수 없다. 이 또한 진화의 산물인 것이다.

과학 분야에서의 어리석음

학문의 영역에서 지식을 수집하고 재생산하는 것은 아주 중요하다. 기존 지식의 풍요로운 기반 위에서 비로소 새로운 지식이나 이론을 만들어낼 수 있기 때문이다. 기존의 지식은 우리 사고 속에 이미 각인되어 있기도 하고 창의적 사고에 대한 존중을 표하는 의미에서 우리가 의식적으로 인용하거나 사용하기도 한다.

그런데 정말 이것이 사실일까? 박사논문이나 서적, 혹은 과학논문 등에서 일반적으로 볼 수 있는 주석의 내용을, 근본적으로 창의적이고 통찰력을 지닌 것이라고 볼 수 있을까? 불행히도 대부분은 아니다. 물론 과학계는 누가 최초로 무엇인가를 '말했는지' 확인하려면 이러한 참고자료가 필수적이라고 주장하고 이를 통해 공개적으로 학문의 도덕적 우월성을 확보하고자 한다. 하지만 좀 더 자세히 들여다보면 의문이 생긴다.

우선 한 저자가 인용한 주석의 저자가 그 사고의 주창자인지 아니면 다른 사람이 그 이전에 주장한 내용을 옮긴 것인지 어떻게 알 수 있는가? 또 한 저자가 인용한 내용이 그 분야 최고의 지식을 갖춘 것인지 어떻게 증명할 수 있는가? 이 세상에는 너무나 방대한 내용의 지식이 존재하므로 대중은 혼란스럽다. 수백만 건의 출판물과 책이 지식의 시장에 범람한다. 그렇지만 아무리 뛰어난 두뇌라 할지라도 그 모든 것을 받아들이는 데는 한계가 있으며 인간의 삶은 그 모든 것을 읽어낼 수 있을 만큼 길지도 않다. 종종 우리는 누가 최초로 그 사상을 입 밖에 내었는지 확신할 수 없다. 우리는 지나친 지식의 양에 짓눌려 있으며, 이러한 강제적 지식 과잉 상태를 인식하지 못할 정도로 우리는 어리석다.

사실 '말했다'라는 것이 뜻하는 것은 무엇인가? 학문의 영역에서 '라고 말했다'라는 것은 일반 언어와는 다른 의미다. 즉 누가 맨 먼저 '저술했는가'라는 뜻이다. 사고는 학술 잡지나 책의 형태로 글로 옮겨 '출간'되어야만 비로소 학술적 의미를 지닌다. 그렇다면 누군가 사람들 앞에서 자신의 독창적인 생각을 공표했지만 그것이 출간되지 않았다고 해서 그것을 무시해도 좋은가? 또 커피를 마시는 모임에서 자기 생각을 공개적으로 발표한 것은 어떤가? 소셜 미디어를 통해 생각을 발표한 것은 출간으로 봐도 되지 않나? 사실 가능하다. 그 또한 공개적인 표현창구이기 때문이다. 물론 의도적인 표절은 나쁜 행동이다. 하지만 어떤 생각의 진정한 '주창자'를 찾는 것은 종종 그리 쉽지 않다.

게다가 우리는 잘 알려진 언어로 기술된 지식을 더 많이 주목하는 경향이 있다. 특히 두뇌연구나 다른 자연과학 분야의 연구 결과는 비영어권 언어로 기술되면 마치 뭔가 부적절한 것처럼 취급받기도 한다. 국제무대에서 영어 외의 다른 언어란 존재하지 않는 것처럼 말이다. 아무리 중요하고 자랑스러운 학문적 발견이라 할지라도 그것이 러시아어나 프랑스, 스페인어나 독일어 혹은 일본이나 중국어로 쓰였다면 (아랍어는 차치하고라도) 국제적 평가를 받기 힘들다. 여기서 우리는 인간의 한계를 본다. 인간이 중요한 지식에 접근할 수 없도록 막고 있는 비좁은 시간과 언어의 지평이라는 한계 말이다.

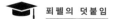

출판물의 범람이 얼마나 혼란을 야기할 수 있는지는 내 연구 경험을 통해서도 분명히 알 수 있었다. 두뇌 연구 분야의 경우 매년 10만 건 가량의 학술물이 출간된다. 이 분야의 연구자들이 모든 관련 자료를 읽어내고 다른 학자들의 학문적 성취를 인지한다는 것은 절대로 불가능하다. 아주 부지런하다면 한 해에 100여 편의 학술논문은 읽을 수 있을 것이고 1000여 건의 논문을 대략적으로 이해하는 것이 가능할 것이다. 최선의 노력을 다한다 해도 겨우 1퍼센트 정도밖에 읽을 수 없으며, 대부분은 그나마도 한참 미치지 못한다. 그렇다고 놓친 99퍼센트의 학술자료가 중요하지 않은 내용을 담고 있는 것은 아니다. 읽지 못하고 내팽개쳐 둔 논문 더미 속에 정말로 중요한 지식이 숨어 있을지 어떻게 알겠는가? 읽어야 할 것과 그렇지 않을 것을 구분하는 기준은 무엇일까?

여기서는 서로 영향을 주고받으며 중요한 연구 작업을 합의한 연구자들의 자체 네트워크가 큰 역할을 한다. 마치 쭉정이들 사이에서 밀알을 가려내듯 자연스럽게 취사선택의 과정을 거쳐 필요한 학술자료를 찾아내는 것이다. 뛰어난 학술자료를 누군가가 읽고 그것을 다른 사람에게 이야기하면 점점 더 알려지고 이에 반해 질 나쁜 학술작업은 스스로 도태되는 식이다. 하지만 이때도 두뇌의 한계가 작용한다. 이 책에서 여러 번 확인한 것처럼 우리의 두뇌가 항상 합리적으로 직동하는 것만은 아니기 때문이다. 감정이라는 것도 개입된다는 말이다. 목표는 언제나 다양한 층위로 구성되어 있다. 학자의 목표는 한편으로는 자신이 연구하는 분야를 심화시키고 새로운 지식을 발견하는 것이다. 이는 고매한 이상적 목표라고 할 수 있다. 하지만 다른 한편으로는 자기 작업의 중요성을 인정받거나 적어도 존재 여부를 인정받는 것이 중요한 목표가 될 수도 있다. 이는 개인적 목표다. 게다가 자신이 속한 학술단체나 공동체의 입장에 동조하는 경향이 있는 것도 사실이다. 그러다 보니 소위 말하는 인용의 카르텔이 형성되기도 한다. 즉 당신이 나를 인용해주면 나도 내 책에 당신의 연구를 인용해주겠다는 일종의 상호 묵약이 이루어지는 것이다. 이로 인해 자기 집단에 속하지 않은 학자들은 멀리하고 자기들끼리 서로 상부상조하는 일종의 폐쇄적인 학술공동체가 생겨난다. 이러한 카르텔에 속하지 않은 사람은 불행히도 인용되지 못하고 학술자료의 홍수 속에서 쓸쓸히 사라져간다.

정치적 결과로 귀결되는 것이 아니라면 이러한 학술계의 인용 카르텔은 외부인의 눈에는 전혀 심각한 문제로 여겨지지 않는다. 하지만 이러한 현상은 연구자들에게 연구 결과의 질이나 내용보다 인맥이 더 중요하다는 그릇된 환상을 심어줄 우려가 있다. 그러다 보면 다른 연구자들의 작업에 우호적이지 않은 성질 괴팍한 학자의 연구는 중요한 내용이라 하더라도 무시되고 잊힐 수도 있다. 결국 이는 학문의 세계에서도 자신을 팔아야 하는 결과를 낳는다. 연구능력은 기껏해야 평균 이하이면서도 가장 목청 높여 대중을 모으고 최상의 마케팅 전략으로 적합한 인맥을 찾아 아부하는 사람이 종종 가장 중요한 학자인 양 행세하기도 한다. 특히 정치 분야에서 고문 역할을 맡은 전문가를 보면 그렇다. 그런 종류의 어리석음이 정치적 결정으로 이어지는 경우가 그만큼 많다는 반증이다. 그에 맞는 예들은 다음과 같다.

인간 두뇌 프로젝트와
두뇌 활동 맵

두뇌를

향한 경주

두뇌 시뮬레이션을 위해 수십억을 투자

인간이 지닌 가능성의 한계를 지적하려면 두 개의 대규모 두뇌 연구 프로젝트를 언급해야 할 것 같다. 하나는 유럽의 '인간 두뇌 프로젝트Human Brain Project'이고 다른 하나는 미국의 '두뇌 활동 맵Brain Activity Map'이라는 프로젝트다. 유럽의 프로젝트는 23개국의 과학자 250명이 공동 연구를 통해 최신 컴퓨터 기술의 도움으로 인간 두뇌의 복잡한 기능의 근원을 시뮬레이션을 통해 하나하나 재창조함으로써 컴퓨터를 기반으로 한 두뇌 모델을 구축하는 것이다. 컴퓨터에서는 두뇌의 내부연결망을 시뮬레이션 작업으로 새창조할 계획이다. 이것을 알게 되면 두뇌의 작동 메커니즘도 알 수 있다는 것이 연구의 기본 목표다. 이로써 두뇌 질환의 근원을 시뮬레이션화해서 파헤치고 연구하는 것도 가능하며, 동물실험을 통한 연구보다 더 빠르고 효율적으로 신약을 개발할 수 있다고 과학자들은 약

속한다. 유럽이사회는 이 프로젝트를 10년 동안 전체 10억 유로의 예산을 들여 지원하기로 결정했다.

몇 주 후 미국의 버락 오바마 대통령도 비슷한 프로젝트를 발표했다. '두뇌 활동 맵'이라는 연구 프로젝트에 온 희망을 건 것이다. 이는 우리 두뇌의 1000억 개에 달하는 신경세포의 활동을 파악하는 가상 맵에 대한 연구다. 이 연구에는 전체적으로 30억 달러의 예산이 필요하며 10년 동안 지원을 받는다. 인간 두뇌의 미지 영역을 과연 누가 먼저 정복할 것인가?

하지만 이 책의 저자인 우리와 여러 과학자들, 특히 두뇌 연구가들은 대부분 이 프로젝트는 비용만 엄청나게 소요될 뿐 실현 가능성은 없는 어리석은 전문가들의 놀음에 지나지 않는다고 생각한다. 왜 그럴까?

두뇌에는 서로 상호작용하는 수많은 신경세포가 있으며 특정한 세포가 정보를 전달하는 데 핵심 역할을 한다는 것은 분명한 사실이다. 또한 두뇌 속에는 신경망이 끝없이 펼쳐져 있다는 것 또한 사실이다. 하지만 인간의 의식이라는 것은 구조와 기능을 시뮬레이션한다고 그렇게 간단히 밝혀질 수 없다. 인간 게놈genome을 해독한다고 해서 우리 몸의 기능을 모두 알 수 있는 것은 아니듯, 대뇌 기능의 시뮬레이션을 통해 주관적 경험과 행동을 예측하는 것은 불가능하다.

시뮬레이션 모델의 정보 흐름을 따라가다 보면 의식의 근원을 알 수 있지 않을까 하는 문제는 인공지능 연구 과정에서 논의되었지만 부정적인 결론으로 귀결되었다. 이 프로젝트는 마치 블랙박스의 원리에 의존하고 있는 것처럼 보인다. 정확하게 실제로 무슨 일이 일어난 것인지 이해하지 못한 채 신경세포의 상호작용을 모방해 그것으로 결과를 도출하는 식이다. 대중과 재정 지원자들은 이 프로젝트가 수년 내에 인간의 본질적인 문제에 대한 해답을 줄 것이라고 믿고 있다. 하지만 무엇보다도 무엇을 시뮬레이션 해야 할지도 분명하지 않다. '의식'과 같은 용어는 보편적인 정의가 없다. 신경망에서 단일 세포의 활동이 어떻게 형성되어 주관적 표현의 기초를 이루는지는 아직 아무도 모른다. 또한 인간을 비롯한 모든 존재가 각기 요구되는 특정한 성공 지점을 향해 정보를 처리한다는 부분도 고려되지 않았다. 이는 원생동물에게도 해당되는 원리다(제8장). 하지만 이 메가 두뇌 연구 프로젝트에는 수용 이론과 해석 이론이 어떻게 상호 협조하는지에 대한 이론적 배경이 전무하다. 두뇌의 상향 원칙과 하향 원칙은 항상 서로 보조를 맞춰 작용된다는 것도 이 프로젝트에서는 고려되지 않았다.

쉬운 예로 얼굴 인식하기를 들어보자. 이는 정보를 받아들이는 문제가 아니라 어떤 원칙으로 정보를 처리하느냐의 문제다. 인간 두뇌 프로젝트의 경우, 누군가 다른 사람의 얼굴을 인식하려 할 때 두뇌의 어떤 영역이 활성화되는지는 쉽게 말할 수 있다. 이는 안면 인식이라는 부분을 책임지는 방추상회Gyrus fusiformis라고 부르는 시각적 영역이다. 하지만 안면 인식 기능은 우리가 익히 알고 있는 영역에 의해서 완전히 설명되지는 못한다. 어떤 환자는 매일 보는 친숙한 얼굴을 알아보지 못하는 장애를 가지고 있다. 이를 안면실인증prosopagnosia이라고 부른다. 얼굴을 보고 있다는 것은 알지만 특정한 사람과 일치시키지 못하는 것이다. 안면실인증은 방추상회가 손상된 경우 나타난다. 하지만 이 부분이 완벽하게 정상인 경우에도 나타난다. 이것으로 우리 두뇌에서는 두 가지 원칙이 서로 단단히 얽혀 있음을 알 수 있는데, 다시 말해 상향식 지식과 하향식 지식이 서로 영향을 주고받는 것이다. 하향식 원칙을 통해 자신이 보고 있는 것이 얼굴이라는 사실을 확인한다. 또 상향식 원칙을 통해 그 얼굴이 누구에게 속하는지를 확인할 수 있다. 이를 위해서는 이미 두뇌에 저장된 얼굴과 비교하는 기능이 필요하다. 이처럼 여러 가지 기능을 위해서는 서로 다른 두뇌 영역이 활성화되어야 한다.

하지만 미국과 유럽에서 시행되고 있는 두 개의 프로젝트는 두뇌에서 정보가 어떻게 형성되는지에 대한 원칙에 그다지 주목하지 않는다. 따라서 이들이 새로운 여러 데이터를 창조하는 것은 가능할지 모르겠으나 결국 중심 질문(두뇌 질환은 어떻게 시작되는가? 동물 실험 없이 약품의 효능을 검사하는 것이 어떻게 가능할까?)에 대한 새로운 지식을 발견하는 데는 실패할 것이다. 이러한 질문은 두뇌 조직의 도움 없이는 불가능하기 때문이다. 따라서 두뇌 연구가 어떤 성과를 낸다 하더라도 진정으로 중요한 질문에 답하기는 부족할 것이다.

어째서 전문가인가?

다시 도입부의 질문으로 돌아가보자. 검증된 전문가들이 투입되었음에도 불구하고 어째서 많은 프로젝트가 실패하는가? 우리는 여러 예를 통해 이유를 제시했다. 모든 것을 다 아는 전문가는 없다. 그런데도 자신의 견해만 옳고 모든 것이 자신이 옳다고 생각하는 방향으로 작동되어야 한다고 믿는 전문가들이 여전히 존재한다. 자신이 이해하지 못하는 것을 덮어버리는 동안, 세상의 복잡성은 단순화된다. 그렇지 않으면 우리는 미쳐버릴 것이다. 게다가 우리는 종종 우리의 지식이 전체 중 일부분에 지나지 않으며 제아무리 뛰어난 전문가라 할지라도 마찬가지라는 사실을 잊어버린다.

집을 짓거나 공항을 건설하거나 책을 저술하거나 이 모든 것들은 부분적인 세계와 지식을 이용한 것이다. 따라서 자기 관점만 유일하게 옳다고 주장하는 대신, 회의하고 새로운 방식을 모색하는 것이 더 나은 전략이라고 할 수 있다.

조언!
전문가의 확인

그렇다면 그 반대는 어떨까? 의사나 건축가, 보험 상담사나 재정고문 등의 전문가가 신뢰할 수 있는 사람인지 아닌지 어떻게 알 수 있는가? 단지 만나보는 것만으로 그 사람의 실수나 속임수를 간파할 수 있을까? 대답은 예스다. 재정 문제나 보험 혹은 인테리어 문제로 전문가를 만나 상담할 때 당신이 이해할 수 있을 때까지 자세히 캐물어보라.

전설적인 미국의 투자가이자 백만장자인 워렌 버핏Warren Buffett 은 이것을 제대로 증명해보였다. 그에게는 무엇을 생산하고 누가 그 상품을 필요로 하는지를 정확하게 파악할 수 있는 기업을 상대로만 투자한다는 원칙이 있었다. 자신이 이해하지 못하는 분야에는 절대로 돈을 투자하지 않았다. 버핏은 이것을 '성공을 위한 레시피'라고 불렀다.

대상이 무엇인지 자세히 이해하고 있다면 그 계약에는 서명을 해도 된다. 이 방법을 통해 돈이나 집 혹은 수술 문제가 어떻게 진행되는지를 명확하게 이해할 수 있을 뿐더러 자질 없는 전문가를 걸러낼 수도 있을 것이다. 당신이 이해할 수 있도록 내용을 자세히 설명하지 못하는 사람은 얼른 대답을 피하려 하거나 다른 주제로 화제를 돌리려고 할 것이다. 아니면 "걱정 마세요, 그래서 제가 있지 않습니까"와 같은 공허한 장담을 할 것이다. 하지만 진정한 전문가라면 당신의 의심을 진지하게 받아들이고 당신이 하는 말을 정확히 듣고 이해하려고 할 것이다. 하지만 전문가를 자처하는 사기꾼은 자신의 생각 속에 갇혀서, 일정한 수준 이상으로 대화가 진행되면 말문이 막혀 이미 만들어진 공허한 얘기만 앵무새처럼 반복한다.

여기까지 힘들고 먼 길을 같이 왔지만 이제 여러분에게 무서운 진실을

알려주어야겠다. 여러분이 이 책을 읽고 더 현명해질지 아니면 더 어리석어질지

정확히 말할 수 없다는 것이다. 이 책을 쓰는 저자이자 책을 사랑하고 독서를 많이

하는 우리조차도 그렇다. 역설적이지 않은가? 하지만 책을 읽는 것이나 지도를

보는 것, 뉴스나 텔레비전을 보는 것과 같은 행동을 통해 우리는 주변에서 실제로

일어나고 있는 일에는 눈멀기 십상이다. 또한 독서에 두뇌를 사용하게 되면 그동안

그 부분은 감각을 감지하는 기능을 할 수 없다. 어떤 면에서 독서는 우리를

멍청하게 만드는 것이다. 그럼에도 불구하고 우리는 여러분이 이 책을 통해

즐거움과 유익함을 얻었으면 한다. 그런 다음 세상 속으로 나아가 산책하며

이 세상을 보고 냄새 맡고 느끼시기를 바란다.

독서 중독

독서가 우리를 멍청하게 만든다

독서

두뇌의
인공적인
능력

문자의 발명이야말로 인류의 가장 커다란 업적이라는 것을 누가 의심하겠는가? 읽고 쓰는 것은 인류 문명의 소산이다. 글을 통해 우리는 공간과 시간의 제약을 넘어 다른 이들에게 지식을 전달한다. 진실과 가상의 세계에 뛰어들어 지식을 문을 열어젖히며 우리의 경험 이상의 세계를 보여주는 것이다. 글을 읽을 수 있다는 것은 커다란 이점이다. 문맹인 사람은 거리의 이정표부터 공문서, 인터넷과 신문 등 이 세상에 존재하는 대부분의 영역에서 그 뜻을 해독하지 못함으로써 큰 불이익을 받는다.

일단 글을 배우면 자연스럽게 읽는 능력을 갖추게 된다. 읽기 능력을 성취한 두뇌를 더 이상 감탄할 필요도 없다. 하지만 글을 읽는 능력은 달리기처럼 우리 속에 내재된 것이 아니며 무의식적인 능력이 아니다. 다시 말해 여기저기 흩어진 두뇌의 각 영역이 특정한 질서 아래 공동 작업하여 이룩해낸 복잡한 성취인 것이다. 본디 다른 일을 하도록 만들어진 것이지만 원래의 목적에서 이탈하여 사용된 것으로, 즉 글을 읽기 위해서는 진화 과정에서 자연스럽게 발달되지 않은 부분을 개발하도록 우리의 두뇌를 쥐어짜야 하는 것이다.

그래서 글이라는 것이 창조된 것이다. 오래전에 인간은 통용되는 언어가 가진 규칙성을 발견하고 그것을 시각적 상징으로 표현해야겠다는 생각을 해냈다. 그래서 글자가 생겨났다. 세계의 다른 한쪽에서는 설형문자나 상형문자 같은 문자들이 발명되었다. 한자는 회화문자를 합치거나 변형하는 과정을 거쳐 발전했다. 하지만 글자건 문자건 글로 쓰인 모든 것은 다시 해석되는 과정을 거쳐야 한다. 이를 위해서는 글에서 의미를 읽어내는 소위 독해력이 요구되는 것이다. 이 과정은 정확히 어떻게 이루어질까?

 두 뇌 탐 험
**우리는 어떻게 두뇌에게
읽기를 강요하는가?**

글을 읽을 때 우리는 글자나 문장 위로 눈이 계속해서 미끄러지듯 움직인다고 느낀다. 하지만 실제로는 시선이 건너뛰는 것이다. 한 문장을 읽을 때 평균적으로 우리는 세 번 혹은 네 번 정도 시선을 건너뛴다. 미끄러지듯이 시선을 옮긴다고 느끼는 것은 두뇌의 환상일 뿐이지만 사실 이러한 착각은 우리가 글의 내용에 집중할 수 있도록 도와준다. 글을 읽을 때 강조하고 싶은 또 다른 특이한 요소는 소리를 내지 않고도 읽을 수 있는 능력이다. 읽는 것에 익숙해진 사람은 소리 내지 않고도 읽기 능력을 완전히 내면화해낸다. 두뇌가 읽는 데 필요한 복잡한 기능을 숙지하고 있기 때문이다. 그렇다면 어째서 독서가 사람을 멍청하게 만든다는 걸까?

무엇보다, 처음에 언급한 것처럼 독서는 인간에게 내재된 능력이 아닌 인공적인 능력이기 때문이다. 읽기 능력은 인간에게 자연스럽게 유전되지 않는다. 읽기 능력을 개발시키기 위해서는 두뇌의 특정 부위가 원래의 목적에서 이탈해 사용되어야 하는 것이다. 바로 시각적인 것을 해석하는 후두엽의 시각 피질 부분이다. 특히 원래 목적에서 벗어나 읽기에 동원되는 곳은 브로드만 17번 영역이다. 또한 읽기 능력을 위해서는 선조외 피질extrastriate cortex이라는 특정한 대뇌피질 영역이 필요한데, 이곳은 색깔이나 움직임 혹은 공감적 깊이에 대한 인식 능력을 책임지고 얼굴을 식별할 수 있는 능력이 생기는 곳이다. 그 밖에도 읽는 데 필요한 기능을 하는 곳이 더 있다. 측두엽도 읽기 기능에 많은 영향을 미치는데 특히 시각 정보가 교류되고 그것이 의미로 전환되는 각회Gyrus angularis를 통해 언어에 대한 의미화가 이루어진다. 우리가 읽기를 배울 때는 이 모든 영역의 신경활동이 총동원되는 것이다.

이러한 점을 긍정적으로 해석해보자. 읽을 수 있다는 것은 우리의 두뇌가 아주 뛰어난 적응력을 갖고 있다는 반증이다. 필요할 때면 읽기 능력의 향상을 위해 두뇌 영역이 유연하게 읽기 기능 모드로 전환한다는 사실은 충분히 언급할 가치가 있다. 알파벳 글자를 읽든 그림글자(픽토그램)를 읽든 두뇌에서는 항상 같은 영역이 원래의 목적과 상관없이 사용된다. 이것을 통해 두뇌는 최선을 다해 개인에 맞도록 최대한의 업적을 달성하려 한다는 것을 알 수 있다. 하지만 부정적으로 본다면 다음과 같이 말할 수도 있을 것이다. 우리의 두뇌는 독서를 위해 혹사당하고 있다고. 독서 기능을 위해 두뇌는 본래의 감각 정보를 지각하고 해석할 수 있는 능력을 착취당하고 있다고도 볼 수 있는 것이다.

일단 읽는 능력을 갖추면 더 이상 세상을 열린 눈과 귀로 볼 수 없게 된다는 점도 이러한 관점을 뒷받침한다. 다시 말해 읽는 것을 배우게 되면서 우리는 자연스럽게 세상을 훨씬 덜 강렬하고 세심하게 지각한다. 이러한 감각의 손실은 나이에 상관없이 이루어진다. 많은 사람들이 성인보다 어린이가 세상을 훨씬 다채롭고 강렬하게 느낀다고 생각한다. 사실이다. 하지만 그것은 나이와 상관있는 것이라기보다는 오히려 읽기 능력과 연관이 있다. 인간이 직접 세상과 대면하지 않고 책이나 TV 혹은 컴퓨터나 내비게이션 시스템 등을 통해 세상을 만날 때 그와 연관된 두뇌 기능은 퇴화되는 것이다.

 퓌펠의 덧붙임

독서는 우리가 세상을 보는 관점을 제한한다

전쟁 때문에 늦은 나이에 학교에 입학했던 에른스트 퓌펠 교수는 자신이 책을 읽지 못하던 때를 잘 기억한다. "열린 눈과 귀로 자연을 받아들이는 것은 완전히 다른 경험이었죠. 다른 사람의 얘기와 여러 감각을 통해 수많은 새로운 것들을 받아들일 수 있었어요." 이렇듯 글을 모를 때는 자신을 둘러싼 사람들의 이야기에 보다 세심하게 귀를 기울이고 세상을 알기 위해 직접 몸으로 부딪히는 일이 많다. 그렇다면 책을 읽게 되면서부터는 어떻게 되었을까? 지금껏 거의 10만 시간이 넘는 시간을 독서로 보내고 아직도 하루에 적어도 100페이지는 독서를 하는 책벌레인 퓌펠 교수는 "세상에 대한 관점이 훨씬 더 좁아졌다"고 말한다. "독서는 사람을 지적으로 풍요롭게 만들지만 다른 한편으로는 순수한 관점을 앗아가고 그 자리에 간접 경험이 대신 들어앉게 되지요." 그 결과에 대해 푀펠 교수는 이렇게 말한다. "눈앞에 펼쳐진 세상을 더 이상 예전처럼 쉽게 받아들이지 못해요. 시각적으로 내 앞에 열려 있는 다채롭고 풍요로운 세상에 눈을 감은 채 무딘 채로 살아가는 일이 많아요. 눈앞의 색채를 알아보지만 더 이상 경험하지 못하는 겁니다." 독서하는 동안 집중적으로 사용하는 인공적인 시각 기능은 다른 감각이나 정보에 대한 해석력을 저하시킨다. 시각 기능이 지배적이 되면서 청력이나 손의 느낌, 미각이나 몸의 움직임 등에는 덜 주의를 기울이게 된다. 그리고 우리를 둘러싼 세상 모든 것에 둔감해지는 것이다. 물론 좀 더 정확히 말하자면 도시에서의 삶과 밀폐된 생활환경, 그리고 기술환경과의 밀접성도 감각을 무디게 하는 책임에서 자유로울 수는 없다.

현대 사회에서 글을 읽지 못하는 사람은 당연히 불이익을 받을 수밖에 없다. 하지만 두뇌 연구의 관점에서는 이를 좀 다르게 본다. 성장하면서 읽는 법을 배우지 못한 사람은 일생을 자기 방에서 책을 읽으며 보낸 사람보다는 훨씬 강렬하게 세상을 느낄 수 있다. 이는 단순히 독서에만 국한된 문제가 아니라 다른 보조 장치를 통해서 세계를 바라보고 지각하는 수단 모두에 해당되는 것이다.

스마트폰과 내비게이션

독해
3.0

눈먼 시스템

이것은 푀펠 교수에게만 국한된 문제일까, 아니면 광범위한 현상일까? 답을 구하기 위해 저자들은 도시 전철을 타고 뮌헨 중앙역에서 에른스트 푀펠 교수의 집이 있는 풀라흐와 베아트리체 바그너의 집이 있는 이킹으로 가면서 사람들의 행동을 관찰해보기로 했다. 전철 안에는 십대 학생들도 많이 타고 있었는데, 온통 시끄러운 목소리와 문자 수신음, 그리고 전화 벨소리로 가득 차 있었다. 또 많은 학생들이 스마트폰을 들여다보면서 무엇인가를 쓰거나 누군가와 통화를 하고 있었다. 우리 옆에 앉은 열여섯 살가량의 소녀도 마찬가지였다. 스마트폰에서는 쉴 새 없이 새로운 소식을 전하는 신호음이 울렸고, 그때마다 소녀는 즉시 답장을 보냈다. 그러다 전화가 왔고 "너 어디 있니?"라는 커다란 목소리가 아이폰에서 울려 퍼졌다. "첫 번째 칸이야. 사람들로 꽉 찼어." 소녀가 큰 소리로 대답했다. "뭐? 우리도 여기에 있는데?" 마치 스피커를 틀어놓은 듯이 우렁찬 목소리가 전화기에서 울려 나왔다. 소녀는 주위를 둘러보다가 친구를 발견하고는 폴짝폴짝 뛰며 친구 곁으로 갔다. "왜 널 못 봤을까?" 소녀가 소리쳤다. 당연하지. 스마트폰에 정신이 빠져 있는데 친구를 볼 겨를이 어디 있었겠어?

독서의 장점과 단점에 대해 얘기하고 있던 우리는 이 장면을 보고 웃음을 지었다. 바로 이것이네! 우리가 말한 것을 정확히 보여주는 장면이 아닐 수 없었다. 이자르(뮌헨 지역에 있는 계곡과 강—옮긴이) 계곡의 아름다움을 설명해놓은 가이드북을 들여다보느라고 실제 경관을 놓쳐버리는 관광객과 똑같은 것이다. 이 세상을 간접적이고 보조적인 장치를 통해서 접하는 것이다. 책을 읽을 때도 마찬가지다. 더 이상 직접 세상을 경험하지 않고 묘사해놓은 것들을 읽기만 하는 것이다. 스마트폰으로 무엇인가를 할 때도 사람들은 주위를 돌아보는 것을 잊어버린다. 보조 수단이 우리의 눈과 귀, 코를 비롯한 다른 감각들이 제대로 활동하는 것을 막아버리는 것이다.

내비게이션의 도움으로 이자르 계곡 지나기

세계를 간접적으로 인식하는 문제는 문자나 신호를 읽는 것에 국한되지 않고 지도를 해독하는 부분도 포함된다. 예전에 조수석에 앉아 지도를 보며 길을 일러주던 역할을 이제는 대부분 내비게이션이 떠맡고 있다. 덕분에 부부싸움은 많이 줄었을지 모르나 그 기술을 전적으로 신뢰할 수만은 없다. 특히 기기의 소프트웨어가 업데이트

되지 않았을 때는 더욱 그럴 가능성이 높다. 내비게이션을 장착하고 운전해본 사람이라면 비슷한 경험을 해본 적이 있을 것이다. 내비게이션이 시키는 대로 했다가 일방통행로나 들판 혹은 보행자 전용 도로로 들어섰을 경우라면 그렇게 큰 문제가 되진 않는다. 하지만 가끔은 극단적이고 황당한 경우가 벌어지기도 한다. 언론에 보도된 2013년 1월의 사건도 그중 하나에 속한다. 벨기에 여성 사비네 모로(67세)는 소레두 상브르라는 마을에서 75킬로미터 떨어진 브뤼셀로 가기 위해 내비게이션을 켜고 운전했는데 도착해보니 1450킬로미터 떨어진 자그레브였다는 것이다. 브뤼셀 기차역에서 친구를 픽업하기로 했는데, 정작 브뤼셀은 지나치지도 않았다고 한다. 이 사건은 네덜란드 어로 발간되는 벨기에 신문인《니에우스발트 *Nieuwsblad*》에 보도되었다.

어떻게 이런 일이 일어날 수 있을까? 어떻게 사비네 모로는 한 시간 반 거리의 브뤼셀로 가는 대신에 이틀씩 걸려 유럽의 절반을 횡단하면서도 아무런 의심을 품지 않았을까? "난 내비게이션이 하라는 대로 했을 뿐인데 이렇게 된 거예요." 그녀는 신문기자에게 이렇게 말했다. 물론 이 사건은 극단적인 경우지만 비슷한 예는 무수히 많다. 내비게이션만 믿고 길을 따라갔다가 숲에서 길을 잃은 피히텔게비르게 지역의 사람도 그 예에 속한다. 이 실종자를 찾느라 150명의 구급요원들은 두 시간 동안이나 수색을 해야 했다. 뮌헨에서는 이자르 계곡에서 내비게이션을 믿고 갔다가 곤란을 겪은 사례가, 쾰른에서는 내비게이션을 따라갔다가 계단으로 올라간 자동차의 사례가 보도되기도 했다. 아마도 내비게이션의 지도 체계가 업데이트 되지 않아서 운전자를 잘못된 길로 인도한 사태가 벌어진 것이리라. 그렇다면 어째서 운전자들은 자기 마음보다 기술에 전적으로 의존하게 되었을까? 아마 그것은 신호와 시각적 보조 장치에 의존해 세상을 보기 시작한 습관의 결과라고 할 수 있을 것이다. 우리는 맹목적으로 주어진 질서에만 순응할 뿐 '직접' 자신의 눈으로 마주보려고 하지 않는다.

가상의 세계가 물리적 세계를 덮다

우리의 감각은 공기처럼 세상에 발산된다. 유년시절에는 감각이 우리를 세상에 존재하는 온갖 것들과 연결시켜주는 유일한 수단이었다. 이는 글을 읽지 못하는 사람들에게도 마찬가지다. 하지만 현대인은 가상의 세계에서 살아간다. 우리는 지도를 통해 주변을 파악하고 종이 위에 생각을 적으며 스마트폰으로 대화하는 법을 배웠다. 두뇌의 수많은 기능이 점점 신호로 된 세상을 해독하는 데 동원되고 있다. 도시에서 흔히 볼 수 있는 포스터 속의 메시지도 같은 기능을 한다. 우리의 두뇌는 끊임없이 무엇인가에 지배당하고 그것을 걸러내고 분류하고 해석하는 데 사용된다. 이는 우리 삶을 풍요롭게 하고 많은 것을 단순화시키며 현대의 소통 방식을 가능케 한다.

　하지만 다른 한편으로는 태생과 동시에 주어진 우리의 가능성을 더 이상 쓸모없게 만들기도 한다. 촉각을 통한 경험도 점점 줄어들고 있는데, 가령 과거 독서를 하면서 손으로 종이를 만지던 습관조차 점점 스크린을 통한 독서가 보편화되면서 사용하지 않게 되었다. 거리를 걸을 때면 길을 잃어보기도 하면서(길을 잃으면 더 많은 것을 발견하기도 한다) 몸으로 시내를 알아가던 것과는 달리 이제는 내 비게이션에 의존해서 곧바로 목적한 장소를 향해 달려간다. 여기저기 레스토랑을 가보고 그곳이 한산한지 사람으로 북적대는지 확인하고 종업원의 친절도나 식당의 위생상태 등을 직접 경험해보는 대신, 우리는 스마트폰을 꺼내 사람들이 적어놓은 레스토랑 평가를 읽고 판단한다.

 조 언!
공기를 새롭게 느끼고
받아들이기

주의를 기울이는 연습을 하고 무뎌진 감각을 다시 다듬어보자. 주의집중 연습이란 하나에 완전히 마음을 쏟고 집중한다는 것이다. 가령 음식에 집중해 그 모양과 냄새와 맛을 자세하게 살펴보는 것이다. 그저 '무디게' 먹는 것과 섬세하게 맛보는 것의 차이가 여기서 온다.

음악을 들을 때도 악장과 음조 하나하나에 귀기울여보라. 그저 슈퍼마켓에서 나오는 배경음악인 양 흘려듣지 말고 그 순간에 완벽하게 동화되어 음악을 느껴보도록 해보자.

걸을 때도 주의를 집중해서 걸어보자. 타이완의 불교 승려 친타오心道의 가르침대로 그저 걷는 것이 아니라 한 걸음 한 걸음 옮길 때마다 그 속에 마음을 담는 것이다. 걸으면서 발밑의 풀이 움직임을 느끼며 하늘을 올려다보라. 그러다 보면 빵집까지 걸어가는 순간도 당신의 감각을 가다듬는 시간이 될 것이다.

이러한 연습을 통해 오랜 결혼생활 동안 침체돼 있던 부부 간의 성욕 또한 새롭게 되살아날 수 있다. 탄트리즘(신비주의에 바탕을 둔 인도의 수행법— 옮긴이)의 원리처럼 몇 초 동안 자신과 상대방의 움직임을 응시하고 그 안에서 욕망을 느껴보라. 촉각에 집중하고 상대의 냄새에 집중한다. 자신의 파트너를 바라보고 그 사람을 관찰해보라. 이 모든 것이 상대에 대한 감정과 욕망을 극대화시킬 것이다.

소설을 통한 현실 도피

독서

중독

독서를 통해 자신에게서 도망치다

"마지막 목소리가 잦아들었을 때 비네투는 무엇인가를 말하려 했다. 하지만 소리가 제대로 나오지 않았다. 나는 그의 입술에 귀를 가까이 대었고 비네투는 마지막 힘을 짜내어 내 귀에 속삭였다. '샬리히, 나는 구원을 믿어요. 비네투는 기독교인이에요. 잘 있어요.' 그의 몸이 뒤틀리고 마구 떨리면서 입에서 피가 흘러나왔다. 아파치 족장은 내 손을 다시 한 번 꼭 쥐고는 팔다리를 쭉 폈다. 그러자 내 손안에 든 그의 손가락이 서서히 풀렸다. 죽은 것이다……."

불안과 흥분에 싸여 있던 많은 독자들이 이 대목에서 눈물을 흘렸다. 하지만 죽은 것이 단지 상상속의 인물뿐일까? 이 대목을 읽으면서 이야기 속의 내레이터인 나(샬리히, 저자인 칼 마이Karl May의 별명)뿐 아니라 모든 독자들이 1500페이지에 달하는 모험소설 속 소중한 주인공의 죽음을 애도했다. 그러면서 비네투의 죽음으로 인해 그동안의 천국에서 추방당하는 슬픔을 맛보아야 했다. 칼 마이(1842~1912, 독일 작가로 미국 서부의 이야기를 다룬 비네투와 올드 세트핸드 이야기의 작가 — 옮긴이)와 함께 어린 시절을 보내지 않은 사람이라도 '해리 포터'나 '그레이의 50가지 그림자'와 같은 시리즈물을 읽었다면 이러한 느낌을 잘 이해할 것이다. 마지막 페이지와 함께 우리는 현실세계로 사정없이 내동댕이쳐진다. 현실세계로의 복귀는 때로 아주 가혹하다. 모든 문제들이 여전히 우리를 기다리고 있으며 자신을 추스르고 일상으로 돌아가는 것은 이전보다 더 어렵게 느껴진다. 독서의 금단 현상에 시달리는 것이다.

의학적 관점에서 보더라도 이것은 사실 중독이라고 볼 수 있다. 책갈피에서 행운을 찾으면서 현실을 도피하고자 하는 것이다. 이는 18세기 말 무렵 문화적 소통 기능을 떠맡고 있던 음악을 대신해 독서가 부상하자 수많은 비평가들이 비판의 근거로 내세웠던 표현이다. '그동안 독자들이 접한 것이라고는 독서에 대한 경고가 대부분이었다.' 독일어 연구가 하인츠 쉴라프Heinz Schlaff가 《독서 중독 Lesesucht》(1987)이라는 책에 쓴 글이다. '책을 읽는 사람은 책 속에서 자신만의 생각과 상상에 빠져 부모와 사제와 스승의 말을 무시하기 때문이다.' 200년 전 독서는 불복종의 뿌리였으며 어떻게 해서든지 막아야만 하는 행위였다. 이미 그 시대에도 푀펠 교수와 같은 독서에 대한 비판이 널리 퍼져 있었는데, 예를 들어 칼 필립 모리츠Karl Philipp Moritz가 1785~1790년에 쓴 자전적 소설 《안톤 라이저Anton Reiser》에도 그런 내용이 나온다. 독서를 하는 사람은 실제로 세상의 소리를 더 이상 듣지 못하고 이웃의 목소리에도 무감각해지며 현실에도 귀를 막게 된다.

현실을 직접 경험하는 대신에 스스로를 낯선 세계 안에 가두어두는 것이다. 그러다 보니 독서가 자폐적인 성향을 심화시키기도 한다. 물론 독서에 긍정적인 측면이 있는 것도 사실이다. 다른 삶의 모습을 엿보며 자신의 삶을 반영해보는 것이다. 소설 속 등장인물의 행동을 자신의 실제 행동과 비교한다거나 소설 속의 삶을 간접적으로 경험한 후에 나중에 직접 행동으로 옮겨보기도 한다. 독서는 우리의 감정을 일깨우고, 교훈을 주며 다른 사람과 연결시킬 수 있는 공감 능력을 키워준다.

그렇지만 독서가 경험을 대신하는 진정한 대안이 될 수 있을까? 두뇌 연구가의 관점에서 보자면 답은 "아니오"다. 우리가 읽는 것은 그저 가능성의 영역으로 남을 뿐이며 진정한 현실성 없이 현실을 건드리는 것에 지나지 않는다. 스스로 현실에 도전해서 성취를 이루는 것이야말로 자기 가능성의 한계를 깨닫게 하고 성장할 수 있도록 한다. 독서가 가능성을 열고 생각과 상상력을 키워주며 감정을 풍부하게 만드는 것은 사실이지만, 현실에서 일어나는 실제의 사건들만이 자신에게 속한 진정한 경험이라고 부를 수 있으며, 그것이 내면을 단련시켜줄 수 있다. 자기 경험에서 얻은 기억과 생각들이 내부의 박물관 속에 저장되어 일생 동안 개개인의 정체성을 구성하는 것이다.

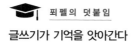

에른스트 푀펠 교수는 두바이에서
압둘라 알 마즈미 씨와 매우 흥미
로운 저녁 시간을 보냈다. 푀펠 교
수는 두바이의 교육 체계를 돌아보는 임무를 맡은 ISB(International
Sounding Board, 국제홍보담당관)의 일원으로서 두바이를 정기적으로
방문했다. 아랍에미리트 연합(UAE)의 총리이자 두바이 정부의 수
장은 나라의 미래는 오직 '교육, 교육, 교육'에 달려 있다고 강조했
다. 푀펠 교수의 분석에 의하면 전체 인구의 10퍼센트 정도가 두바
이 토착민인 이 나라에서는 공통의 정체성을 확보하는 것이 중요한
과제였다. 따라서 모든 주민이 아랍어와 이슬람교를 배우는 동시에
두바이의 역사를 공부함으로써 국민의 정체성을 강화시키는 방법
이 제시되었다.

이 프로젝트를 통해 푀펠 교수는 아랍에미리트 연합과 두바이 사
람들과도 많은 접촉을 하게 되었다. 또한 프로젝트를 맡은 책임자
들과 친구처럼 가까워지기도 했는데 그중에는 압둘라 알 마즈미 씨
도 포함되었다.

압둘라 알 마즈미는 푀펠 교수보다 약 서른 살이나 어렸지만 자
신의 개인적 문제까지도 얘기하곤 했다. 언젠가 두 사람이 두바이
전역을 가로지르는 두바이 운하를 따라 산보를 갔을 때였다. 압둘
라는 푀펠 교수에게 주변을 보여주고 건축물들을 설명해주면서 유
명한 유람선 레스토랑 중 하나인 바토 두바이Bateaux Dubai로 그를
안내했다. 거기서 두 사람은 허심탄회하게 이야기를 나누었는데 압
둘라는 푀펠에게 은밀한 개인사를 털어놓았다. 자신의 대가족과 일
이야기, 자식이 생기지 않아 두 번이나 실패한 결혼에 대한 이야기

까지. 두 번째 부인과는 자녀가 없는 상실감을 만회하기 위해 사설 동물원까지 개장했지만 결국은 이혼으로 끝났다. 그 이후로 압둘라는 새로운 배우자를 절실하게 찾고 있는 중이었다. 잘생긴 싱글남 압둘라가 슬픈 표정으로 개인사를 털어놓던 모습이 푀펠에게는 무척이나 인상 깊게 남아 있다.

푀펠 교수가 그날을 떠올릴 때면 여러 가지 장면이 떠오른다. 아랍인으로서는 매우 이례적으로 와인을 마시던 압둘라가 기도시간을 알리는 소리가 들려오자 곧바로 작은 카펫을 깔고 메카 쪽을 향해 기도 드리던 모습도 기억난다. 그 장면은 푀펠 교수를 상당히 놀라게 했는데, 그전까지 압둘라는 전혀 종교적인 모습을 보이지 않았기 때문이다. 종종 위기 상황이 사람을 종교적으로 만드는 일이 있다는 사실이 떠올랐던 기억이 있다. 아무튼 푀펠 교수가 2년 뒤에 압둘라를 다시 만났을 때까지도 이전의 모든 느낌을 생생하게 기억하고 있었다. 다만 그와 나눈 대화 내용은 기억나지 않았다.

"에른스트, 그때 제가 말씀 드린 것처럼……," 하지만 압둘라는 그때의 기억을 고스란히 간직한 채 당시 자신이 이야기한 수많은 친척과 사촌들 얘기며 이혼 뒤에 일어난 일들을 들려주었다. 압둘라는 2년 전 푀펠 교수에게 해준 이야기를 하나하나까지 기억하고 있는 듯 보였다. 그뿐만이 아니었다. 압둘라는 그 당시 푀펠 교수가 자신에게 해준 이야기도 모두 기억하고 있었으며 당시의 이러저러한 작업들이 어떤 결과를 가져왔는지, 또 프로젝트가 어떻게 진행되었는지도 자세히 알고 싶어 했다. 푀펠 교수는 깜짝 놀랐다! 이 아랍인 친구의 기억력은 자신을 훨씬 능가하는 듯 보였기 때문이다. 푀펠 교수가 더 이상 기억하지 못하는 상세한 부분까지 압둘라는 정확하게 기억하고 있는 듯했다.

어쩌면 두 사람의 기억력은 서로 다른 기능을 하고 있다고 볼 수도 있다. 하지만 이 일화는 비슷한 여러 사례를 확인시켜준다. 어떤 문화권에서는 기억이 아주 중요한 의미를 갖는다. 아랍이나 인도, 러시아 문화권이 이와 같은 경우에 속한다. 그렇다면 기억은 어떻게 보존되는가? 대부분의 경우 글을 통하기보다는 구술 형식을 빌려 기억이 보존된다. 인도에서는 힌두의 가르침을 담은 '우파니샤드Upanishad'가 입에서 입으로 전해져왔다. 아랍 사람들은 코란의 가르침을 외워서 읊을 줄 안다. 또 교양 있는 중국인들은 수많은 시를 외우고 있다. 이들은 8세기 당나라의 이백이나 두보와 같은 유명 시인들의 시뿐 아니라 2500년 전쯤에 통용되던 공자의 가르침까지 외울 수 있다고 한다. 반면, 서구 문화권에서는 외우는 것을 그다지 중요하게 여기지 않는다. 그보다는 어디서 무엇을 찾아서 읽으면 될지에 더 신경을 쓴다. 알베르트 아인슈타인은 '지식이란 어디에 무엇이 적혀 있는지 아는 것이다'라는 말을 남겼다고 한다. 정보를 문자화시켜 저장할 수 있는 능력을 얻게 되면서 우리는 기억력을 무시할 수 있게 된 것이다. 우리는 알아야 할 모든 것을 어디선가 찾을 수 있다는 사실에 지나치게 의존한다. 이는 부분적으로는 맞다. 그렇지만 에른스트 푀펠 교수와 압둘라 알 마즈미의 대화를 보면 그것이 그리 도움이 되지 않는다는 사실을 알 수 있다.

두 사람이 나눈 대화록이 존재한다 할지라도 그 순간의 기억을 재생시키지는 못한다. 지식이란 언어로 표현되는 명백한 것만을 포함하지 않는다. 이를 우리는 다음 이야기에서 다루고자 한다.

인간의 지식은 크게 세 가지 형태로 나타난다. 하나는 명백하게 활자화된 의미론적 지식으로, 쓰기라는 형식을 통해 전달될 수 있다. 이러한 지식은 순수한 사실만을 다루기 때문에 다른 이들과 별다른 문제없이 공유될 수 있는 지식이다. 하지만 인간의 지식은 또한 그림 지식이라는 형태로도 표현될 수 있다. 살아가는 동안 감정적 인상을 바탕으로 중요한 사건에 대한 그림이 머릿속에 저장된다. 이는 언어로 전달하기 어려운 부분이 많다. 마지막으로 암시 혹은 직관적 지식이 있는데, 이는 언어를 넘어서는 부분이다. 우리가 표현할 수 없는 형태의 몸 언어나 두뇌의 알 수 없는 곳에서 진행되는 지식의 유형이기도 하다.

문자로 읽거나 표현하는 것은 명백한 지식의 종류이며 우리가 가진 지식의 일부분에 불과하다. 하지만 우리 사회나 교육 환경은 이러한 명백한 '독해 가능한' 지식에만 치중하고 있다. 이것은 드러나지 않은 개인적 발전 가능성을 저해한다. 불행히도 합리주의적 관점은 개인의 정체성이 드러나는 의식의 내용 즉 언어로 표현 가능한 사고의 내용으로만 판단하려 한다. 정신분석의 경우도 마찬가지다. "그것(이드)이 있던 곳에 내(자아)가 있어야 한다(Wo Es war, soll Ich werden)." 무의식으로 남아 있는 영역을 언어화시켜서 표현할 수 있어야 한다는 것이다. 하지만 불가능하다. 언어로 표현할 수 있는 많은 것들 외에도 인식할 수 없는 많은 부분이 분명 우리 머릿속에 있기 때문이다.

"내가 말한다'라는 문장 대신 우리는 '그것이 생각한다'라고 말해야 할 것이다. '아이디어'라는 간단한 단어를 보면 알 수 있다. 아이디어는 맑은 하늘에서 어느 날 뚝 떨어지는 것이 아니며 뮤즈나 신들에게서 내려오는 메시지가 아니라 우리 안에서 은밀하게 형성 되다가 적당한 기회를 만나 의식의 표면으로 올라오는 것이다. '그 것이 내 안에서 생각한다'라거나 '그게 내 마음에 들어왔다'와 같은 표현을 쓰는 것은 우리가 자신을 외부의 관점에서 본다는 의미다. 이를 통해 은밀한 생각의 과정을 인지하고 모든 것을 자신이 통제 하고 있다는 환상에 빠지지 않는 것이다.

한 걸음 더 깊이

《정신분석입문 새 강의 *Neue Folge der Vorlesungen zur Einfuhrung in die Psychoanalyse*》
지그문트 프로이드Sigmund Freud 지음, 제14강 전체 15권, 피셔 출판사, 2005(초판 1940).

그의 강의는 다음과 같은 유명한 구절로 끝난다. '그것(이드)이 있던 곳에 내(자아)가 있어야 한다(무의식 대신에 주체가 있어야 한다는 의미—옮긴이). 이는 네덜란드에서 자위더르 해를 막아 만든 인공 호수에 버금가는 문화적으로 혁명에 가까운 표현이라고 할 수 있다. 그렇다면 '그것'이 들어가는 자리에 '나'를 넣어보라는 요구는 어떤가? 정신분석의 엄청난 성공에도 불구하고 이러한 요구는 아직 흔하지 않다. 그렇다면 문장을 다시 한 번 바꾸어보자. '내가 있던 곳에 그것(이드)이 있어야 한다(Wo Ich war, soll Es werden).' 훨씬 낫지 않은가? 왜 모든 것을 통제하면서 살아야 하는가? 정신분석을 성공적으로 행하고도 여전히 자연스러움이 결여된 사람들이 많다. 이러한 사람들과 얘기를 나눌 때는 아주 유심히 살펴볼 필요가 있다. 정해진 선을 벗어나는 말이나 그 사람이 보인 감정을 눈여겨보고 신중하게 해석해보는 것이다. 유쾌하게 시작된 대화라 하더라도 지나친 절제에서 벗어나지 못하면 그 대화는 곧 활기를 잃고 만다.

프로이트의 강의는 인간의 성격을 세 가지 손쉬운 단계 즉 '이드'와 '자아', '슈퍼자아'로 구별하고 무의식과 억눌린 자아, 깨어 있는 의식의 단계로 연결시킨 것으로 유명하다. 사람들은 자기 경험이나 행동을 쉽게 설명 가능한 패턴으로 해석해주면 만족하는 경향이 있다. 끊임없이 질문해왔던 '왜'에 대한 답변을 듣게 되면 그것으로 만족할 뿐 그 답변이 옳은지 그른지는 개의치 않는 것이다. 그렇게 되면 자신이 자기해석의 함정 속에 빠진다는 것도 상관없다. 자연주의 과학자들은 가령 '억압된' 개념을 좋아하지 않는 경향이 있어서 항상 억압된 것을 표면으로 끄집어낼 것을 요구한다. 하지만 어째서 억압된 것은 무조건 나쁘며 그대로 두어서는 안 된다는 말인가? 환자들이 정신분석 과정에서 억압된 경험을 통해 부정적인 모습을 보인다고 해서 이러한 구조가 모든 사람에게 통한다고 볼 수는 없다. 이는 전형적인 범주적 오류에 속하는 것이다. 숨김으로 인해 어떤 이익을 얻는다면 그것을 있는 그대로 받아들이고 아무도 닿지 않는 곳에 두는 것이 더 좋을 수도 있다. 우리 눈앞에 모든 것을 드러내야 한다는 생각은 바보 같고 어리석다. 자신에게도 지키고 싶은 비밀이 있을 수 있는 것이다.

글쓰기

내면의 세계는
문자화되기를
원치 않는다

그것(이드)이 생각하는 것을 써내려가기

생각을 글로 쓰는 것이 얼마나 골치 아픈 작업인지는 글을 쓰다 보면 잘 알게 된다. 이에 대해 두 저자는 점심시간에 대화를 나누었다. "뭔가를 쓸 때 난 의식 속에서 분명한 것들을 그대로 쓰지 않아요." 에른스트 푀펠 교수가 말했다. "그보다는 혼란스러운 생각을 거르고 깊이 생각해온 것들을 좀 더 명료하게 만든 다음 내가 정말 말하려 했던 것을 적어 내려가지요."

베아트리체 바그너도 같은 생각이었다. "글을 쓰기 전에는 정확하게 뭘 쓸지 잘 모르겠어요. 이 책도 마찬가지예요. 일단 우리는 '우리 인간은 어리석다. 인간으로서의 타고난 능력을 무시하고 계속 잘못된 방향으로 나아가고 있기 때문이다'라는 기본 전제만 갖고 시작했지요. 이를 여러 다른 방식으로 보여주기 위해 책을 7개의 장으로 나누기로 했고요. 그렇지만 각 장의 내용이 구체적으로 어떤 내용으로 채워질지는 쓰기 전까지 알 수 없어요. 우리의 영감이 이끄는 대로 흘러가게 내버려두는 때도 많아요."

이에 대해 에른스트 푀펠 교수는 약간 비판적인 견해를 보였다. "글쓰기를 마치 신나는 탐험 여행처럼 바라보는군요. 내 경우에는 글쓰기를 할 때 그것이 더 이상 내 생각 속에 떠도는 내용이 아니라는 사실 때문에 고통스러워요. 적당한 표현을 찾다가 실패할 경우에는 괴롭지요. 지면이라는 형식이 가장 부적절한 방식으로 내 생각을 제한하고 특정한 경로로 몰아넣는 것 같은 느낌이 듭니다."

이와 달리 바그너는 글쓰기를 보다 긍정적인 시각으로 바라본다. 어쩌면 자기 생각을 드러낼 가장 적합한 표현을 찾지 못할 수도 있다. 하지만 독자들은 자신만의 세계를 갖고 자신이 읽은 내용에 스스로의 경험을 덧붙여서 이해할 수도 있지 않은가. 어쩌면 저자가 생각한 것을 책을 통해 정확하게 반영하는 건 그다지 중요한 문제가 아닐 수도 있다. 하지만 한편으로 텍스트에 대한 독자들의 재해석은 저자의 창조 작업에 부담 요소로 작용할 수도 있다. "잠재 독자들이 내 생각의 세계를 꿰뚫어본다면 나는 더 이상 실제로 하려했던 말에서 자유로울 수 없어요. 따라서 독자가 읽은 것은 더 이상 원래의 내 생각을 표현해놓은 것이 아닐 수 있죠." 푀펠 교수의 말이다.

"꼭 그래야 할 필요가 있을까요?" 베아트리체 바그너는 반론을 제기한다. "언어를 자유롭게 해줍시다. 그리고 독자들이 원하는 대로 읽게 내버려둡시다."

우리는 이에 대해 좀 더 생각해보기로 했다. 독자들이 이 책을 통해 얻고자 하는 것은 무엇인가? 어쩌면 다시는 보험 상담사나 잘난 척하는 오피니언 리더에 이끌려 미래를 선택하지 않도록 현실적인 조언을 바랄 수도 있다. 아니면 어떤 독자들은 책을 통해 엘브필하모니 하우스나 BER 공항 건설 혹은 슈투트가르트 21과 같은 엄청난 비용이 들어간 거대 프로젝트들이 어리석음으로 인해 실패할 수밖에 없는 이유를 확인하고 즐거워할 수도 있다. 또 두뇌 연구가나 성 상담치료사로부터 인간의 어리석음과 그로 인한 여러 사례들을 접하고 흥미를 느끼는 독자들도 있을 수 있다. 어떤 독자는 책을 통틀어 의미 있는 문장이라고는 단 한 줄밖에 발견하지 못할 수도 있고 책 속의 한 장 전체가 마음속 깊이 와 닿는 독자도 있을 수 있다.

독자들은 모두 다르다. 그것은 각기 다른 경험과 의견을 가진 이 책의 두 저자도 마찬가지다. 이 책을 쓰면서 두 저자가 특정한 주제에 대해 토론하고 서로의 생각을 보완하는 과정을 거친 것처럼 독자들도 이들의 제안 중 스스로에게 적합한 부분을 받아들이고 자기 환경에 알맞게 적용시키길 바란다. 이 모든 것은 저자들의 능력을 넘어서는 것이다. 바그너는 독자의 머릿속에서 펼쳐지고 생각을 발전시키는 열린 책이라는 개념을 이야기했다. 바그너는 모든 책은 개별적으로 읽히지만 책을 통해 세상으로 내보내진 좋은 생각은 결국 이 세상에 좋은 역할을 할 것이라고 믿는다.

퍼펠은 이에 대해 상당히 회의적이다. 그는 열정에 휩쓸리기보다는 더 현실적인 관점을 갖고 있다. "나는 정확하게 내 속의 '그것'이 생각하는 바를 표현하고 싶어요. 그런 다음에 각자 개인이 해석할 수 있도록 세상에 내보고 싶습니다."

웨이터가 오자 저자들은 음식과 샤르도네 와인을 주문했다. 와인을 마시고 나자 생각이 더 자유로워졌다. "저녁에 한 잔의 와인을 마시면서 글 쓰는 것이 정말 좋아요"라고 바그너가 고백했다. "와인 한 잔이 보통 때는 꽁꽁 숨겨져 있는 우리 두뇌의 어떤 영역을 열어젖히는 듯한 느낌이 들어요. 내 안의 한계를 무너뜨리지요." 이번에는 푀펠 교수가 말할 차례였다. "내가 의식하는 것은 전체 생각의 한 조각에 불과하다는 생각이 종종 들곤 하지요. 정말로 훌륭한 생각이 표면 위로 올라오기를 작정하고 거부하는 듯한 느낌? 어쩌면 샤르도네가 생각을 출산시키는 데 도움이 될 수도 있겠네요."

점심 식사를 하며 바그너와 푀펠 교수는 둘의 공동 작업이 어쩌면 어리석은 짓일 수 있다는 데에 동의하고, 어쨌든 지금보다는 더 나은 책을 써야겠다고 서로 다짐했다. 사실 우리가 쓴 내용 대부분은 써야겠다고 상상한 내용에서 몇 발자국쯤은 동떨어진 것이다. 따라서 대부분 책에 표현된 내용은 작가의 머릿속에 희미하게 들어 있던 상상의 조각과는 거리가 한참 멀다.

독자는 모두 자신만의 글을 읽는다

다음날도 읽기와 어리석음에 대한 토론이 계속되었다. 밤이 되면 두 저자 모두의 머릿속에서는 그날 토론했던 내용이 자신도 모르게 새로운 형태로 자리를 잡았다. 주제는 다시 한 번 독자의 구체적인 상황으로 돌아갔다. 그리고 마지막으로 이 장의 제목이 정해졌다. '독서는 사람들을 멍청하게 만든다.'

푀펠 교수는 지난번 바그너가 이야기했던 부분으로 돌아가보기로 했다. 우리가 무엇인가를 읽는다는 것은 개인적인 경험으로 그 텍스트에 접근하는 것이다. 다시 말해 독자들이 읽는 것은 쓰인 그대로의 내용이 아니라 자신이 세운 뼈대 속의 내용인 것이다. 이러한 뼈대는 독자의 기대나 의견, 편견 등을 먹고 자란다. 바그너는 독문학 수업시간에 배웠던 독일의 비평가 볼프강 이저Wolfgang Iser의 여백 이론을 떠올렸다. 이저는 영국 소설을 분석하고 하나의 사건을 여러 개로 나누어서 들려주었다. 이렇게 다른 관점에서 들려주는 텍스트는 각기 서로 독립된 이야기처럼 받아들여진다. 이처럼 다른 요소가 개입하게 될 때 독자들이 할 일은 서로 다른 요소를 연결시키는 것이다. 즉 텍스트의 내용 전체를 독자의 머릿속에서 재구성하는 것이다.

푀펠 교수는 이야기의 연결고리를 만들고 여백을 채우는 것은 독자들의 개별 경험에 달려 있다고 보았다. 이저는 두뇌 연구가가 아님에도 불구하고 그런 생각을 했던 것이다. 볼프강 이저가 볼 때 이러한 여백 이론을 가장 충실하게 반영한 소설은 제임스 조이스의 《율리시즈Ulysses》였다. 그 소설을 한 번이라도 읽어본 독자라면 자세한 설명 없이도 여백 이론이 무엇인가를 이해할 수 있을 것이다. 에른스트 푀펠이 쓴 책 《틀Der Rahmen》도 독자들이 자신의 정신세계와 경험을 독서에 반영한다는 내용을 담고 있다.

두 저자는 그날 저녁 확실한 결론에 도달했다. 어떤 텍스트도 '백지 상태tabula rasa'로 주어지지 않으며 모든 것은 사전에 형성된 패턴에 의해 읽혀진다는 사실을. 우리는 작가가 쓴 것과는 달리 자신의 경험과 생각에 비추어 텍스트의 내용을 읽는다. 독자들은 책에 쓰인 내용을 읽는 것이 객관적인 지식을 전달받는 것이라는 착각에서 벗어나야 한다. 그 착각이야말로 독서의 과정에서 생겨난 것일 뿐이다.

독서라고 다 똑같이 읽는 것은 아니다

물론 텍스트의 종류에 따라 독서 방식이 다를 수밖에 없는 경우도 있다. 과학 텍스트나 신문 기사 혹은 철학적 분석 텍스트 등은 주로 추상적인 의미를 설명해준다. 사실 우리는 생각과 머릿속 그림과 느낌을 언어로 표현하거나 아니면 언어를 통해 생각과 머릿속 그림, 그리고 느낌을 얻기 위해 분투한다. 과학 연구 작업은 이에 대한 좋은 예다. 명백한 과학적 발견일지라도 언어로 전환될 경우 처음의 명료함을 잃거나 다른 의미를 갖게 된다. 또한 외국어로 텍스트를 써야 하는 경우— 자연과학과 생명과학 분야의 경우 대개가 영어— 표현의 장애가 있을 뿐 아니라 시작부터 다루고자 하는 정신세계가 한정되거나 한 방향으로 쏠리기도 한다. 즉 언어가 사고에 영향을 미치고 과학적 '주류'에 편입되도록 부추기는 것이다.

추상적 의미를 구체적으로 설명하는 형태가 아닌 다른 형식의 읽기로는 시나 소설 혹은 다른 문학 작품을 읽으면서 독자들이 마음속에 자신만의 이야기를 전개시킬 수 있는 방식을 들 수 있다. 이런 경우 두뇌의 신경이 상당히 다르게 작용하는데, 독서를 할 때 머릿속에 떠오르는 그림은 우뇌가 더 강하게 작용하는 반면 감각을 지각하는 부분은 좌뇌와 더 강하게 연관된다.

작가 자신이 쓴 텍스트가 어떻게 받아들여지고 이해되는지에 대해서는 제한적 영향력만 있을 뿐이다. '책의 운명은 독자의 손에 놓인다(Pro capta lectoris habent sua fates libelli)'라는 말이 있듯이 모든 이들이 자신만의 이야기를 읽어 내려가기 때문이다.

독서 시간 = 잃어버린 시간?

우리는 이렇게 자문한다. 에른스트 푀펠이 독서하느라 보낸 10만 시간은 어디로 갔으며, 계산해보지는 않았지만 베아트리체 바그너의 인생에서 상당 부분을 차지하는 독서 시간은 다 어디로 갔는가? 이 시간들을 통해 남은 것은 무엇인가?

　책을 읽는 이유는 단지 지식을 얻기 위해서만은 아니다. 특정한 공동체에 소속감을 느끼거나 좀 더 다가가고자 하는 부분도 있다. 사람들이 신문을 읽는 것도 이 세상에서 일어나는 일을 알고 그에 대한 대화를 나누기 위해서라고 할 수 있다. 과학자 집단에서는 최신 정보를 얻기 위해 부지런히 과학 논문을 찾아 읽는다. 물론 그 내용은 중요하지만 그것만이 다는 아니다. '지식'은 사회 참여의 수단일 뿐이다. 우리 저자들은 이것마저 인간의 어리석음으로 보지는 않는다. 하지만 인간의 두뇌는 태어날 때부터 사회적 상호관계를 위해 형성되어 있으며, 한 사회의 지식 영역에 발을 들여놓게 되면 자연스럽게 소속되고자 하는 필요를 느끼게 된다.

　하지만 이 또한 뱀이 제 꼬리를 물고 빙빙 도는 모습이나 다름없다. 독서를 하게 되면 대화를 나누거나 하는 직접적인 사회활동에 써야 할 시간을 사용하게 된다. 그렇다고 독서에 투자한 시간에 비례하여 나중에 책이나 잡지 혹은 신문에 나온 내용을 모두 숙지하는가 하면 그것도 아니다. 여러분은 1장에 나온 내용을 아직도 다 기억하는가? 아마도 두세 문장으로 요약할 수 있는 핵심적인 내용은 기억할 수도 있을지 모른다. 책 한 권을 거의 다 읽고 나서도 그러하니 이 무슨 시간 낭비란 말인가. 다만 우리 저자들은 독자들이 이 책을 읽으면서 즐거움을 느끼기를 바랄 뿐이다!

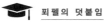 퀴펠의 덧붙임
시는 세상에 대한 낯설음을 극복하게 해준다

그렇다면 모든 독서가 나쁘고 멍청하며 우리를 진짜 세상으로부터 유리시킨다는 말이 맞을까? 여러분도 이미 눈치챘겠지만 우리 저자들조차 이런 생각에도 불구하고 완전히 독서를 포기하지는 못한다. 인생의 많은 부분이 그렇듯 여기서도 역시 균형이 중요하다. 즉 독약을 만드는 것은 알맞은 용량인 것이다. 독서는 사람을 멍청하게 만들기도 하지만 항상 그런 것은 아니다.

에른스트 퀴펠 교수는 고백한다. "주로 밤에 잠이 오지 않을 때 나는 그 시간을 채우기 위해 특정한 책이나 시를 거듭해서 읽곤 합니다. 독서가 꿈을 대신해 일상의 쓰레기 더미에서 나를 구원하는 셈이죠. 하지만 그것도 한계가 있어요. 내가 잘 아는 세계에 대해 읽을 때 안전함을 느끼고 나만의 환상 속에 숨어 들어가죠. 그때는 시간이 아깝다는 생각도 덜 듭니다. 하지만 내가 잘 모르는 내용을 읽을 때면 쓸모없는 것에 시간을 낭비하지 않을까 걱정되기도 합니다. 그렇다면 왜 시를 읽느냐고요? 시는 짧은 몇 구절만으로 내가 경험한 세계 속으로 나를 끌어들이고 세상과의 이질감을 극복하도록 만들어주기 때문이죠. 그러려면 우선 시를 통째로 외워서 스스로 암송할 수 있어야 해요. 글로 쓰인 시를 구어로 되돌려야 하는 것이죠. 저는 문자야말로 시를 위해 발명된 것이 아닐까 생각한답니다."

물론 모든 사람이 시를 읽거나 암송하지는 않는다. 그렇다면 독서의 무익함을 극복할 만한 또 다른 것은 없을까? 우리는 독서가 사람의 마음을 움직인다고 늘 이야기한다. 그렇다면 몸의 움직임은 어떤가? 우리는 사실 움직이기 위해 태어난 존재다. 자, 이제 독서의 다른 특징이 등장한다. 독서는 우리를 계속 자리에 붙들어놓는다.

부동성

간접 경험이
어떻게 사람을
병들게 하는가

끊임없이 새로운 책과 신문이 인쇄되어 나오고 온라인 기사도 쏟아져 나오는 바람에 우리는 매일같이 휴대폰이나 컴퓨터로 뉴스를 보느라 허리가 구부정해지고 있으며 팔걸이의자나 소파 혹은 사무실 책상에 앉아 독서를 위해 많은 시간을 보낸다. 우리가 사는 세계를 가상으로 체험하는 이러한 활동(TV를 보는 것도 여기에 포함된다)은 우리에게서 움직임을 앗아간다. 이것이 심신에 어떠한 영향을 미치는지는 다음 예를 통해 확실히 알 수 있을 것이다.

질병에서 간단히 도망치기

한스 라우버는 51세 되던 해에 심각한 당뇨 2기 증상을 보였다. 담당의사는 혈당을 조절하려면 앞으로 평생 인슐린 주사를 맞아야 할 것이라고 얘기했다. 선택의 여지가 없었던 라우버는 달리기를 시작했다. 그 당시는 조깅이 선풍적인 인기를 끌고 있었으며 건강에 얼마나 좋은지 다들 얘기하고 있었다. 당시 독일의 프로시벤이라는 TV 채널의 마케팅 매니저였던 라우버도 그 말에 전염되었다. 저자와의 대화에서 그가 말했다. "처음에는 쉽지 않았습니다. 운동을 하기엔 시간이 부족했어요. 일도 일이지만 건강에 안 좋은 생활 습관까지 있었거든요. 그렇지만 아버지와 할아버지를 봐오면서 당뇨가 얼마나 무서운지는 잘 알고 있었죠." 간단하게 말하자. 라우버는 인생을 극적으로 바꾸기로 결심한 뒤, 회사를 그만두고 독립적인 일을 하면서 삶에 새로운 움직임을 끌어들였다.

그때부터 그의 몸도 변하기 시작했다. 2년 만에 몸무게가 확연히 줄었으며 혈당은 물론 콜레스테롤 수치와 간 수치도 정상적으로 돌아왔다. 이제 65세가 된 한스 라우버는 활기차고 역동적이며 건강한 삶을 보내고 있다. 게다가 그는 또 다른 깨달음도 얻게 되었다. 달리기를 많이 할수록 정신 건강에도 좋다는 사실을.

이것은 하나의 기적적인 사례가 아니다. 오늘날 운동이 몸과 마음과 영혼에 얼마나 긍정적인 영향을 미치는지 우리는 모두 잘 알고 있다. 종종 운동은 최고의 약이 된다. 우리 모두는 육체적인 조건에 영향을 받기 때문이다. 정기적인 운동을 통해 신진대사와 혈당은 정상화되며 혈관은 청소되고 뼈는 튼튼해진다. 또한 연구 결과를 통해 운동은 두뇌에도 좋은 영향을 미친다는 것이 알려졌다. 실제로 두뇌 속에 감추어진 가능성을 드러내기 위해서는 움직임이 더욱 필요한 것으로 밝혀졌다. 두뇌의 신진대사는 구석기 시대부터 현재까지 250만 년 동안 계속해서 발전하고 상황에 적응해왔다. 수렵채취기 사람들은 먹을 것이 풍족한 지역을 찾아 이동하는 방식으로 진화해왔으며 그러면서 하루에 40킬로미터 정도를 걷는 생활에 익숙해졌다. 오늘날 서구인들은 하루 평균 800미터에서 1500미터 정도도 채 걷지 않는다고 한다. 이처럼 움직이지 않는 일상에서 활동을 중시하는 쪽으로 시류가 바뀌고 있는 현상은 옳을 뿐 아니라 매우 중요하기까지 하다.

걷거나 조깅하거나 수영하거나 춤추거나 자전거를 타거나 헬스클럽에서 땀을 흘리거나 개와 한참 동안 산책할 때 심장박동이 빨라지고 혈액순환이 원활해지며 특정한 두뇌 부분이 30퍼센트 이상 활성화된다. 이는 VEGF와 IGF-1이라는 특정한 호르몬의 성장을 촉진시키고 새로운 혈관의 생성을 도와 전체적으로 신체에 더 많은 산소를 공급해준다. 이때 또 다른 성장 요인 물질도 분비되는데, 이를 뇌유래 신경영양인자BDNF(brain-derived neurotrophic factor)라고 한다. 이는 좌뇌와 우뇌 반구의 해마에 있는 줄기세포에서 새로운 신경세포가 자라도록 도와주는 역할을 하며, 이들 신경세포는 기억을 장기간 저장하는 데 도움을 준다. 새로운 신경세포가 늘어나면 사고와 기억력이 더 쉽게 활성화될 수 있다. 마지막으로 규칙적인 운동을 통해서 성장인자인 VGF가 활성화된다. 이를 통해 시냅스 형성이 개선돼 신경세포들 간의 연결이 더 원활해진다. 또한 약리학 관점에서 볼 때 우울증 치료에도 긍정적인 역할을 한다. 운동을 할 때 분비되는 엔도르핀은 '달리기의 쾌감'을 선사함으로써 기분을 나아지게 한다. 한스 라우버가 어째서 한결 정신적으로 건강해졌는지를 생화학적 관점에서도 이해할 수 있게 하는 대목이다.

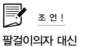

조 언!

**팔걸이의자 대신
댄스 플로어나 헬스 기구를**

일주일만 운동을 계속해도 앞서 언급한 성장인자들이 확연히 증가하고 사고력이 좋아진 것을 느낄 수 있을 것이다. 여러분도 한번 시도해보라. 런닝화를 신거나 여행 부츠 혹은 노르딕 스틱을 옆에 끼고 출발해도 좋고, 댄스 스포츠 학원에 등록하거나 평소에 관심 있던 운동을 시작해보라. 독서 대신 진정한 경험을 해보라!

당신의 두뇌를 활성화시키기 위해서는 변화가 중요하다. 춤을 출 때는 음악을 바꾸거나 새로운 댄스 동작을 연습해보라. 또 동작을 다양하게 시도해보라. 산책도 해보고 자전거도 타보고 요가 동작을 해보거나 산행을 해보라. 운동을 통해 즐거움을 누릴 수 있을 뿐 아니라 두뇌 기능도 현저하게 좋아질 것이다.

이제 여러분은 우리 제안에 따를 준비가 되었는지도 모른다. 아니면 다음 주제로 옮겨갈 준비가 되었을 수도. 다음 주제는 '인간은 자연이 만든 불완전한 창조물이다'라는 가설에 대한 학문적 고찰이다. 다음 장은 에른스트 푀펠 교수가 썼는데 이 책의 학문 배경을 요약하고 이들의 연관성을 더 정확히 설명하고자 한다.

．
．
．

인간의 어리석음을 묘사하는 자료는 셀 수 없이 많으며

그걸 다 다룬다면 이 책의 두께는 백과사전을 능가할 것이다.

하지만 이 시점에서 묘사와 분석을 멈추고 스스로에게 물어보자.

우리 두뇌의 원리는 무엇일까?

두뇌의 신경구조에서 어리석음의 실체를 발견할 수 있을까?

자연은 인간을 창조하면서 무슨 '생각을' 했을까?

이 장에서 에른스트 푀펠 교수는 원생동물에서 복잡한 연간의 두뇌에 이르기까지

그 경로를 추적하고 그것의 학술적 의미를 생각하며

나아가 철학적이고 심오한 시적 세계와의 연관성을 파헤치기로 한다.

인간

자연이 만든 부끄럽고
불완전한 창조물

이해불가한 텍스트

내버려두는 편이
나을 수도
있다

내가 아무것도 모른다는 것을 나는 안다(모른다?)

소크라테스가 한 말은 정확히 어떤 표현이었을까? '나는 내가 알지 못한다는 것을 안다'인가 아니면 '나는 아무것도 모른다는 것을 안다'인가? 불행히도 그리스어를 모르는 나로서는 소크라테스가 오래전에 했던 말을 번역해달라고 할 수밖에 없다. 그것의 의미가 아무리 이상하더라도 말이다. 아무튼 어떤 식자들은 소크라테스는 몰랐다(nicht weiß)고 말하고 또 어떤 식자는 그가 아무것도 몰랐다(nichts weiß)고 말한다.

　이것은 기본적으로는 질문의 범주에 포함될 수 없다. 두 문장 다 이해가 되지 않기 때문이다. 내가 알지 못한다는 사실을 안다고 나는 말할 수 없다. 적어도 모른다는 사실만은 알고 있기 때문이다. 따라서 적어도 내 논리와 언어의 범주 안에서는 두 문장은 자체 모순되는 것이다.

그렇다면 내가 아무것도 모른다는 사실을 알고 있다는 문장은 어떤가? 이것도 그다지 나아 보이지는 않는다. '알지 못한다'라는 표현이 앎이라는 상태를 부정하는 것에 비해서 '아무것도'라는 표현은 나에겐 여전히 알 수 없는 영역을 가리킨다. 하지만 이러한 문장도 역시 자연스러운 과장의 표현이라고 볼 수 있는데, 왜냐하면 나는 무엇인가를 알고 있기 때문이다.

정말로 나는 모르는 것일까? 나는 모르는 것이 많으며 사실 모르는 것이 대부분이다. 전체 세계에서 볼 때 나의 지식은 아주 제한적이며 지식의 바다에서 나 자신이 아는 것은 티끌보다도 적다. 또한 알고 있는 지식도 점점 더 줄어들 뿐이다. 내 지식이 증가한다 할지라도 내가 망각하는 것이 새로 배우는 것보다 많으며 이로 인해 무지도 늘어날 뿐이다. 대답을 할 때마다 질문도 커진다. 알면 알수록 더 모르게 된다. 역설적인 상황이 아닌가. 이러한 캄캄한 상황에서 어떻게 길을 찾을 수 있는가? 지식과 더불어 무지도 더욱 커지는 상황이므로 사람들은 점점 더 수렁에 빠진다. 아니면 지식의 문을 닫아버리고 그냥 어리석은 상태로 있는 것이 더 이상 길을 잃지 않는 방법일까?

꿈 혹은 현실

괴테의 《파우스트》를 보면 "많은 것을 알고 있지만 더 많이 알고 싶소"라고 고백하는 닥터 파우스트에게 "우리는 아무것도 알 수 없다"라고 병원의 직원 바그너는 말한다. 이 또한 과장이다. 우리는 모든 것을 알 수도 없고, 그 반대로 아무것도 모를 수도 없다. 게다가 안다는 것은 무엇을 의미하는가? 알고 있다는 것은 '무엇'인가를 통제하고 있다는 것처럼 들린다. '안다beherrschen'라는 단어에 '지배하다herrsche'라는 동사가 들어간 것은 우연이 아니다. 400년 전 철학자 프란시스 베이컨은 말했다. "지식은 권력이다." 또한 이런 말도 했다. "진정한 지식은 원인이 명백한 지식이다(베이컨은 라틴어로 표현했는데 바로 'Vere scire, esse per causas scire'이다)." 그렇다면 실체는 어떤 모습을 하고 있는가? 나를 비롯한 많은 사람들이 전혀 모르겠다고 생각할 것이다.

예를 들어보자. 아침에 일어나 자문해본다. 내가 왜 잠을 깼지? 아마 대답하기 어려울 것이다. 가장 빠른 대답은(과학자들은 대체로 빠르고 성급하게 결론을 내리는 경향이 있다) 잠을 충분히 잤기 때문에 내 '내면의 시계'가 눈을 뜨고 일어나라는 신호를 보내서일 것이다.

하지만 그것이 무슨 의미일까? 그것은 대답이라기보다는 어떤 질문에 대한 의견일 뿐이다. 어쩌면 왜 일어났는가라는 질문을 던지기 전에 왜 잠을 잤는지부터 물어야 하는 게 옳을지도 모른다. 사람들은 왜 잠을 자는가? 아무도 그 이유를 정확히는 모른다. 가장 쉽게 할 수 있는 대답은 너무 피곤해서일 것이다. 그렇다면 왜 피곤해지는가? 이 또한 누구도 정확하게 모른다. 우리 몸이 회복을 필요로 하기 때문이라고 말할 수도 있겠다. 하지만 좀 더 다른 방식의 답도 나올 수 있었을 것이다. 잠을 자지 않고도 잘 살아가는 생물도 있기 때문이다. 그렇다면 꿈꾸기 위해 자는 것일까? 가능한 대답이긴 하지만 꿈이 무엇인지 확실하지 않기 때문에 그 또한 명쾌한 답은 될 수 없다.

이러한 질문을 다루는 연구가나 전문가 같은 똑똑한 사람들은 이 쉬운 질문에 대한 답을 알거나 알고 있다고 생각할 것이다. 나는 솔직히 그 대답을 모르지만 그래도 잠을 자고 꿈을 꾸며 아침이면 상쾌하게 혹은 찌뿌듯한 상태로 깨어난다. 내가 전혀 이해하지 못해도 이런 일은 일어나는 것이다. 솔직히 창피할 정도다. 아니면 일상적으로 벌어지는 명백하고 당연한 현상들을 차라리 이해하지 못하는 편이 더 나을까? 다 안다고 해서 무슨 소용이 있겠는가? 좀 덜 무식하다 해서 더 잘 자거나 더 멋진 꿈을 꿀 수 있는가? 대부분의 꿈은 그리 멋지지 않다. 어떤 경우에는 너무 끔찍하고 또 어떤 경우는 너무 현실적이어서 꿈속에서 그것이 현실인 줄 알다가 깨어난 다음에야 꿈이라는 것을 깨닫는다.

그렇다면 내가 꿈이라고 부르는 것은 나의 '현실'이 아니며, 현실로 경험하는 것이 가짜 현실 혹은 꿈이 아니라고 어떻게 장담할 수 있는가? 잘 모르겠다. 사실 어떨 때는 깨어 있는 순간의 의식은 가상 세계이고 꿈속의 내가 더 진정한 나에 가깝다는 생각도 든다. 꿈속에서 진정한 나의 '현실'이 펼쳐지며 그 속에서 나는 더 이상 감각에 의해 전달되는 외부 세계의 노예로 살지 않아도 된다는 생각이 드는 것이다. 이런 생각이 잘못된 것임을 증명할 수 있겠는가? 현재의 과학으로는 불가능하다. 사실 이러한 질문에 대한 답변은 그 사람이 차지하고 있는 위치에 따라 달라질 수 있다. 과학계 내부에서도 각 분야에 따라 답변은 서로 다를 수 있다. 또한 과학이 내딛힐 수 없는 부분은 철학과 종교의 몫이기도 하다.

기독교적 인간상

다른 얘기를 해보자. 나는 보통 사람들이 말하는 '신앙심이 깊은' 사람은 절대 아니다. 그렇지만 사람들이 이야기하는 소위 '기독교의 인간상'을 이해하고 싶을 때(대체로 일요일 사교 모임의 주제로 곧잘 등장하는데 그 다음 주가 되면 까맣게 잊는다) 종종 성경을 펼쳐보곤 한다. 그런데 신약의 네 복음서는 이상하게만 생각된다. 상식적으로 봤을 때 말이 안 되거나 모순되는 구절이 많기 때문이다. 그렇다면 구약성서는 어떤가? 종종 구약은 기독교적이 아니라 오히려 그 반대로 여겨진다. 그렇다면 성경은 무엇인지 신학자들의 설명을 들어야 할까? 나 혼자 성경을 읽는 습관을 포기해야 할까? 하지만 청교도 규율에 따르면 오직 성경만이 답이다. 그러므로 나 스스로 성경을 읽어야만 한다.

하지만 성경책을 눈앞에 펼쳐놓고 있을 때면 보통 사람들이 성경 읽는 것을 금지하는 것이 좋지 않을까 하는 생각이 저절로 든다. 혼란을 더해주기만 할 뿐이니까. 마르틴 루터가 독일어로 성경을 번역한 후 교회 공동체가 강화되거나 새로 생겨나는 데 도움이 되었을지는 모르겠지만 스스로 성경을 읽는 사람의 머릿속에 혼란스러움을 초래한 것도 사실이다. 가장 중시되는 기독교 텍스트 중의 하나인 사도 바울의 로마서 7장에 나오는 구절을 예로 들어보자.

15절: 나는 내가 행하는 것을 알지 못합니다. 내가 바라는 것은 하지 않고 오히려 내가 미워하는 것을 합니다. 16절: 그런데 만일 내가 바라지 않는 것을 한다면, 이는 율법이 선하다는 것을 내가 시인하는 것입니다. 17절: 그렇다면 이제 그런 일을 하는 것은 더 이상 내가 아니라, 내 안에 자리 잡고 있는 죄입니다. 18절: 사실 내 안에, 곧 내 육 안에 선함이 자리 잡고 있지 않음을 압니다. 나에게 바람은 있지만 그 좋은 것을 행하지는 못합니다. 19절: 선을 바라면서도 하지 못하고, 악을 바라지 않으면서도 그것을 하고 맙니다. 20절: 그래서 내가 바라지 않는 것을 하면, 그 일을 행하는 것은 더 이상 내가 아니라 내 안에 자리 잡은 죄입니다.

나는 이 문장들을 이해할 수가 없다. 서신에 나오는 내가 '나'와 '죄' 이렇게 양자로 나누어진 것은 확실하다. 그런데 전 세계적 종교의 기초를 형성하고 있는 인간의 이미지가 참으로 이상하지 않은가? 단순한 마음과 정상 두뇌를 가진 사람이 이 문장들을 이해할 수 있을까? 나는 아무래도 이해할 수 없다. 어떻게 자신이 전혀 이해하지 못하는 것을 그저 받아들일 수가 있단 말인가? 아니면 이해하지 말고 그저 스스로 어리석음을 인정하고 모든 것을 받아들이라는 종교의 '농담' 혹은 '진심어린 조언'을 따라야 한단 말인가?

어쩌면 정말로 우리 안에서 싸우는 '선한 나'와 '악한 나'를 구별할 필요는 있을지 모른다. 만약 그렇다면 이 모든 악행의 근원에는 나쁜 마음 즉 악마가 있을 것이다. 사람들이 악마를 실재하는 존재로 여기고 하느님과 동등한 지위에 있는 것으로 여기기까지 한 것을 보면 그 권능을 알 수 있다. 교회 '이단자'들의 견해에 따르면 남부 프랑스의 카타르파(12, 13세기 서유럽에서 번성한 그리스도교 이단 종파 — 옮긴이)도 수세기 전에 이러한 가설을 믿었다고 한다. 사도 바울의 서신을 읽었다면 당연히 그런 생각이 들지 않았을까 이해가 간다. 하지만 이러한 가르침은 '정통파' 기독교도로서는 받아들일 수 없는 것이었고 이에 따라 교황 이노센트 3세는 알비 십자군을 일으켜 카타르파를 집단 학살했다. '기독교적 인간상'에 비추어본다면 이러한 역사적 사건들을 이해하기 어렵지만 지난 몇 세기 동안 우리 인간의 역사도 그다지 나아진 것이 없다.

아무튼 그래도 질문은 남는다. 앞서 예로 든 난해한 성서를 해석할 정통성을 가졌다고 자부하는 세력은 이해되지 않는 것들을 이해할 수 있고 그것을 다른 사람에게 제대로 설명할 수 있을까? 아니면 이해 안 되는 이런 구절들을 이해하려면 보통 사람들에겐 없는 특별한 영적 능력이 필요한 것일까? 그런데 왜 우리가 그들의 말을 믿어야 하는가? 조언을 구하는 사람들이 얻는 것은 단순한 설명뿐 아니라 관점이 다른 해석인 경우가 많기 때문이다. 어쩌면 모든 것을 다 알고 있는 듯한 전문가의 설명을 통해 제도적으로 부여된 권력을 얻으려 하거나 설명에 담긴 모순을 감추려는 것은 아닐까?

헤겔의 논리

친한 친구 한 명이 이런 말을 했다. "철학자 게오르그 빌헬름 프리드리히 헤겔의 책을 반드시 읽어야겠어." 그 바람에 나는 곧장 철학백과사전 제2장에 나와 있는 다음과 같은 문장을 읽었다. '철학은 무엇보다도 대상에 대한 관찰적 사고라고 정의할 수 있다. 만약 인간이 이성에 의해 다른 모든 동물과 구별되는 것이 맞는다면(아마도 그 말이 맞을 것이다) 사고력에 의해 인간은 비로소 인간성을 획득

하게 된다고 할 수 있다.'

나는 이 문장을 이해했지만 그에 대한 대답은 강한 "노!"이다. 단지 '생각할' 수 있다는 이유로 인간을 모든 동물의 우위에 두고 인간의 권능을 과시하는 주장이 아닐 수 없다. 철학자들은 인간만이 '생각할' 수 있다는 사실을 어디에서 발견했는가? 이는 그 근거가 불분명한 공허한 주장이며, 자연과학자의 관점에서는 상당히 기분 나쁜 주장이다. 아니면 자연과학은 처음부터 특정 형태의 지식과는 거리가 멀고 언어적으로 표현방식이 제한돼 있기 때문에 어리석은 자들의 그룹에 속할 수밖에 없다는 말인가?

하지만 철학 텍스트를 읽고 이해하기 위해서는 눈이 책장 위를 그냥 스쳐 지날 뿐 아무것도 머릿속에 남지 않는다 할지라도 어쨌든 고군분투하지 않을 수가 없다. 이런 절망적인 상황에서 우리는 학습 능력의 한계를 깨닫고 아무것도 이해하지 못하는 자신의 편협함을 한탄하게 된다. 그렇지만 포기하지 말아야 한다. 정상에 오르기 위해서는 산을 오르는 괴로움을 감수해야 하니까. 나는 '존재'의 의미를 완벽하게 이해하고자 헤겔의 《논리학》첫 단계인 '존재에 대한 가르침' 제84장을 읽었다. 하지만 아무것도 이해할 수 없었고, 그럼에도 불구하고 나는 여러 번 그 내용을 읽었다.

"존재라는 개념은 그 자체로 유일하다. 그것의 정의는 '살아 있다'는 것이다. 또한 다른 존재와 다르다는 것이며, 더 자세히 정의하자면 존재가 타자에게 전이되는 것이다. 다시 말해 존재라는 개념을 펼치고 노출시키면서 또 동시에 자기 존재의 내부로 들어가서 심화되는 것이다. 존재라는 개념의 영역을 설명하는 것은 전체 존재 그 자체이며 존재의 직접성과 존재의 형식이 이것을 통해 사라지게 된다."

　이것이 대답이다. 누군가는 헤겔의 독특한 언어방식에 익숙해지면 그가 말한 의미를 이해하고 예측할 수 있다고 했다. 하지만 몇 시간 동안이나 이해하려고 노력해보았지만 나에게는 허사였다. 어쩌면 누군가가 좀 더 쉽게 그 문장이 '정말로' 뜻하는 바를 나에게 설명해줄 수도 있을지 모른다. 하지만 나로서는 이해하려 애쓰는 것이 그저 시간 낭비에 지나지 않는다는 것을 깨달았다. 더 이상 애쓰지 않는 것이 건강을 위해서도 나을 것이다. 이런 텍스트를 계속 읽다 보면 편집증에 빠져서 결국에는 미쳐버리고 말 것이다. 간혹 이해하지 못하는 것을 읽다 보면 내 사고가 더 이상 정상적이지 않은 세계로 열리는 것을 느낄 수 있다. 하지만 나는 정상 세계에 대한 믿음을 잃고 싶지 않다. 그것이 환상이며 편협함의 한계일 뿐이라 할지라도 내가 이해할 수 있는 범위를 넘어서는 사고를 다루어야 하는 절망적이고 위험한 상황에 빠지고 싶지는 않기 때문이다.

시와 농담

정신적
휴식을
주는 것들

'왜'라는 함정

글로 쓰인 무언가를 이해하고자 하는 것은 이성에 대한 욕망의 표현이다. 우리 모두에게는 인과관계를 파헤치고자 하는 중독성 경향이 있다. 하지만 자신의 정신세계 바깥에 있는 것을 이해하려는 욕망은 어리석음에 지나지 않는다. 항상 모든 것에 '왜'라고 질문하는 이성에 대한 중독성은 그 자체로 질병이 아니라면 편협함의 신호일 수 있다. 우리는 어째서 모든 것에 '왜'라는 질문을 해야 하며 사물을 '왜' 그대로 받아들이지 못하는가? 사실 이 질문조차 '왜'를 포함한다. 우리는 '왜의 함정'에 빠져 있는 것이다. 우리는 그렇게 만들어졌으며 우리의 두뇌는 다른 선택이 없다. 하지만 인과관계에 대한 중독성을 다룬 에리히 케스트너Erich Kastner의 글을 읽으면 위안이 된다. 놀랍게도 언어가 모든 것을 어둡게 만들지만은 않는 것이다!

왜, 어째서 왜인가?

1000킬로그램은 왜 1톤인가?

3 곱하기 3은 왜 7이 아닌가?

왜 지구는 태양의 주위를 도는가?

에르나는 어째서 요네가 아니라 에르나인가?

어째서 그 녀석은 나에게 편지를 보내지 않는가?

어째서 교수는 모든 것을 잘 알고 있는가?

어째서 연미복에는 검정 넥타이를 할 수 없는가?

왜 우린 모든 것을 알 수 없는가?

왜 신은 눈에 보이지 않는가?

왜 남자들은 지저분한 농담을 좋아하는가?

왜 우리는 돈을 스스로 만들지 못하는가?

어째서 가끔씩 자살을 하면 안 되는가?

왜 우린 겨울에 겨울옷을 입는가?

왜 누가 죽으면 웃으면 안 되는가?

왜 사람들은 항상 왜, 라고 묻는가?

• 에리히 캐스트너

이 시는 사고와 언어유희에 지친 이들에게 정신의 휴식을 주며
복잡한 텍스트에 비해 이해하기도 훨씬 쉽다. 특히 너무나 당연한
것을 질문하고 그것을 조롱하는 것을 보는 것은 즐겁다. 장난스럽

고 바보 같은 언어유희조차도 심오한 세계의 숨 막힐 것 같은 코르셋으로부터 놓여난 듯한 해방감을 준다. 다른 예를 들어보자.

집착

———

아이는 엄마한테 목을 매고
농부는 땅에
청교도는 루터에
유화는 벽에
포도송이는 포도덩굴에
개는 주인의 시선에
어떤 사람은 삶에 목을 매고
또 어떤 사람은 밧줄에 목을 맨다.

• 하인츠 에르하르트Heinz Erhardt

헤르타

———

이미 벌어진 일을 끝이라고
봐서는 안 되지.
헤르타는 말한다.
"여러 번 처녀성을 잃을 수는 없지요."

• 알프레드 케어Alfred Kerr

나쁜 부류

나를 즉시 입 다물게 하는 사람
엄청나게 영리하면서도 어리석은 자들이다.
이들에게는 다른 방법이 없다. 꾹 참고 견디거나
확 때려눕히는 것.

• 하인리히 자이델Heinrich Seidel

사람들

한 사람이 전차에 올라
한 사람 한 사람을 모두 둘러보다가
느닷없이 불멸에 대해
완전히
포기할 준비를 한다.

• 에우겐 로스Eugen Roth

어려운 텍스트를 이해하느라 정신적으로 소진돼 회복이 필요하
다면 농담이 도움이 된다. 살시아 란드먼Salcia Landmann의 《유대인의
농담Judische Witze》이라는 책은 인간 정신의 편협성에 대한 여러 가
지 재미있는 농담을 담고 있는데, 거기에는 재미있는 언어유희도
많이 담겨 있다.

— 남편이 아내에게 보낸 편지: 사랑하는 리우케, 당신의 슬리퍼로 나에게 친절을 베풀어주시겠소? 물론 당신 슬리퍼가 아니라 내 슬리퍼 말이오. 그렇지만 '내 슬리퍼'란 표현을 읽으면 당신은 내가 당신의 슬리퍼를 원한다고 생각할지도 모르겠소. 하지만 내가 '당신의 슬리퍼를 나에게 보내시오'라고 쓴다면 당신은 당신의 슬리퍼란 말을 읽고 그게 '내 슬리퍼'를 말하는 것이라 생각하고 내 슬리퍼를 보낼 수도 있겠구려. 그러니 나에게 당신의 슬리퍼를 보내주시오.

— 히틀러의 왕국: 유대인이 아직까지도 국립 철도를 사용할 수 있었던 당시, 늙은 마이슬은 기차에 앉아 생각에 잠겨 있었다. 그러다 시선이 선전 포스터 위에 가 닿았다. '독일인은 거짓말을 하지 않는다(Ein Deutscher lugt nicht)!' 마이슬은 낮은 목소리로 조용히 혼잣말을 했다. "한 독일인(Ein Deutscher)이 거짓말을 하지 않는다? 8천만 독일인 중에서 참 대단한 확률이군!"

— "랍비 코펠이 죽었어요. 그의 장례식에 갈 거예요?"

"내가 왜요? 그가 내 장례식에도 온답디까?"

— 금융가인 퓌어스텐베르크는 건방진 말투를 쓰는 것으로 유명하다. 사실 모든 주주들은 건방지고 멍청하다. 낯선 사람에게 돈을 맡기니까 멍청한 것이고 그런 멍청한 짓을 하면서도 이익을 보길 원하니 건방진 것이다.

《유대인의 농담》

살시아 란드먼 지음, 독일 출판사, 2007.

이 책은 인간의 어리석음과 지혜의 깊이를 보여주는 가장 중요한 텍스트 중 하나가 아닐까 한다. 란드먼은 농담을 농담으로 만드는 얘기들을 들려주고 프로이트의 《농담과 무의식의 관계 *Der Witz und seine Beziehung zum Unbewuβten*》에 등장하는 개념을 많이 차용한다. 농담에는 꿈속에서처럼 많은 것들이 함축되어 있다. 가령 꿈속에서는 같은 여인이 아내면서 동시에 연인으로 등장하기도 한다. 하인리히 하이네Heinrich Heine(1797~1856, 독일의 시인이자 평론가 — 옮긴이)의 작품은 이 같은 문학적 응축을 잘 보여준다. '괴팅겐 대학에는 학생들과 교수, 속물들과 소들이 함께 살았다.' 하인리히 하이네는 그 밖에도 극단적으로 응축된 표현을 통해 자신의 생각을 나타냈는데, 바로 영국의 동물학자였던 바론 로드차일드Baron Rothschild가 파리에서 자신을 아주 허물없이(famillionär, 새로 만들어진 famillionär라는 합성어는 친밀하게 familiar와 백만장자 Milionar라는 단어를 압축시키면서 부자가 허물없이 대할 때는 뭔가 불쾌하게 만드는 부자들만의 특이한 방식이 있다는 것을 암시한다 — 옮긴이) 대했다고 얘기하는 장면이다.

또한 농담은 감추어진 진실을 표면으로 떠오르게 하는 특징이 있다. 특히 저속하거나 공격적인 농담일수록 그렇다. 모이쉬 할브게왁스는 렘베르크로 가는 기차를 탔다. 한 기차칸에서 그는 여성과 진한 애무를 주고받고 있는 친구를 발견했다. "라이브, 자네 거기서 뭐하나?" "나? 렘베르크로 가는 중이라네." "그 여자를 통해서 말인가?"

농담은 또한 우리 생각의 한계에 대한 언어 치유 방식이기도 하다. 농담을 통해 우리는 직접 말하지 못하는 것들을 간접적으로 말할 수 있다. 멍청해 보이지만 사실은 현명한 방법인 것이다. '사람들은 솔로몬이 아이 엄마를 찾아주었기 때문에 지혜로운 사람이라고 말한다. 하지만 그가 정말로 찾았어야 할 사람은 아이의 아빠였다. 그게 진정한 지혜다.'

이어서 이 책의 중심 주제를 몇 문장으로 요약한 시 한 편을 더 소개한다.

누가 알겠는가

———

열정의 시를 쓰는 사람이라도

그 마음속에 깃든 것이 다 표현되지 못하듯

신이라 할지라도

그가 상상한 세계는

창조한 세계보다 더 멋진 것이 아니었을지.

• 에우겐 로스

생명의 시작

우리 모두는
자연의 원리에서
탈출할 수 없다

편협함의 바다에서

개인의 몰이해에 대한 이야기로 다시 돌아가보자. 제한적 이해력을 가지고 있는 나는 특별한 경우에 속하는가? 이 세상에 책을 읽으면서 무력함과 이해 불가의 상태에 빠지는 사람은 비단 나 혼자뿐일까? 물론 모든 사람에게는 자신만의 고유한 한계가 있으며, 우리 대다수는 마음의 경계선에 빠르게 도달한다. 만물의 영장이라는 인간의 가장 뛰어난 특징이 헤겔의 철학서에서 본 대로 사고 능력이라면 너무 부끄러운 일 아닌가? 만약 생각하는 능력이 가장 으뜸가는 능력이라면 그 또한 뭔가 잘못된 듯하다. 하지만 우리 인간을 '피조물 중의 왕'이라고 보는 것 또한 단지 인간들만의 상상일 뿐 (이 또한 인간이 불완전한 창조물이라는 증거다) 사실 우리 모두는 실패한 생물학적 소산일지도 모른다. 아니면 작가 아서 쾨슬러Arthur Koestler 가 말한 대로 '우리 인간은 진화 과정에서 잘못 인도된 생명체'일

수도 있다. 그렇다면 우리 중 누구도 이 비좁은 한계에서 벗어날 수 없는 것이다.

만일 정말로 그렇다면 세상이나 자신을 이해하는 능력이 제한적인 것은 어쩔 수 없는 일이다. 하지만 이미 그러한 한계를 깨닫고 우리의 많은 문제들이 우리 능력 밖이라는 것을 이해하려는 커다란 시도가 이루어지고 있다. 이러한 질문들은 인간이 사고하거나 대답할 수 없는 것들로서 거대한 바다 속을 헤엄치고 있으며 우리 인간은 본질적으로 어리석기 때문에 그 실체를 파악할 수 없다.

그렇다면 우리가 알 수 있는 것은 무엇인가? 아니면 앎에 대한 이 모든 한계에도 불구하고 우리가 알고 있다고 믿는 것은 무엇인가? 우리 내면의 가능성과 한계에 대해 무엇을 말할 수 있을까? 이제부터 미지의 정글로 탐험을 떠나보기로 하자. 정글을 헤치며 길을 낸다고 해도 길 양쪽은 여전히 울창한 숲으로 뒤덮여 있으며, 밀림 속을 뚫고 들어가면 갈수록 우리는 밀림의 불가사의한 위엄에 압도될 뿐이다. 불행히도 한 가지 사실만이 분명해진다. 알면 알수록 우리는 모르게 된다는 것.

더 이상 에둘러 얘기하지 않겠다. 우리는 어리석게 태어난 존재다. 인생의 시작 단계에서 아무것도 배우지 않아서가 아니라 우리가 인간이기 때문이다. 우리는 어리석음이라는 저주를 받았으며 아무리 열심히 배운다 하더라도 어느 날 갑자기 똑똑해지거나 하지 않는다. 인간이 결코 알 수 없는 부분이 있다는 것, 그리고 항상 모른 채로 남아 있는 것이 비로 인간의 본성 중 한 부분이다.

인간의 한계를 좀 더 자세히 들여다보려면 생물학의 역사 속으로 거슬러 올라갈 수밖에 없다. 우리가 어디서 시작되었는지를 들여다

보면 자신을 이해하는 것도 한결 쉬워질 것이다. 빅뱅과 더불어 모든 것이 순조롭게 시작되었지만 한 사건으로 뭔가 잘못된 길로 접어들었는데 그것이 바로 인간의 출현이다. 인간은 어리석음을 발명한 존재다. 아니면 좀 더 겸손하게 표현해보자. 다른 생명체도 어리석음이란 사치를 누릴 수 있는 존재인지는 알 수 없으므로 우리 인간은 어리석음의 발명가라고 해야겠다.

생명은 어디서 시작되는가?

40억 년 전쯤 지구에 생명이 창조되었다는 것이 우리가 제한적이나마 알고 있는 지식이다. 그런데 생명이 '창조'되었다는 것은 옳은 표현일까? 사실 늘 거기에 있던 것이 '발견'되었다고 하는 편이 옳지 않을까? 우리가 모르는, 실행되기를 기다리고 있던 어떤 신비한 계획에 따라 말이다. 환경이 발전되기 위해서는 기다림이라는 조건이 필요했을 테니까.

아니면 좀 더 '고귀한' 목적을 위해 무無에서 생명이 '창조된' 것일까? 그렇다면 창조자는 누구인가? 만약 그렇다면 수많은 결함을 갖고 창조된 생명의 불완전성에 대해 우리가 불평할 요소는 너무도 많다. 하지만 이런 문제는 신앙인에게는 전혀 의문시되지 않는다. 자신을 '피조물'이라고 받아들이는 순간 창조자가 만들어지는 것이다. 기독교도들은 말한다. "당신의 뜻이 이루어지소서." 또 이슬람교도들은 말한다. "인샬라(신의 뜻대로)." 로마의 시인 호라스는 다음과 같이 썼다. '미래가 무엇이든 간에 우리에게 주어진 운명을

견디는 것이 훨씬 훌륭한 것이라네.'

그렇다면 신앙이라는 요소를 배제하고 생명을 이해하려는 자연과학자들의 생각은 어떠한가? 생명의 시작에 대해서는 역시 자연과학자들도 답변할 수 없다. 인간을 인간으로 만든 첫 번째 단계가 어디서 어떻게 시작되었는지, 또 그 이유가 무엇인지는 아직까지도 커다란 수수께끼로 남아 있다. 생명이 없는 화학적 돌멩이 같은 것에서 우리가 생명이라고 부르는 것이 생겨나 인간의 '생명'과 '경험'의 기반이 된다는 것이 어떻게 가능한가? 연구자들은 그저 놀라움 속에서 지켜볼 뿐이다. 그렇다면 이 같은 질문에 뒷걸음을 치는 것은 어리석은 걸까, 현명한 걸까?

세상에 처음으로 생겨나 엄청난 속도로 번성한 것은 단세포 유기체였다. 이들은 우리가 숨 쉬는 대기를 만들었다. 이 첫 번째 형태의 생명이 또한 우리를 둘러싼 환경이라고 부를 수 있는 엄청나게 중요한 자연을 창조했다. 어떻게 그토록 단순한 생명이 이렇게 엄청난 자연을 창조할 수 있었는지 자문해보면 한 가지 놀라운 사실을 깨달을 것이다. 처음부터 생물 유기체는 그 기능에 따라 살아남았으며 이는 두뇌를 가진 '고등 생명체'를 비롯한 모든 생명체에 똑같이 적용된다는 사실을 말이다.

자세히 들여다보면 지난 40억 년 동안 진화 과정에서 추가된 기능이 인간에게는 불과 몇 가지 안 된다. 비록 이것이 인간의 자존심에 상처를 주기는 하지만. 생명과 그 경험의 원칙은 수십억 년 전에 형성된 것이며 인류보다 훨씬 오래되었다. 이러한 사실은 우리를 제한적으로 만든 자연을 이해하도록 하며, 인간이라는 존재를 지나치게 중시하지 않도록 하는 데 도움이 된다.

《멸종Extinction》
데이비드 라프David M. Raup 지음, 노튼 사, 1991.

이 책에서 우리는 지구상에 존재한 생물 종의 평균 수명은 수백만 년밖에 되지 않으며 거의 모든 종은 멸종될 수밖에 없다는 사실을 알게 된다. 이처럼 종의 수명 한계를 분명히 설정한 것은 자연의 어리석음 탓일까 아니면 현명함 때문일까? 이와 같이 종의 짧은 수명 기간이 의미하는 것은 '호모 사피엔스', 이른바 지적인 동물이라는 인간조차도 이미 충분한 수명을 누려왔다는 사실이다. 그렇다면 지구상에서 인간의 수명이 다하게 될 경우 이것은 자연의 영리함일까 아니면 어리석음일까? 어쩌면 둘 다 옳을지 모른다. 한 종의 수명이 오직 몇 백만 년밖에 되지 않고 인류 전체가 지구상에서 사라지는 날이 온다면 이는 생태계가 제대로 작동하고 있다는 증거일 수도 있다. 이를 통해 새로운 진화를 위한 공간이 생겨날 수 있기 때문이다. 이러한 목적을 이루기 위해 인간이 최선을 다하는 것은 그것이 자연환경 파괴건 아니면 더 파괴적인 무기 개발이건 상관없이 지성의 탈을 쓴 인간의 어리석음이 낳은 결과다. 하지만 다른 한편으로는 인간이라는 장애물을 제거하고 새로운 종들에게 공간을 내어주기 위한 자연의 고차원적인 표현방식일 수도 있다.

그렇다면 여기서 냉소적인 질문을 던져볼 필요가 있다. 우리가 특정 생명체의 멸종을 막기 위해 굳이 필사적으로 노력할 필요가 뭐 있을까? 수백만 년이 걸리는 진화의 관점에서 볼 때, 그냥 모든 것이 순리대로 흘러가도록 내버려두고 새 생명을 태동시키기 위한 생태계의 흐름에 우리를 맡기는 게 더 낫지 않을까?

생명의 기본 모티브

우리는 시간 속에 '정지된' 채 밀폐 공간 속에 놓인 단세포 유기체 하나를 본다. 유전자란 무엇인가? 과거 상태를 미래에 전달하는 화학 성분으로써 어떤 면에서는 '정지된' 물질이다. 유전자 속에서는 미래에 필요한 무엇인가가 고정되어 보존된다. 다시 말하자면 이

'어리석은' 세포들은 미래가 있다는 것을 '알고' 있다. 그러므로 이러한 세포는 고뇌에 찬 철학자들이 답변하지 못한 복잡한 질문에 답을 준다. '시간'이 정말로 존재하는가라는 의문에 대한 답 말이다. 어떤 철학자들에게는 시간이란 존재하지 않는 무엇이다. 하지만 인간의 지식 바깥 영역에 있는 세포에게는 하나의 실체다. 미래에 대한 '계획'을 갖추고 있기 때문이다. 시간이 있어야만 미래가 존재할 수 있으므로. 여기서 의심이 생긴다. 가장 자연스러운 문제까지도 복잡하게 만드는 인간의 지성 때문에 우리가 잘못된 길로 들어선 게 아닌가 하는 의심 말이다.

아무튼 다시 세포에 집중해보자. 세포 속 무엇인가를 보존하기 위해 부패를 방지할 수 있는 특별한 공간이 만들어져야 했다. 그래서 세포막이 만들어졌다. 이 막은 세포 속 물질이 열역학에 의해 부패와 소멸이라는 화학적 분해과정을 거치지 않게 하는 역할을 해준다. 세포막은 새로운 공간을 만들긴 했지만 밀폐된 공간은 아니며 특정한 물질과 정보가 오갈 수 있도록 양쪽 방향으로 열려 있다. 소위 문과 창문이 있는 벽인 셈이다.

세포 형성과 함께 생명의 시초에서 완전히 새로운 무엇인가가 일어났다. 유기체들은 부패에서 해방되었고 혼란 속에서 녹아 없어지지 않도록 자신을 보호할 수 있는 구조를 만들었다. 또한 세포는 어떤 철학자들이 그 존재 여부에 의문을 품었던 '공간'이 실제로 존재한다는 것을 증명했는데, 세포들 사이에 그것을 둘러싼 공간이 존재하는 것은 당연하기 때문이다. 이러한 단순한 생명체는 인간이 답을 구하느라 골머리를 앓는 수많은 질문 자체를 우습게 만들어버리는 힘을 가지고 있다.

생명체 유지에 필요한 균형과 항상성을 유지하기 위해 살아 있는 생명은 처음부터 그에 필요한 능력을 갖추어왔다. 단세포는 특정한 화학 성분에 의해 세포막에 있는 전자기 스펙트럼의 파장을 감지할 수 있는 능력이 있다. 이를 통해 세포들은 상황을 '보고' 생명을 유지하기에 더 나은 조건을 갖춘 장소로 움직일 수도 있다.

이로써 살기 좋은 조건을 찾아 움직인다는 기본적인 삶의 동기가 정해진다. 이 같은 목적 지향적인 움직임 없이는 세포의 이동 현상은 일어나지 않는다. 움직임을 위해서는 복잡한 다리가 됐든 단순한 솜털이 됐든 이에 필요한 구조가 갖춰져야 하는데, 이것이 진화의 시초에 엔진의 프로펠러 같은 기능을 하는 것이다. 인간도 이러한 단세포 구조를 갖고 있는데 난자에게 접근하는 정자가 그러한 것들이다. 올더스 헉슬리Aldous Huxley는 '수태'라는 개념을 다음과 같은 시를 통해 표현했다.

다섯 번째 철학자의 노래
———

수십억 개의 정자
모두 살아서 꿈틀거리는데
대홍수의 환란 속에서 불쌍한 노아
감히 살아남고자 발버둥 치네.

수십억 개 중 하나가
살아남아서

셰익스피어나 새로운 뉴턴 혹은 존 던이 되길 바랄 수도 있겠지만

그 하나는 바로 나라네.

부끄러워라, 더 나은 형제들을 물리치고

모두가 밖에 남아 있을 때 혼자 방주를 끌고 가다니!

우리 모두를 위해 앞으로 나아가서

조용히 죽었다면 더 나았을걸.

• 올더스 헉슬리

목표 장소에 도달하기 위해, 즉 다른 곳으로 가기 위해서는 다른 진화된 생명체와 마찬가지로 단세포도 자신이 서 있는 위치를 평가해야만 한다. 자신이 어디 있는지를 알아야만 어디로 가는 것이 나은지 아니면 그대로 있는 것이 나을지 판단할 수 있다. 여기서 또 다른 생명체의 원칙이 등장하는데 바로 '평가'다.

무엇인가를 평가해서 진행하는 것은 불가피하다. 다른 상태에 대한 비교가 이루어져야 하고 이에 따라 각기 맞는 상황을 제때에 찾아가야 한다. 그 시간 간격은 생명체에 따라 각기 다르다. 모든 유기체는 보편적으로 자신에 맞는 '시간의 창문'을 가지고 있으며, 이는 원생동물에서부터 인간을 비롯한 다른 동물에 이르기까지 각각 다를 수밖에 없다. 연구자들은 이러한 시간의 창문을 연구를 통해 밝히려 하고 있는데 인간의 경우 종종 판단에 필요한 시간의 창문은 난 넻 초에 지나지 않는다. 6장에서 우리는 현재−창문이라는 개념에 대해 이야기했다. 빠른 결정의 예로 흔히 알고 있는 TV 채널 서핑을 들 수 있는데, 인간은 그 채널을 원하는지 아닌지를 보통

3초 안에 결정한다.

　놀라운 것 중 하나는 많은 원생동물도 사회적 행동의 특징을 보인다는 점이다. 이들은 주위 환경에 따라 모이기도 하고 흩어지기도 한다. 게다가 이들은 움직임을 통해 인간의 눈에 근사하게 보이는 패턴을 만들기도 한다. 물론 눈을 즐겁게 해주는 현상이지만 이 또한 미학적 감각조차도 수십억 년 전에 기반을 두고 있다는 당황스러운 신호이기도 하다. 그리고 우리가 속한 자연의 원리에서 우리 모두는 탈출할 수 없으며, 벗어나려고 노력하지 말아야 한다는 자연의 통일성에 대한 역설이기도 하다.

깊은 상처

우리는 원생동물조차도 주어진 시간의 창문 내에서 평가의 기반이 되는 비교 요소들을 형성한다는 사실을 확인했다. 이 비교를 통해 유기체는 거기에 머무를지 아니면 더 낫거나 최적인 조건으로 이동해야 할지를 결정한다. 일반적인 비교를 위해 유기체는 지각 능력을 이용해 기본 조건을 통제하려 한다. 이 초기 생명체는 이미 특정한 장소로 옮겨가는 것이 머무는 것보다 더 나은지를 예측할 수 있는 능력을 갖추고 있었던 것이다.

　삶의 기본 원리 분석을 통해 우리는 가장 단순한 생물체조차도 그저 수동적으로 반응만 하는 존재가 아니라는 사실을 볼 수 있다. 세포가 의도적으로 움직이고 (혹은 행동하고), 저장된 자료와 주어진 시간 동안에 축적된 정보로 평가 (인식)하고 상황을 판단하며, 특정한 시간 동안 주변 환경 속에서 모든 것을 유지해 나가는 것은 이 지구상에 생명체가 살기 시작한 때부터 존재해온 생명의 기본적인 작동 원리다. 이 세포는 수백만 년 후(시간이라는 큰 관점에서 볼 때는 아주 짧은 시간이지만) 생명의 진화에 커다란 단절이 오기 전까지는 아주 활발하게 그 기능을 발휘했다. 아무튼 이 문제는 나중에 다시 얘기하기로 하자.

인간의 진화

갈수록

인간은

나빠진다

생명의 두 번째 발명

원생동물의 생명을 유지해준 생명의 원칙이 두뇌를 가진 고등생물에 적용되었다는 사실은 언급할 가치가 있다. 70억~80억 년 전쯤 단세포 생물이 합쳐져 다세포 생물이 되었다. 이 다세포 생물은 총체적으로 기능하면서 정보 체계를 형성해 단세포끼리 서로 소통하고 전체 유기체의 움직임과 행동을 결정하게 했다. 이러한 정보 네트워크를 통해 천천히 신경 체계와 두뇌가 발달되었다.

새로운 생명의 진화는 신기하고 놀라운 방식으로 가속화되었고 이는 다시 다세포 생물의 유성생식에 힘입어 발전을 거듭했다. 이 같은 방식은 단세포 생물의 또 다른 진화 방식과 나란히 이루어졌고 오늘날까지 세계를 지배하고 있다. 사실 지구상의 생명체를 모두 고려해볼 때 두뇌가 있는 생명체는 극히 소수에 지나지 않는다. 대부분 인식하지 못하고 살지만 우리 인간은 소수자에 지나지 않는다.

하지만 유성생식은 다른 결과를 가져오기도 했다. 이로 인해 생명에 죽음이 깃들게 된 것이다. 유성생식을 통해 개체에는 삶이 생겨나고 죽음을 맞게 되었다. 반면에 세포 분열을 통해 증식하는 단세포는 죽을 수 없다. 원래 생명체의 한 부분은 언제나 보존되기 때문이다. 만약에 전지전능한 창조자가 우리 인간을 진정으로 사랑했다면 죽음을 피하는 방법을 발견했을 것이다. 하지만 생명의 진화 과정을 들여다보면 그 모든 것이 인간을 중심으로 전개되지는 않았음을 알 수 있다. 우리 인간도 다른 모든 존재와 마찬가지로 진화 과정 속의 여행자에 불과한 것이다.

유성생식에 의한 두 개체(부모) 유전자의 결합으로 진화가 가속화되었는데, 이것은 새로운 환경에 적응이 이루어졌다는 것을 의미한다. 유성생식은 개체의 다양성을 확보해주었고 유전자의 선별 과정에서 더 다양한 재료를 제공했다. 이런 측면에서 보자면 죽음도 전체 생명의 진화에서 볼 때는 이익이다. 유전 요소의 혼합으로 새로운 생명의 발전 가능성이 열렸기 때문이다.

그런 대로 논리적이지 않은가. 하지만 더 놀라운 것은 두뇌라는 좀 더 복잡한 조직의 진화 과정도 원생동물의 진화와 똑같은 정보 진행 방식을 거쳤다는 것이다. '원생동물의 진화 과정 복사판'처럼 똑같이 진행되었다는 사실이 말해주는 것은 이와 비슷한 목적으로 진행되는 강제적 진화 과정이 물리적 세계의 특징이라는 것이다. 이는 살아 있는 생명체에게 부여된 일종의 잔인한 자유의 한계일 수도 있다. 우리는 다른 형태로 구성할 수 없도록 만들어진 존재다. 세상이 그렇게 만들어졌기 때문이다.

원생동물에서 인간까지

자, 그렇다면 원생동물에서 인간으로 건너뛰기를 해보자. 우리는 여전히 진화의 유산을 지닌 채 살아가고 있다. 이 유산은 우리가 넘어서지 못하는 틀을 제시해준다. 물론 우리 인간은 다른 생물체와 구분되는 약간의 추가 능력을 갖추고 있다는 사실을 언급하는 것이 공정할 것이다. 우리는 감각을 통해 세상에 접근한다. 주위의 다른 생물체와 마찬가지로 듣고 보고 느끼고 맛보고 냄새를 맡을 수 있다. 또한 우리가 느낌이라고 부르는 판단 체계도 발달되었다. 또한 여러 가지 다른 요소들의 관계를 설정하고 비교할 수 있는 범주를 만들어냈다. 모든 정신 활동의 기본은 비교할 수 있는 능력이다.

이 모든 활동은 원생동물과 마찬가지로 인간의 내적 균형을 유지시키고 생체 향상성을 확보하기 위한 것이다. 비록 우리가 사고하는 능력을 자유로움과 연결시키고 경험을 통해 즐거움을 느끼며 사고 능력을 통해 주변 세상을 이해한다고 해도 말이다. 여기서 즐거움은 생물학적 활동 과정에서 얻어지는 부산물일 따름이다. 삶의 기본적인 메커니즘은 균형 유지를 위해 발전된 것이지 우리가 행복하라고 만들어진 것이 아니다.

여기서 결정적인 부분은 생명의 원칙은 경험적이라는 것이다. 앞서 언급한 활동과 생명의 원칙을 표현하기 위해 우리는 '지각' '느낌' '의도' '기억'과 같은 개념을 사용한다. 우리가 느끼고 기억하고 의도하는 것은 지속적인 데이터 처리 과정이며, 여기서 지속적인 지각 능력이 필요한 것이다. 연속으로 정보를 받아 처리하는 과정을 통해 유기체는 세상과의 관계를 형성한다. 감각세포를 통해 정보를 받음으로써 세상에 대한 현실감이 생겨난다. 다시 말해 우리는 감각 정보를 받아 해석함으로써 세상과 연결되는 것이다. 모든 살아 있는 유기체와 생물은 그렇게 형성돼 있으며 외부 정보를 받아들여 내부의 균형을 유지한다. 이러한 비교 능력은 수면 중에도 크게 방해받지 않는다. 이 또한 자유를 박탈하는 것이나 다름없다. 다시 말해 우리는 우리가 속한 세계로부터 완전히 벗어날 수가 없는 것이다. 만약 그러한 행동을 보이면 그것은 자폐증처럼 병으로 여겨진다.

하지만 진화 과정을 통해 특히 인간에게서 비정상적인 형태가 나타나는데, 바로 외부적 관점이다. 이는 우리에게 생긴 온갖 문제의 원인이라 할 수도 있다. 즉 생각하는 능력이 생겨나면서 이 세상에 어리석음이 생겨났다. 그전까지는 잘 굴러가던 것들이 이제 문제투성이가 되었다. 세상에 등장한 존재들이 자신이 무엇인가를 알아챘다는 것을 자각하기 시작한 것이다. 이들은 자신들이 보고 들을 줄 알고, 다른 존재도 역시 보고 들을 줄 알며 욕구와 기억을 가지고 있다는 사실을 발견했다. 다시 말해 자신을 다른 존재와 결부시키고 자신을 관찰할 수 있게 된 것이다. 외부의 관점으로 자신을 바라볼 수 있게 되면서 우리는 다른 사람들과 무언가를 이야기하고 같은 것을 바라볼 수 있게 된다. 또한 이것은 타인도 마찬가지다. 자기 관점을 다른 이의 관점과 비교하는 것도 가능해지고 타인과 동일하거나 상이한 면을 비교할 수 있게 된 것이다.

이것은 상당히 놀라운 진보라고 할 수 있지만 그럼에도 불구하고 외부 관점을 취할 수 있는 능력은 동시에 악의 근원이 되기도 한다. 이로 인해 거짓말과 흉내 내기가 가능하고 오해와 어리석은 질문,

잘못된 결정이 생겨날 수 있기 때문이다. 진보라고 해서 모든 것이 나아진다는 것을 의미하지는 않는다. 더 나빠질 수도 있으며 생물학의 관점에서 본다면 인간이 그 적절한 예로, 갈수록 나빠지고 있다. 명확한 이해를 위해 우리의 머릿속을 좀 더 자세히 들여다보는 게 좋겠다.

마음과 영혼

두뇌 안에 있는 걸까

바깥에 있는 걸까

진화 과정의 적응

대부분의 두뇌 연구가들이 인정하는 기본 이론은, 정신적 기능은 진화 과정의 자연 선택을 통해 형성되었다는 것이다. 영혼이라는 것도 우리 선조들이 직면했고 우리가 아직도 직면하고 있는, 세상의 위기에서 살아남기 위한 특별한 적응 과정이라고 할 수 있다. 이러한 진화론적인 적응 과정은 아주 오랜 시간 동안 진행되어온 것이므로 일상적으로 하루하루 관찰할 수 있는 것은 아니다. 이는 지각하고 기억하고 느끼고 원하고 사고하는 모든 정신 기능이 두뇌의 신경프로그램 속에 자리 잡고 있다는 의미다. 이 말은 또한 정신 기능이 신경 구조와 단단히 결부되었다는 뜻이기도 하다. 하지만 불행히도 나이기 들어가면서 정신적 능률성도 저하되는 문제가 발생한다.

몸과 마음과 영혼

두뇌 연구가들은 철학적 개념에 머무르지 않는다. 인식론의 관점에서 보더라도 대부분의 두뇌 연구가들은 이 문제에 관한 한 인간이란 몸과 마음으로 이루어진 존재라는 일관된 입장에 서 있다. 우리가 마음과 영혼이라고 부르는 것은 두뇌 바깥에 위치한 것이 아니며 두뇌는 살아 있는 몸 안에서만 기능할 수 있다는 것이다.

이러한 관점을 실용적 일원주의 혹은 경험적 실재주의라고도 부른다. 마음과 영혼은 나머지 몸과 분리될 수 없다는 입장이다.

신경학자들에게는 이러한 일원론적 관점이 너무나 명백한 사실이지만 두뇌 연구학 영역 밖에서도 전적으로 받아들여지는 것은 아니다. 일상적으로도 우리는 이원론을 의미하는 듯한 표현을 자주 접한다. 가령 '음식은 몸과 마음을 결합시킨다'거나 '마음은 의지로 가득 차 있지만 몸이 약하다'처럼 몸과 마음의 영역을 분리해서 해석하는 표현들을 보라.

우리는 영혼에 대해서는 회의적이다. 아르투르 쇼펜하우어Arthur Schopenhauer(1788~1860, 염세주의 철학자이며, 헤겔의 관념론에 정면으로 반대하는 의지의 형이상학을 주창한 인물 — 옮긴이)의 시를 보면 그도 비슷한 생각을 한 것 같다.

회의론자의 기도

———

신이시여 — 만일 존재하신다면

제 영혼을 ─ 만일 그런 게 있다면

무덤에서 구하소서.

• 아르투르 쇼펜하우어

서구 사회와 문화는 몸과 마음의 분리를 당연하게 받아들인다. 하지만 동양 문화권에서는 '몸과 영혼의 문제'를 언급하면 오히려 의아하게 바라보는 시각이 많다. 우리 서구인들이 일상적으로 몸과 마음을 하나로 보는 데 익숙하지 않은 것처럼 많은 동양인들은 그 것을 분리시켜 생각하는 것이 곤혹스럽다. 몸과 마음의 이원론적 문제는 인위적으로 발견된 문제인 것이 확실하다. 또한 우리를 우리 자신과 분리시켜 버리는 이러한 발견은 분명히 '어리석은' 발견 혹은 발명이라고 칭하지 않을 수 없다.

이는 또 로베르트 게른하르트Robert Gernhardt 시의 중심 주제이기도 하다.

철학의 역사

세상의 바깥과 안이

예전에는 하나였다.

순수함과 명료함을 찾아다니던 철학자가

그것을 보있다.

그러자 세상의 내부는 겁을 집어먹고

주체 속에 숨어 버렸다.

세상의 외부가 그것을 보고는
대상 속으로 기어들어가 버렸다.

그것을 본 철학자는 기뻐했다.
이 같은 갈등을 불러일으키면서
그는 자신의 존재 목적과 직업을
동시에 찾아낸 것이다.

• 로베르트 게른하르트

정신은 두뇌에 들어 있다

몸과 마음의 분리라는 문제는 철학적 사고의 소재로 자주 사용된다. 하지만 신경생물학의 입장에서는 실용주의적 일원주의라는 데이견이 없다. 그 이유는 간단하다. 신경생물학자는 기쁨이나 공감, 공격성과 같은 정신 기능을 일상적으로 관찰하면서 이들이 질병이나 두뇌 손상 등에 의해 영향을 받는다는 것을 확인하기 때문이다. 분명히 정의 내릴 수 있고, 실험 연구를 통해 그 작동 과정을 잘 관찰할 수 있는 모든 정신 기능도 장애가 발생할 경우(지엽적 기능 장애든 두뇌 전체의 장애든) 혼란에 빠진다. 우울증에 걸린 사람은 모든 일에 흥미가 줄어드는 것을 스스로 느낀다. 알츠하이머 환자는 갑자기 공격적으로 돌변하는 경우가 많다. 파킨슨 환자를 치료하지 않을 경우 어떤 자극에도 반응할 수 없게 될 수 있다. 이와 같은 두뇌 기능 장애를 통해 우리는 두뇌 속에 이런 기능이 분명히 존재한다는 증거를 얻을 수 있고 두뇌의 특정 구조와 정신 기능이 결합되어 있음을 직접 확인할 수 있다.

이런 이론을 명확하게 증명해주는 또 다른 예도 있다. 후두부(후두엽)에 뇌졸중이 발생해 시각 장애가 나타나면 시각을 책임지는 부위에 문제가 생겼음을 추측해볼 수 있다. 또한 청각과 언어 기능, 움직임이나 느낌 혹은 자기통제 기능을 책임지는 영역도 각각 존재한다.

두뇌의 특정 영역이 지엽적인 기능을 담당하는 것은 자연스러워 보인다. 하지만 다른 형태의 기능적 표출 방식도 있을 수 있는데, 홀로그램과 같은 기술 시스템을 통해 이를 확인할 수 있다. 두뇌 전반에 걸쳐 모든 기능이 층층이 저장돼 있다가 신경프로그램에 따라 제각각 개별 기능을 하는 것이다. 하지만 이는 영혼의 근본이 되는 두뇌의 기본 기능과는 관계없는 방식인 듯하다.

우리 두뇌의 지엽적 기능 표출 원칙은 크게 세 가지로 나누어진다. 첫째는 의식의 명료한 상태를 만들어내려면 두뇌의 여러 영역이 항상 상호 협력해야 한다는 것이다. 두 번째는 활달함이나 피로와 같은 일반 상태가 전체 두뇌에 영향을 미친다는 것이다. 세 번째로 우리는 실험을 통해 특정 기능이 요구되는 영역이나 모듈에서는 부수 기능이 확실한 지엽적 기능을 할 수 없다는 것을 발견했다. 오히려 신경세포가 제 기능을 다함으로써 다른 세포로 대체될 수 있다는 '동등 잠재력equi-potentiality'의 법칙이 더 적용될 수 있다고 본다.

수용 거부

**이런 두뇌로는
제대로 준비를
할 수 없다**

세 종류의 세포

한 개체의 두뇌 분석을 통해 복잡함을 경험했음에도 불구하고 총체적 관점에서 보자면 모든 종의 두뇌는 원칙적으로 비슷하게 만들어져 있다. 이러한 일반화를 통해 모든 두뇌에는 크게 세 종류의 신경세포가 있다는 결론에 이르게 된다. 첫 번째는 외부에서 정보를 받아들이고 투입된 정보를 책임지는 세포다(감각세포 혹은 수용세포). 그다음에는 근육과 내부기관을 통제하고 관리하면서 외부에 정보를 내보내는 세포로, 이들은 정보의 출력을 책임진다. 마지막으로 이두 가지 세포 사이에서 정보를 조정하고 이동시키는 역할을 하는 세포가 있다. 일부 신경 해부학자들은 이 신경세포들을 '거대한 중개 정보망'이라고 부른다.

한 인간의 몸에 존재하는 감각세포는 수십억 개가 넘는데 그중움직이는 신경세포는 소수이며 약 수백만 개에 불과하다. 거대한 중개 정보망 속에는 전통적 측정 방식으로는 100억여 개의 신경세포가, 새로운 측정방식으로는 1000억여 개, 어쩌면 1조 개가 넘는 신경세포가 있다. 인간은 다른 동물과 비교해서 거대한 중개 정보망의 규모가 특별히 크며, 이 부분에서 인간과 경쟁할 수 있는 동물은 고래 정도에 불과하다.

그렇다면 이 복잡한 네트워크 속에서 정보는 어떻게 처리되는가? 이러한 질문에 대답하려면 우선 신경세포들 간의 연결 가능성을 짚어봐야 하는데 이것은 뇌의 구조와 관련된 것이다. 모든 신경세포는 다른 많은 세포들과 연결되어 있다. 각 신경세포들은 평균 약 1만여 개의 다른 신경세포들과 접촉하고 있다. 다시 말해 약 1만 개의 신경세포가 하나의 신경세포에 의해 영향을 받으며(분포의 원칙), 하나의 신경세포도 약 1만여 개의 신경세포에 의해 영향을 받는다(집중의 원칙). 이러한 접촉은 자극을 불러일으키거나(자극의 원칙) 억제 효과를 불러일으킨다(억제의 원칙). 또 각각의 경우마다 화학 전달 물질이 무엇인가에 따라 접촉의 결과가 자극일지 억제일지가 결정된다.

이러한 구조는 상당히 혼란스러워 보인다. 한스 마그누스 엔첸스베르거Hans Magnus Enzensberger는 〈신경망〉이라는 시에서 이를 다음과 같이 묘사한다. 마지막 구절에서 그는 미치지 않으려면 생각에 생각을 거듭하는 버릇을 버릴 것을 충고한다. 그럼에도 불구하고 우리는 거듭해서 생각의 늪에 빠지곤 한다.

신경망

___

바오밥나무를 상상해봐

거대한 가지 위에

수십만 마리의 작은 원숭이들이 살고 있다고

나무를 기어오르고

가지에 매달리고 서로를 부여잡고

가지에서 가지 사이를 넘나들며

완전히 탈진할 때까지

희망을 품고 사랑하고 꾸벅꾸벅 졸고 있다고

생각해봐, 가련한 몽상가들아!

그러다 다시 펄쩍 뛰어오르고

무섭도록 노련하게 번개처럼 날쌔게,

발을 헛디뎌 떨어지기도 하고

가끔은 그냥 아무것도 하지 않고

다음 공격시간이 돌아올 때까지

축 늘어진 채 꿈꾸는 것처럼 몸이나 긁어대고

누가 이 모든 것을 말로 다 표현할 수 있겠는가!

웃고 두려워하고 놀라워하라

그렇지만 더 깊이 숙고하려는

그런 생각은 하지도 마!

• 한스 마그누스 엔첸스베르거

분포와 집중이라는 구조적 원칙과 자극과 억제라는 기능적 원칙은 모든 두뇌의 기본 조건이라고 볼 수 있다. 제아무리 다르다고 주장할지라도 우리 인간도 여기서 예외가 될 수 없다.

신경 국회의사당

어리석음이 어디에 숨어 있는지를 이해하려면 두뇌의 기능 속으로 좀 더 깊숙이 들어가봐야 한다. 우리는 이미 두뇌 속에 오가는 정보를 연결해주는 신경세포들이 있다는 사실을 살펴보았다. 대부분의 신경세포가 이 일과 관련되어 있다. 두뇌의 처리구조는 '소수의 법칙'이라는 강력한 특징을 가진다. 두뇌 속의 모든 신경세포는 다른 신경세포와 최대 네 단계 안에서 서로 연결돼 있다. 이처럼 기능적으로 밀접하게 연결된 구조는 두뇌가 정보 처리 과정에서 엄청난 유사성을 가지고 있다는 점을 보여준다. 비록 연결의 의미나 그 중요성이 서로 다를 수는 있지만 두뇌에서는 모든 것들이 서로 아주 가깝게 연결되어 있다. 이것은 두뇌가 연속적 데이터 처리방식을 가진, 인간이 만든 컴퓨터와는 원칙적으로 다른 특징을 가지고 있다는 의미다.

두뇌를 컴퓨터라고 부르는 것은 말도 안 된다. 이 둘은 근본적으로 다른 구조를 갖고 있기 때문이다. 신경세포가 서로 밀접하게 연결돼 있기 때문에 두뇌에서 이들의 활동을 구별하는 데는 어려움이 있다. 두뇌는 주관적인 환경을 창조하기 위해(소위 영혼의 세계) 공간적으로 떨어져 있는 활동을 연결시키는 것뿐 아니라 이러한 활동을 제한하고 풀어주는 역할도 한다. 모든 것이 뒤섞이는 것을 방지하기 위해 경계선이 필요한 것이다. 만약 모든 것이 뒤죽박죽이라면 신경활동에 의한 개별적인 세포들 간의 규칙적인 소통은 불가능하다. 이는 의회에서 모든 정당의 대표들이 공통된 결정에 이르기 위해 서로 토론이라는 과정을 거쳐야 하는 것과 같다. 이 신경의회의 기능이 제대로 이루어지지 않는다는 것은 모두 한 정당에 속한 의원들이 문제 발의에 대해 침묵하거나 모든 의원들이 같은 시간에 동시에 이야기하는 바람에 어떤 것도 결의될 수 없는 상황과도 같다. 두 가지 경우 모두 두뇌에 문제를 일으키게 된다.

두뇌의 건축학, 특히 세포들의 밀접한 상호연결 기능을 통해 우리는 인간이라는 존재에 대한 기본 이해를 거쳐 어리석음의 원인이 무엇인지 결론을 얻을 수 있다. 중요한 것은 개별적인 정신 상태라는, 독립적 정신 영역은 없다는 것이다. 우리 모두의 영혼은 비록 인지하지 못하더라도 다른 정신 활동과 관련되어 있다. 두뇌가 하나만 보고 하나만 냄새 맡으며 하나만 기억하고 한 감정에만 집중하며 하나만 원하고 생각하는 경우는 없다. 우리는 어떤 그림을 보며 자신의 기억 속에 있는 내용을 되짚어보고 감정적 평가를 내린다. 모든 것이 서로 밀접하게 연결되어 있으며 예측할 수 없는 방식으로 서로 영향을 주고받는다. 그러다 보니 통제할 수 없는 상황에 자주 처하게 된다. 앞을 내다볼 수 없기 때문에 우리는 예측 불가능한 존재다.

이처럼 두뇌가 형성된 환경에 따라 인간의 스스로에 대한 이미지도 형성되는데, 불행히도 종종 우리는 이러한 부분을 간과하고 만다. 똑똑한 전문가(알고 보면 그다지 똑똑하지 않을 수도 있다)들은 어떤 상황에서 감정을 마음껏 표출하거나 아니면 합리성에 근거한 결정만 하도록 권한다. 의도는 좋을지 모르지만 우리의 두뇌 건축 구조를 생각한다면 불가능한 이야기다. 합리적이거나 감정적인 부분으로 두뇌가 완벽히 분리될 수 있다고 생각하는 것은 환상일 뿐이다.

복잡함의 간소화

하지만 이런 환상은 불가피한 것일 수 있다. 우리는 여러 면에서 진화의 산물에 불과한지도 모른다. 신경 구조에서 모든 것이 서로 연결돼 있긴 하지만 다른 구조에서 제대로 길을 찾아가려면 범주를 정해서 손쉽게 일을 처리하는 과정이 필요하기 때문이다. 두뇌의 가장 중요한 일은 복잡한 정보를 간소화하는 것이다. 그러지 않으면 우리의 삶과 경험은 수백만의 개별 정보의 늪에서 허우적거리다 빠져 죽고 말 것이다. 불행히도 두뇌에 장애가 생긴 환자들은 자신의 모든 개별 정보를 제대로 정리하지 못하고 그대로 뒤죽박죽인 채로 살기도 한다. 현대 두뇌 연구의 대부라고 할 수 있는 알렉산드르 루리야가 언급한 환자의 경우도, 잊어버리지 못하는 기억에 관한 특수 장애를 갖고 있었는데, 그는 사람들에게 기억 예술가로 추앙받기도 했다. 하지만 이러한 특별 재능에는 대가가 따르게 마련이다. 일상생활에서 모든 것을 낱낱이 기억하지만 자신이 할 일이 무엇인지를 파악하는 데는 어려움을 겪기 때문이다.

복잡함의 간소화는 추상화를 낳는다. 과거의 경험을 떠올릴 때 우리는 인식이나 기억, 감정 혹은 의식, 이유와 같은 여러 개념을 사용함으로써 독립적으로 보이는 현상의 영역을 만들어낸다. 반면 현재 진행중인 경험에는 그러한 분리가 이루어지지 않는데, 추상화된 개념들이 모든 다른 신경 프로세스로부터 아직 독립되지 않은 상태이기 때문이다. 단지 어떤 생각이 떠오를 때도 있고, 또 특정한 감정에 몰입되거나 어떤 상태가 우리를 절대적으로 지배하는 경우가 종종 있지만 그렇다고 해서 그 순간 다른 모든 기능이 정지한 것은 아니다. 우리가 의식하는 것보다는 훨씬 많은 것들이 우리 안에서 일어나고 있다.

개별적인 영혼의 독립성에 대한 생각은 아마도 정신의 분리를 주장하는 서구의 철학적 전통에 바탕을 두고 있을 것이다. 하지만 이러한 정신의 분리는 인간이 자신을 해석하는 데 수많은 오류를 낳고 있으며 우리가 생물학적 존재임을 망각한 몰이해의 표현이기도 하다.

편견

쓸데없이
빠르기만 한
오해의 함정

두뇌 구조에 대한 정의

편견은 대개 순식간에 형성되며 선입견이나 경솔한 판단과도 맞물려 있다. 하지만 편견은 그리 바람직하지 않으므로 우리는 편견 없이 사고하고 실천한 사람들을 선각자로 받아들인다. 그렇다면 우리도 그렇게 될 수 있을까? 아니, 사실 그렇게 될 수나 있을까?

신경과학의 관점에서 보면 우리는 두 가지의 서로 다른 삶을 살고 있다. 하나는 인생 초기에 볼 수 있는 신경가소성Neuroplasticity의 삶이고, 다른 하나는 이후에 고정된 신경 행렬neuronal matrix의 삶이다. 태어나면서 우리는 충분한 신경세포를 공급받는다. 하지만 이처럼 선천적으로 주어진 가능성은 출생 직후 수많은 신경세포들의 연결이 이루어지고 사용 될 때 비로소 효과를 발휘한다. 신경 연결망 사용을 통해 선천적인 가능성이 실현되는 것이며 장기적으로 효율적이고 결정적인 역할을 하게 된다. 무엇보다도 연결된 신경세포들의 기능적 확실성이 두뇌의 구조를 결정한다. 사용되지 않는 기능은 스위치가 꺼진다. 신경세포 간의 연결 가능성은 평생 동안 지속되는 것이 아니다. 유년기와 같은 초기에 볼 수 있는, 여러 언어를 힘들이지 않고 쉽게 배울 수 있는 능력은 성년이 되어서는 더 이상 불가능해진다. 그때는 이미 두뇌 구조가 고정된 상태이기 때문이다.

이처럼 두뇌 구조를 이해하고 정의하는 것은 편견을 이해하는 데도 매우 중요하다. 우리의 인식이나 감정, 기억이나 마음속 움직임을 포함해 일상 속에서 활용되는 정신의 모든 영역에 적용되는 기초이기 때문이다. 이는 무엇보다도 우리의 가치관 특히 종교적 고정관념을 형성하는 데 중요한 역할을 한다. 좀 과장해 말하자면 우리의 종교적 신념은 두뇌 구조를 정착시키는 역할을 했다고도 볼 수 있다. 그러므로 그 종교가 깃든 사회 체제의 책임이 아주 중요하다는 것도 분명해진다.

두뇌 연구 지식을 통해 얻을 수 있는 결론은 유년기에 형성된 신경 프로세스와 그것의 가소성이 삶의 모든 영역에 근본적이고 실질적인 영향을 미친다는 것이다. 만일 누군가가 남자는 여자를 이해하지 못한다고 말하면, 그것은 서로 다르게 각인된 문화의 관점에서 설명될 수 있는 부분이다. 이것을 이해한다면 남녀관계에서 상대방에 대해 아무 준비 없이 다가가는 일이 줄어들 것이다.

우리가 가진 이러한 각인 요소들을 이해하는 것은 서로 다른 문화와 소통하고 교훈을 얻는 데 있어서 무엇보다도 중요하다. 서로 다른 문화권에 속한 사람들은 선천적으로 다르게 태어나는 것이 아니라 서로 다르게 각인되며 사는 것이다. 우리는 모두 인류 공통의 보편성을 지니고 있지만 또한 문화적으로 특수한 조건을 가지고 있으며 이러한 특수 요소들은 다른 문화에 대한 편견으로 표현되는 경우가 많다.

다른 지각

전체 신경구조를 우리는 지각의 신호를 통해 설명할 수 있는데, 여기서 특히 시각이 중요하다. 어떤 철학자가 말한 대로(여전히 그 말을 믿는 사람도 있다) '감각으로 느낄 수 없는 것들은 영혼 속에 존재하지 않는다(토마스 폰 아퀸)'라는 것이 사실이라 하더라도 우리 지각 기능이 주변에서 일어나는 사건들을 수동적으로 받아들이기만 한다는 의미는 아니다. 우리는 주변에서 일어나는 것들을 구성하거나 재구성하는 능력이 있다. 데이터 처리 능력을 갖춘 우리의 두뇌는 수동적으로 외부에서 들어오는 것을 받아들여 선별하는 일뿐 아니라 그것을 새롭게 형성하고 창조하는 힘을 가지고 있다.

이러한 이론을 좀 더 쉽게 설명하기 위해 이중의 의미를 담은 그림을 살펴보자. 보는 위치에 따라 이 그림은 전혀 다르게 보이는데, 이를테면 안경을 낀 남자 혹은 생쥐의 모습이다. 우리는 한 번에 하나씩만 의식하고 주의 집중을 할 수밖에 없는 존재이므로 그 둘을 동시에 다 보는 것은 불가능하다. 그렇지만 의도적으로 번갈아 가면서 의식을 집중하고 시각적으로 관찰하는 것은 가능하다.

간혹 번갈아 시선을 옮겨가며 두 가지 모양을 볼 수 있는 능력이 결여된 사람도 있는데, 이 경우엔 생쥐나 사람 둘 중 하나밖에 인식

사람 혹은 생쥐?
그림을 기울이면 절대로 두 모양을
동시에 볼 수 없다.

하지 못한다. 하지만 참을성을 갖고 기다리면 그 자리에서 다른 모양이 저절로 떠오르게 된다. 그런데 여기서 또 다른 문제가 발생한다. 원칙적으로 양쪽 모양을 다 볼 수 있다는 것은 두 모양을 의도적으로 번갈아 볼 수 있다는 것으로, 더 이상 하나만 집중해서 보는 것은 불가능해지는 것이다. 몇 초 후 자동적으로 다른 모양이 기존의 모양 속에 끼어들기 때문이다. 대상에 대한 지각은 주어진 순서대로 명료하게 진행되는 것이 아니다. 또한 이것은 시각뿐만 아니라 모든 종류의 감각 기능에 다 해당된다. 만약 '쿠 바 쿠 바 쿠 ……'로 계속 반복되는 소리를 몇 초 이상 듣고 있다 보면 우리의 청각 기능에 쿠바 혹은 바쿠라는 소리가 저절로 들어오게 되며 일단 그렇게 각인된 소리는 억지로 바꾸기가 어렵다. 두뇌는 뭔가를 감지하면 평균 3초가 지난 후 '이 새로운 게 뭐지?'라고 질문을 던지고 그것이 어떤 명확한 것의 지각 대상일 때 새롭게 의식 속으로 받아들인다. 그 말은 우리 두뇌에 특이한 성향이 있다는 것이다. 인간은 한편으로는 모호한 것을 볼 때 '내부에서부터' 그 정체를 판단하는 능력을 지닌 한편 그 순간 그것을 절대적으로 통제할 수 있는 힘은 없다. 다시 말해 우리가 보고 듣고 느끼는 모든 것은 이전에 일어난 일과 그 후에 일어날 일에 의해 통제되고 결정되는 것이다. 우리의 인식 체계는 이처럼 역방향 통제 기능을 수행하면서 동시에 앞으로 일어날 일을 예측한다.

한 부분에 집중하면 자신의 지각이나 사고의 과정을 알아챌 수 있다. 다시 말해 의식 중심에 들어와 있는 대상을 (의식적으로든 무의식적으로든) 통제할 수 있다는 뜻이다. 그때 의식과 사고 과정을 거쳐 결정 혹은 판단된 것은 정신적 프레임 안에서 그 순간을 지배한다. 이때 모든 정신 활동은 예측되는 프레임 속에서 이루어지며 의식과 사고를 지배하는 이 프레임은 모든 순간 효력을 발휘한다. 이는 우리가 빠져나갈 수 없는 두뇌의 자동적인 진행 방식이다. 명백하거나 은밀한 예상의 프레임이라는 정신적 가설은 인간에게는 숨쉬는 것처럼 자동적인 것이다.

두뇌는 익숙한 것을 좋아한다

이러한 구조를 통해 특히 사고와 인식 부분에서 의식의 경제성 원칙이 표출된다. 인식되는 대상을 매순간 새롭게 구성할 필요가 없다는 얘기다. 심리학자들은 이를 이력현상Hysterese effects(어떤 물리량이 현재의 물리 조건만으로는 결정되지 않고, 그 이전에 그 물질이 경과해온 상태의 변화 과정에 의존하는 현상 — 옮긴이)으로 부르기도 하는데, 이 원칙 덕분에 세계의 지속성과 균질성이 유지된다. 우리를 둘러싼 세상이나 우리 속에 있는 세상은 한순간에 바뀌지 않는다. 이 세계의 지속성과 균질성을 유지하기 위해 진화 과정에서 두뇌는 스스로 적응해 온 것이다. 여기서 우리는 편견이라는 지점에 이르게 된다. 세상과 그 속에 사는 사람들에 대한 그림을 미리 상정해두는 것이 삶을 보다 쉽게 만들기 때문이다. 이는 또한 편견의 긍정적인 측면이기도 하다.

하지만 두뇌가 이런 부분을 지나치게 편하게 여기는 데서 문제가 발생한다. 두뇌는 새로운 느낌을 좋아하기는 하지만 기존의 지식을 한꺼번에 뒤엎는 충격적인 상황은 결코 반기지 않는다. 예측 불가능한 일이 일어나거나 미지의 프레임을 판단해야 할 경우, 두뇌의 정보 처리 과정이나 평가 체계는 과중한 부담을 느끼게 된다. 이러한 프레임은 물론 개인의 생물학적 필요성이나 경험에 영향을 받는다. 개인의 경험에 근거한 이러한 평가들은 반드시 의도적인 것만은 아니다. 정신세계에서 일어나는 대부분의 일들은 드러나지 않는 내재적 성질을 갖고 있으며 극히 적은 부분만이 의식의 차원에서 드러나는 것이다. 편견이라는 광대한 영역을 항상 의식하지 못하고 사는 것은 어쩌면 우리에겐 축복일 수도 있다.

비록 편견이 우리 본성에서 필요한 부분이긴 하지만 종종 재앙에 가까운 진화의 산물일 때가 있다. 그 속에서는 물리적·사회적 복잡성이 간소화돼 표현된다. 그 자체로는 문제되지 않지만 사회 환경 속에서 편견은 아주 신속하게 작동된다. 복잡함의 간소화는 재빨리 행동하는 데 큰 도움이 되며 다른 사람보다 더 나은 위치를 선점하게 해준다. 편견도 일종의 간소화된 표현 방식으로 우리로 하여금 재빨리 판단하고 평가하도록 한다. 또한 편견은 정치적으로 올바르지 않은 어리석은 고정관념을 낳기도 한다. '중국 사람은…… 일본 사람은…… 바이에른 사람은…… 프러시아 지방 사람은…… 이슬람교도들은…… 금발 여자는…… 화성에서 온 남자는…… 금성에서 온 여자는…… 기타 등등' 이 모든 것은 말도 안 되는 엉터리일 뿐이다. 우리 모두 잘못된 정신 장치 때문에 쓸데없이 빠르기만 한 오해라는 함정 속에 빠져 있기 때문이다.

정신의 레퍼토리

인식과 기억

느낌과 의도

감각에 대한 중독

경험이란 개별 세포의 밀접한 상호연결이라는 특징을 가진 신경 체계에 의해 형성된다는 것을 알게 되었어도 여전히 우리는 실생활에서 그것을 분류하고 범주화하는 것이 어렵다. 관찰의 추상적인 단계(영혼을 움직이는 것이 무엇인가를 고찰하는 단계)에서 우리는 정신의 레퍼토리를 단 네 개의 기능적 영역으로 묘사할 수 있다. 즉 인식과 기억, 느낌과 의도라는 영역이다. 그 이상은 없다. 그렇다면 우리가 '생각'하는 것은 무엇이냐고 반문할 수도 있을 것이다. 하지만 나는 생각 또한 앞서 말한 네 범주에 기초한 것이라고 대답하고 싶다. 이 네 가지 영역이 우리가 '생각'하는 내용을 결정하기 때문이다.

여기서 두뇌에는 기본 기능이 제각기 지엽적으로 탑재되어 있다는, 두뇌 연구의 핵심적 발견을 다시 한 번 강조하고 싶다. 신경 모듈에 존재하는 그러한 지엽적 프로그램이야말로 우리의 정신 레퍼토리를 위한 전제 조건이기도 하다. 이러한 지엽적 요소들은 필수적이기는 하지만 우리가 무엇인가를 알아차리는 데는 충분하지 않다. 모든 것이 서로 연결되어야만 하기 때문에 그것만으로 '충분'하지 않으며 혼자 고립된 상태에서 기능을 발휘하는 '단자'형의 모듈은 없다.

예를 들어보자. 두뇌의 어떤 부분은 대상의 움직임을 파악한다. 두뇌 손상을 입었을 때 모든 것을 볼 수 있으면서도 움직이는 대상이 정확히 무엇인지 못 알아보는 사례를 통해 우리는 이 같은 결론을 얻을 수 있다. 물론 이 같은 비극은 두뇌를 '만들어낸 이'를 원망할 만큼의 재앙이다. 대상의 움직임을 알아차리지 못한다는 것은 그 두뇌가 움직이는 것의 정체를 힘들이지 않고 파악할 수 있는 능력을 잃어버렸다는 반증이기 때문이다. 여기에 무엇인가가 있었는데 다음 순간 저기에도 있다. 그런데 그 두 개가 같은 대상인가? 그보다 더 나쁜 것은 두뇌 손상으로 인해 인과관계를 유추할 수 있는 능력도 같이 잃었다는 것이다. 각각의 사건은 개연성 없이 신경조직을 통해 표출될 뿐 인과관계는 더 이상 이루어지지 않는 것이다.

이러한 인과관계의 실종 현상은 코르사코프 정신병 Korsakoff's psychosis(만성 알코올 중독으로 인한 기억력 감퇴— 옮긴이) 환자에게서도 볼 수 있다. 환자는 기억 속에 위치한 사건들의 시간적 개연성을 잃어버리고 현실과는 상관없는 이야기를 지어내거나 횡설수설하기도 한다. 머릿속 내용물이 내부 상호작용을 통해 시간 순서에 따라 정돈되지 못하기 때문이다. 이런 증상을 통해 우리는 장애가 발생한 상황에서도 자신의 경험 세계를 인과관계를 통해 표출하고자 하는 — 그것이 틀린 것이더라도— 두뇌의 욕구를 읽을 수 있다. 이는 인간의 '감각 중독증'의 표현이라고 부를 수도 있는데, 역시 고차원적인 어리석음의 한 형태로 볼 수 있다.

또 다른 예를 들어보자. 시각을 책임지는 영역에 손상을 입은 환자는 눈의 감각세포 기능은 아무 문제가 없을지라도 더 이상 색깔을 구별할 수 없다. 또한 두뇌의 어떤 부분을 다치면 안면을 더 이상 인식할 수 없게 되기도 한다. 그런 경우에 환자는 자신이 보고 있는 것이 얼굴이라는 것은 알지만 모두 똑같은 얼굴로 보이는 것이다. 안면인식 장애를 겪고 있는 한 교사는 학생의 얼굴을 보고도 그 학생이 여자인지 남자인지 구별하지 못한다. 따라서 그 교사는 좌석의 위치로 학생들을 파악한다. 하지만 학생들이 움직이기 시작하면 목소리나 특정한 제스처 말고는 각 학생의 정체를 파악할 방법이 없다. 이를 통해 우리는 두뇌의 모듈 속에는 감각의 기본 기능이 실제로 탑재되어 있으며, 각각의 경우에 이런저런 국한된 기능을 담당하는 영역이 존재한다는 것을 알 수 있다.

학습과 기억

모듈 형태의 정보 처리 방식은 두뇌의 모든 영역에 해당되며, 이는 배움과 기억에도 적용된다. 어떤 정보를 받아들여 오래도록 기억 저장소에 두려 할 때 두뇌에 자리 잡은 특정 장소의 신경프로그램이 새로운 정보의 저장을 책임진다. 가령 우리가 의식적으로 인용하려는 참고지식의 저장을 위해서는 측두엽 해마부의 기능이 중요하다. 이러한 구조가 사고나 상해로 인해 손상되면 그 환자는 더 이상 새로운 정보를 받아들일 수 없다. 새로운 정보를 기억할 수 없게 되는 것이다.

헨리 엠Henry M은 이와 관련해서 유명해진 경우다. 헨리는 어린 시절 간질 발작 증세가 심각했다. 1953년 당시 간질 치료를 위해 수술로 양쪽 해마부와 그 경계 부위를 제거했다. 그의 나이 27세 때였다. 이후 헨리의 간질 발작 증세는 거의 사라졌지만 슬프게도 학습 능력을 상실하는 바람에 그는 사람들 사이에서 유명해졌다. 그는 자신이 알고 있는 것에 대해 사람들과 자연스럽고 활기찬 대화를 나누고도 한 시간도 채 지나지 않아 자신이 대화를 나눈 내용은 물론 대화한 상대도 까맣게 잊어버렸다. 그렇게 헨리는 새로운 기억의 저장 없이 55년 동안 시공간적으로 고정된 삶을 살았다. 새로운 환경에 처하면 자신의 위치를 파악하지 못했다. 삶의 특정한 시간에 사고가 고착되어 있었기 때문이다. 말하자면 영원한 현재 속에서 산 것이다. 이와 유사한 사례들을 통해 우리는 특정한 기억과 암기를 책임지는 두뇌 영역이 어디인지를 알 수 있게 된다.

감정의 활동 억제

우리의 감정도 그것을 책임지는 두뇌의 모듈을 통해 표출된다. 신경 장애 환자들의 사례와 동물실험 결과를 보면 이를 잘 알 수 있다. 만약 당신이 폭식 증세로 어려움을 겪고 있다면 그것은 배고픔과 배부름을 조절하는 기능이 더 이상 제대로 작동하지 않기 때문이다. 만성 통증에 시달리는 환자가 있다면 그것은 두뇌의 또 다른 영역에 문제가 생겼기 때문이다.

여러 문화의 비교 연구를 통해 우리는 세계 어디에서나 인류 공통으로 표정을 통해 드러나는 여섯 가지 기본 감정이 있음을 알 수 있다. 이 여섯 가지 감정은 모든 문화에 동일하게 표현되는데, 인간의 유전자 속에 자리 잡은 것으로 보인다. 당신의 표정을 보면 알겠지만 그것은 기쁨과 놀람, 공포와 귀찮음, 환멸 그리고 슬픔이다.

두뇌에서 표출되는 감정은 다음과 같은 방식으로 설명할 수 있다. 모든 감정은 두뇌의 신경프로그램 속에 존재하지만 적극적으로 억제되어 있는 상태다. 하지만 주변의 사건이나 영혼의 변화 같은 특별한 상황이 다가오면 이러한 억제 장치가 풀려버린다. 신경프로그램 속의 감정은 족쇄를 벗어나 우리가 의식적으로 경험할 수 있는 감정이 되는 것이다. 우리의 두뇌는 이 억제장치를 해방시키는 것뿐 아니라 억제하는 일도 맡고 있다.

이는 감정에만 국한된 것이 아니며 정신의 전체 영역에 적용되는 것이다. 우리 내면에서 일어나는 일련의 움직임들이 예측 불가능한 감정이나 정신 작용 때문에 방해받지 않으려면 두뇌 속에 저장된 기억이나 여러 행동 패턴 등이 적극적으로 억제될 필요가 있다. 정신적 사건의 처리 과정에서 사용 가치가 있거나 '적합할' 경우에만 억제 장치가 풀리고 이를 억제하는 기능이 활동에 돌입하는 것이다. 물론 이런 작용을 위해 두뇌에 어떤 정보가 저장되어 있는지를 알고 정신 활동에 필요한 합당한 정보를 선택할 수 있는 지휘권을 가진 영역이 있을 것이다. 하지만 이 기능이 어떻게 작용하는지는 아무도 모른다.

신경 억제 기능은 두뇌의 기본적인 작용 원리이며 이 기능 덕분에 우리는 수많은 생각의 홍수에 질식하지 않을 수 있다. 그렇지만 폭주하는 생각을 막을 수 없게 되면 특정한 정신 억제 작용이 더 이상 기능하지 못하게 되고 우리는 심리적 카오스 속에 빠지고 만다. 특히 대화 도중에 상대방이 한 주제에 집중하지 못하고 이 얘기에서 저 얘기로 마구 옮겨 다니면 대화 자체가 무척 피곤해진다. 이러한 정신의 비약은 간혹 창조적인 부분도 있지만 대부분은 상식적인 사고의 흐름을 깨트린다.

욕구와 활동

정신적 레퍼토리에 속하는 네 번째 기능 영역은 욕구와 활동이라는 영역이다. 최근에는 '실행 기능'이라고 부르기도 한다. 우리의 언어 능력과 제스처, 표정 등은 두뇌 속에 모듈화되어 있는 이 기능을 통해서 표출된다.

언어를 예로 들어 살펴보자. 말을 하기 위해서는 두뇌는 여러 다른 능력이 필요하다. 일단 언어로 소통하려면 머릿속에 저장된 단어가 있어야 하며, 이를 어휘구사력이라고 한다. 단어들의 조합을 통해 우리는 문법적으로 정확한 문장을 만들어낼 수 있다. 이는 왼쪽 두뇌의 통어적syntactic 기능을 통해 이루어지는데 두뇌의 이 부분이 손상될 경우 소통에 지장이 생긴다. 통어적이고 문법적으로 올바른 문장을 말한다고 해서 그 의미가 분명하다는 것은 아니다. 어떤 문장이 의미를 갖추기 위해서는 의미론적 능력을 갖추어야 한다. 이러한 통어적 능력도 선택적으로 손상될 수 있는데, 이 기능을 책임지고 있는 두뇌의 모듈 부분과 상관이 있다. 말을 할 수 있으려면 발성기관이 음성을 생산할 수 있어야 하는데, 모든 언어는 공통적으로 다른 소음과 확실히 분리되는 특성을 갖고 있다. 이 음성과 언어의 운율성이 결합하고 언어의 억양 등을 통해 감정 표현이 가능해진다. 이는 우리 모두 자연스럽게 타고난 것으로 일종의 유전적 레퍼토리에 해당하는 능력으로 볼 수 있다.

하지만 다 그런 것은 아니다. 우리가 말하는 방식은 언제나 주어진 상황에 따라, 실용적인 활용 능력에 따라 달라진다. 연인과 이야기하는 방식은 사업 파트너와 말하는 방식과는 다르거나 달라야만 한다. 또한 우리가 누군가와 대화할 때는 상대방의 이야기를 사실에 입각한 것이라고 생각하기 쉽다. 그렇지만 이는 앞에서 살펴본 정신 장애를 가진 환자의 경우처럼 명백한 사실이 아닐 수도 있다.

게다가 말을 하려면 시간에 맞출 수 있는 능력이 필요하다. 이 지구상의 모든 사람들은 기본적으로는 같은 속도로 말할 수 있다. 더 빨리 말한다고 더 많은 내용을 말하는 것이 아니며 천천히 말한다고 적게 말하는 것도 아니다. 이 시간적 능력의 기본은 화자에 의해 제공되는 3초간의 창문이다. 우리는 모든 언어에서 이 3초간의 창문을 확인할 수 있는데, 이는 시에서도 나타난다. 한 문장의 길이는 보통 3초 정도인데, 3초 안에 10음절을 말한다 치면 다소 천천히 얘기하는 경우에는 대략 6음절 정도가 들어간다. 요하임 링겔나츠 Joachim Ringelnatz의 시 〈논리〉는 한 구절의 시가 보통 3초인 좋은 예를 보여준다. 이 시의 구절들은 독특한 배열로 절망적인 감상을 표현한다.

논리

밤은 춥고 별들로 가득하다

노르더네이Norderney 바다에

스와힐리 콧수염 한 가닥이 떠 있네

다음 배의 시계는 세 시를 가리키는데

나에겐 여러 가지 의문점이 떠오른다

도대체 말이 되는지 물어보네

어째서 새벽 세 시의 카테가트Kattegat에

스와힐리 콧수염이 떠 있는 거지?

• 요하임 링겔나츠

시는 특이한 생각들의 금광이라고 볼 수 있다. 프레데릭 켐프너 Friederike Kempner가 쓴《실레지아의 백조》에 나오는 시들을 보라. 그가 쓴 실험적인 〈순진하게 천진난만하게〉라는 시는, 통어적 능력은 문제가 없어 보이지만 나로서는 그 내용이 멋진 것인지 아니면 특별히 멍청한 것인지 판단하기가 어렵다.

순진하게 천진난만하게

순진하게 천진난만하게

인생을 통틀어

나쁜 일은

내 마음속에 다가오지 않아!

순진하게 천진난만하게

행복한 나는

나쁜 소식을 들어도

그것에 대해 아예 생각하지도 않아!

• 프레데릭 켐프너

불행과 나쁜 일이 일어나도 '그것에 대해 생각'하지 않는다니, 이 얼마나 멋진 성취인가? 하지만 불행히도 의식적으로 '그것에 대해 생각'하지 않는 것은 불가능한 것 같다. 아무튼 독자들이 이 시를 읽으면서 어리석음의 상징인 당나귀를 떠올리지 않았으면 한다.

두뇌의 기능

**'무엇'과
'어떻게'를
구별한다**

언제 끝나는지를 아는 것

앞서 언급한 네 가지 기능을 책임지는 두뇌 속의 각 모듈은 우리가 말하는 영혼이라는 영역의 내용을 구성한다. 인식하고 기억하고 느끼고 원하는 것이 인간 경험의 레퍼토리를 결정하는 것이다. 우리의 의식 속에 들어 있는 이러한 내용들이 제대로 기능하려면 관리 혹은 논리적 작동이 이루어져야 한다.

정신세계를 더 잘 이해하려면 신경학적으로 서로 다르게 자리 잡은 두 가지 기능 영역을 구별할 필요가 있다. 그 두 가지란 '무엇이 기능하는가'라는 내용적 측면과 '어떻게 기능하는가'라는 형식적 측면이다. 알기 쉽게 얘기하자면 내용과 형식의 구분인 것이다. 이러한 기본적 구별은 두뇌 영역에서도 불가피한 부분이다.

내용적 측면은 다시 세 가지 영역으로 나누어지는데 활동과 집중, 시간적 구성이다. 활동은 소위 두뇌에 '전력 공급'이 됨으로써 정신 활동이 가능해지고 우리가 의식이라는 것을 갖게 되는 것을 말한다. 전력 공급이 없으면 보거나 듣는 것, 기억이나 느낌, 의도나 희망 등을 갖는 것도 불가능하다. 아무것도 안 되는 것이다.

누구나 하루 동안 우리의 활동성이 어떤 방식으로 변화되는지 잘 알고 있다. 이른 아침의 활기도 정오 무렵이면 서서히 떨어지다가 다시 저녁이 되면 활력을 되찾지만 몇 시간 후에는 기력이 다해 잠에 곯아떨어진다. 이와 같은 하루 동안의 주기도 90분 주기로 더 짧게 나누어질 수 있다. 따라서 한 시간 반 일하고 쉬는 것이 우리 생체 흐름에 이로울 수 있다. 이런 중간 중간의 휴식은 결과적으로는 집중을 돕고 더 활기차게 일할 수 있도록 함으로써 오히려 시간을 절약해준다. 마감시간에 쫓겨 이런 자연적 리듬을 무시하고 일을 몰아붙일 경우 일의 능률은 오히려 더 떨어지고 두뇌는 완전히 소진될 수밖에 없다. 활동에 대한 요구가 지나쳐서 신경망에서 과도한 에너지가 분출돼 사용되었기 때문이다. 이로 인해 더 이상 아무것도 나오지 않을 만큼 신경망이 소모된다. 이것은 탈진으로 인한 우울증 증세로 표출되기도 한다. 모든 기능은 저마다 일정한 한계를 가지고 있다. 기억력도 확연히 감퇴되고 느낌도 약화되며 욕구도 없어지고 자극에도 반응하지 않게 된다. 이러한 상황이 오면 두뇌는 무언가가 잘못되고 있다는 신호를 보낸다. 이 신호를 무엇인가 변화를 주라는 두뇌의 친절한 메시지로 받아들일 필요가 있다. 지나친 요구에도 문제가 생기지 않는 사람은 건강하지 않은 것이다.

물론 우울증은 유전적 성향이 강하게 작용한다. 유전적 성향을 가진 사람은 우울증에 걸릴 확률이 많아진다. 하지만 탈진으로 인한 우울증은 유전과는 별로 상관없다. 지나치게 격심한 노동은 활동의 저장고를 완전히 소진시키기 때문이다. 특히 이와 같은 탈진 상태에서 오는 우울증은 예술가나 과학자처럼 강도 높은 정신노동을 하는 사람들에게서 상대적으로 많이 볼 수 있다. 또 이러한 정신 활동이 지나치게 되면 어떤 사람들은 일종의 지적·창조적 만취 상태에 이르는데, 이제 자신의 의지로는 일을 놓을 수 없게 된다. 이런 상태에서는 당연히 지적 포만감을 느낄 수 없다. 건강한 사람이라면 배고픔을 어느 정도 채우고 나면 포만감을 느낀다. 이것은 술을 마시는 것이나 성욕, 혹은 공격적인 본능에도 해당된다. 하지만 정신적 활동은 다르다. 그러다 보니 정신 활동이 과다하게 지속되면 탈진에서 오는 우울증으로 끝나는 것이 아니라 '일중독자'가 되어버리기도 한다. 이런 경우 특수한 삶의 처방이 필요하다.

- 하루에 일하는 시간을 정해놓고 그 시간이 다되면 일을 멈추도록 자신을 훈련한다. 이것이 가능해지면 위험 상태는 아니라고 봐도 된다.
- 또한 탈진에서 비롯되는 우울증을 피하기 위해 정신노동의 방식을 새롭게 구성해야 한다. 제시간에 일을 중단하는 것도 중요하지만 90분의 노동이 끝나고 나서 휴식을 취하는 것도 필요하다.

우울증 치료에 가장 좋은 방법은, 그것이 탈진으로 인한 것이건 유전적 성향에 의한 것이건, 규칙적인 운동과 한낮의 햇볕을 충분히 쐬는 것, 그리고 무엇보다 아침녘 태양의 기운을 한껏 들이키는 것이다. 게다가 충분한 영양섭취와 하루 시간의 리듬을 잘 지키는 것도 중요하다. 이러한 조치들은 평범하고 그다지 놀라울 것 없지만 아주 유익한 것들이다. 그렇다고 해서 심각한 우울증을 정신과 상담 같은 의학적 처방이나 약물로 다스릴 필요가 없다는 얘기는 아니다.

집중 통제 훈련

정신건강을 위해 주의 집중을 통제하고 훈련하는 것도 중요하다. 우리는 한 번에 한 가지씩의 일에만 집중할 수 있다. 그렇지만 정신적 사건의 경로에서 중요하지 않은 것들을 사라지게 하는 능력도 중요하다. 우리는 어떤 대상에 집중할 수 있는 반면 집중하는 대상에서 마음의 눈을 분리시킬 수 있는 능력도 갖추고 있다. 가령 우리가 어떤 사람을 보고 그 사람의 말을 듣는 척하지만 사실 속으로는 다른 생각을 하거나 다른 사람을 바라볼 수도 있다는 것이다.

이처럼 집중하고 있는 시선과 주의로부터 마음을 분리시킬 수 있는 능력은 잘 훈련하면 사교적 행사 등에서 아주 효과적으로 사용될 수 있다. 여기서 신경구조는 보이는 것과는 달리 다른 곳에 시선을 둠으로써 특별한 방식으로 '거짓말'을 한다. 하지만 그런 경우라도 다른 사람에게 '멍한 시선'을 들키지 않도록 특별히 조심할 필요는 있다. 다른 사람을 바라보면서 집중하지 않을 때 흔히 볼 수 있는 이 멍한 눈의 상태는 안구 축이 바깥을 향한 상태로서 시선이 먼 곳을 향할 때 주로 나타난다. 따라서 이런 멍한 시선은 어떤 대상으로부터 시선이 분리되었다는 것을 나타내는 징표다.

아무튼 서로 다른 활동 공간에서 일어나는 두뇌 활동의 일시적

협조는 두뇌의 논리적인 기능에 속하는 것이다. 무엇인가를 듣거나 생각하거나 숫자를 세거나 계획하거나 말하는 등의 모든 정신적 상태는 두뇌 안에서 포착되고 여러 다른 공간에서 동시에 신경세포에 의해 강화되거나 위축된다. 이는 현대 과학이 기능적 자기공명영상(fMRT), 뇌파검사(EEG), 뇌자도(MEG) 혹은 양전자 방출 단층 촬영(PET) 등의 기술을 통해 밝혀낸 가장 중요한 발견 중의 하나다. 특정한 정신 상태를 두뇌 한 부분의 신경 활동의 결과로만 생각한다면 그것은 잘못이다. 두뇌 측정 그림을 해독하는 수많은 과학자들은 그것이 사실이기를 바라고 있다. 그렇게 되면 두뇌 연구가 훨씬 명확한 방향으로 전개될 수 있기 때문이다. 하지만 두뇌 속의 우리 '영혼'은 한 곳에서 다른 한 곳으로 이동하는 것이 아니라 두뇌 전반에 걸쳐 존재하는 것이다.

가령 우리가 책을 읽을 때는 신경세포의 움직임을 느끼게 해주는 지엽적인 두뇌의 혈액순환이 이루어진다. 예를 들어 의미론적 능력이 발휘되는 측두엽이나 통어적 능력을 주관하는 전두엽의 활동이 확실히 증가한다. 또한 말하기 능력이 표출되는 영역의 활동이 활발해지는 것도 볼 수 있다. 시각 처리 영역의 정보가 언어 정보 센터로 전달되기 때문에 그 부분도 같이 활발해진다. 이렇게 신경 활동이 서로 다른 영역에서 동시에 이루어지는 것이다. 이처럼 다른 영역에서 동시적으로 이루어지는 활동은 모든 정신 기능을 주관하며, 신경 활동의 고유한 공간적·시간적 패턴에 의해 특정한 정신 상태가 표현된다. 하지만 규정된 정신 상태에서 이 같은 개별 패턴을 구분하는 일이 미래의 신경과학에게 주어진 임무라고 할 수 있다.

경험의 합체

지금까지 두뇌의 각각 다른 영역에서 동시다발적인 활동이 벌어지는 것을 여러 번에 걸쳐 확인했다. 그렇다면 어떻게 서로 다른 신경 세포의 활동이 한 가지 경험에 대한 느낌을 의식으로 전달할 수 있을까? 인간에겐 경험이라는 것이 존재하며 정신 활동은 단일한 형태의 경험으로 표현된다. 누군가의 얘기를 듣고 있을 때 우리의 귀나 눈이 따로 무엇인가를 보고 듣는 것이 아니라 전체적인 느낌을 전달하는 표준화된 감각 경험을 하고 있는 것이다. 그런데 어떻게 이것이 가능할까? 공간적으로 나누어진 활동을 합치시키고 연결하는 메커니즘이 있어 경험의 통일성을 가져오는 것이다.

다음에 이어지는 내용에서 이에 대한 가설을 살펴볼 것이지만 그전에 정신 상태를 정보화된 형태로 묘사하는 것의 어려움을 지적하고자 한다. 우리 두뇌에 기본적인 기능을 맡은 100개의 모듈이 있다고 가정해보고 (아마도 더 많겠지만) 이것들이 활성화된 모듈과 비활성화된 모듈 두 가지로 나누어져 있다고 생각해보자. 모든 모듈이 동시에 활성화된다고 가정하면 공간적·시간적으로 개수가 10의 30승이나 되는 서로 다른 패턴이 기능하게 된다. 이렇게 활성화된 상태를 일일이 구별한다는 것은 거의 불가능한 작업이다. 게다가 모든 사람은 서로 완전히 다른 개별 패턴을 지니고 있다고 보아야 하며, 한 사람이 같은 패턴을 반복하거나 두 사람이 똑같은 패턴을 공유하기란 불가능하다. 이 외에도 두뇌 연구가 직면한 도전 과제는 셀 수 없이 많다. 그럼에도 불구하고 우리는 이후에도 또렷이 기억할 수 있는 확실하고 균일한 경험의 상태를 만들어낼 수 있다. 두뇌의 특별한 상태를 압축시킨 형태로 결정적인 사건이나 경험을 인지하고 그것을 기억의 형태로 저장할 수 있는 것이다. 하지만 이것이 당연하고 자명한 일은 아니다. 뭔가를 기억하고자 하지만 기억이 나지 않는 경우를 우리는 일상적으로도 경험하지 않는가. 이것 또한 두뇌 연구가 주목할 만한 부분이기도 하다. 내가 알고 있다는 사실을 정확하게 알고 있지만 그 순간에는 전혀 떠오르지 않는 기억이 있다. 기억에서 이름을 끄집어내려 절망적으로 발버둥을 쳐보지만 아무 소용이 없는 것이다. 이것은 다름 아닌 멍청한 신경 구조에서 비롯된 것이다.

몸 안의 시계

세상과 나 사이의

조화 혹은

부조화

내부의 지휘자

공간적으로 분포된 신경 활동을 통합해 하나의 정신 상태를 만들어낸다는 것은 어떤 논리일까? 그중 하나가 정신의 내용을 결정하는 시간상의 질서를 만들어내는 데 신경세포 진동의 원리가 사용된다는 이론이다. 이 가설에 따르면 두뇌에는 일종의 생체 시계 같은 것이 있어서 신경 활동이 시간에 맞게 조합될 수 있도록 통제하는 지휘자 역할을 한다. 이러한 진동자 원리는 신경세포 활동에서 실제로 관찰할 수 있다. 실험에 따라 다르긴 하지만 이러한 진동은 3만 분의 1초에서 4만 분의 1초 사이에 이루어지며 하나의 진동 주기는 하나의 두뇌 시스템의 상태를 나타낸다.

하지만 이 두뇌 시스템의 상태를 통해서는 신경 정보의 '전후 관계'를 규정할 수 없으며 규정될 수 있는 것도 아니다. 이런 시스템의 상태는 '시간을 초월한' 특징을 지닌다. 이 시스템 속에서 서로 다른 공간과 시간 속에 분포돼 있던 정보가 하나의 덩어리가 되는 것이다. 이를 통해 광범위하고 복잡한 신경 시스템이 간소화된다. 따라서 이 시스템의 상태는 시간을 초월하는 영역이며, 이것으로 인해 신경 정보의 물리적 비동시성에도 불구하고 동시적 경험과 의식이 가능하다. 모든 것은 '시간의 창문'에서 동시에 나타난다. 모든 것이 동시다발적으로 일어나기 때문에 시간의 창문 안에서 일어나는 것들이 시간을 초월한 것처럼 보이는 것이다.

시간적 연속성

그렇다면 우리는 신경 활동의 흐름을 걸러 나온 독립적인 일을 통해 어떻게 시간의 연속성을 느낄 수 있는가? 연속적인 신경 활동을 거쳐 일어나는 일들은 어떻게 시간 속에서 통합되는가? 공간적으로 분포된 신경 활동이 '지난 일'들의 조절을 위해 통합하는 것 외에 또 다른 신경 메커니즘이 있을 수도 있다. 원칙적으로 연속해서 일어나는 일들을 통합하는 과정에는 두 가지 가능성이 있다. 하나는 의미론적인 단계에서 일어나는 각 사건의 통합, 즉 의미론적 통합이다. 여기서는 신경 활동을 통해 일어나는 사건들이 내용에 따라 서로 연결된다. 어떤 사람은 이것만이 유일한 가능성이라고 주장할 수도 있을 것이다. 그렇지 않으면 대체 어떤 다른 방식으로 신경 활동이 이루어진다는 말인가? 하지만 이렇게 결론을 내리기에는 어려움이 따른다. 신경 시스템의 정보 처리 과정이 대체적으로 선호하는 이 의미론적 통합은, 신경망 내부에 대표적인 패턴이 있어서 수용된 정보를 비교하는 역할을 한다는 것을 전제로 한다. 만약 들어온 정보가 내부의 패턴과 맞으면 통합 과정이 이루어진다. 다시 말해 이 같은 통합 모델에는 시간적 변수가 작용하지 않는다는 것이다. 통합이 이루어지면 정보 처리도 끝난다. 그렇다면 이러한 패턴은 어디서 오는 것인가? 만약 그런 모델이 존재한다고 가정하면 우리가 무엇인가 새로운 것을 배우는 것은 불가능하다. 새로운 것에는 비교 기준이 없기 때문이다.

두뇌 시스템은 얼핏 보기에는 멍청해 보이지만 자세히 보면 생각보다 영리한 부분도 없지 않다. 시간 제약이 없는 의미론적 통합 외에도 선의미론적 통합의 가능성도 생각해볼 수 있는데, 이 경우에는 내부 패턴과는 상관없이 자극에 의해 통합이 이루어진다. 직관적 예측과 모순되는 방식이긴 하지만 내용이 확인되기도 전에 자동적 통합이 이루어지는 경우도 연구를 통해 관찰되었다. 우리가 의도적으로 영향을 주고받기 전에 신경 활동을 거치는 사건들이 자동적으로 몇 초 안에 서로 연결되는 것이다. 여기서 사건이 통합되는 시간은 보통 2~3초 이내로, 이는 물리상수와는 상관없는 작동 영역이다.

2~3초 안에 이러한 통합이 이루어지는 쉬운 예를 들어보자. 어떤 것이 무거운지 가벼운지, 밝은지 어두운지, 시끄러운지 조용한지와 같은 두 가지 자극의 강도를 서로 비교해 정확한 판단을 내리려면 이 두 가지 자극이 약 3초 이내의 시간 프레임 안에 존재해야 한다. 다시 말해 두 자극의 간극이 3초 이상 지속되면 처음 자극의 신경 효과는 약해지고 두 번째 자극의 신경 효과가 상대적으로 과장되게 느껴지는 것이다. 정신적 비교 활동은 이처럼 특정한 시간

범위 안에서 가능한데, 이것은 진화의 산물이기도 하다. 그렇다면 왜 이것이 꼭 몇 초 안에 이루어져야 하느냐 하는 질문이 나온다. 위대한 조물주는 그보다 길거나 짧은, 혹은 상황에 더 알맞은 시간의 창문을 선택할 수도 있지 않았을까? 이론상 꼭 불가능한 것도 아니지만 우리는 이 메커니즘을 벗어날 수 없다.

그렇다면 몇 초라는 시간의 범주를 뛰어넘는 시간적 연속성을 지닌 경험과 감정은 어떻게 우리에게 생겨나는가? 3만 분의 1초 혹은 4만 분의 1초 사이에 일어나는 복잡함의 단순화 과정과 2~3초 안에 일어나는 시간적 통합 과정은 우리 정신의 내용물이 생성되는 데 논리적으로 불가피한 최소 조건이긴 하지만 그렇다고 충분조건도 아니다. 시간의 창문도 그 자체로는 의미가 없지만 이로 인해 정신의 내용이 지속되는 것이 가능해진다. 의식의 지속이 가능한 이유는 몇 초간이라는 하나의 시간의 창문이 앞의 창문과 뒤의 창문을 연결해주고 있기 때문이다. 이들은 의식 속에 나타나는 내용을 전달하는 역할을 한다. 이렇게 해서 기간(시간의 간격)에 대한 의식이 생겨난다.

작가인 로베르트 게른하르트도 이에 대해 많은 생각을 한 것처럼 보인다.

메칭겐을 지나면서

그대를 칭송하리라. 흉측함이여
참으로 믿음직스럽구나.

아름다움은 줄어들고 찢어지고 도망가고
바라보기도 괴롭지.

아름다움을 바라보는 이는 시간을 느끼고
시간은 항상 다가올 끝을 의미하는 것.

아름다움은 슬픔의 이유가 되고
흉측함은 주어진 시간을 즐긴다네.

• 로베르트 게른하르트

기간이라는 개념은 활성화된 신경 프로세스의 산물로, 정신 장애로 고통받는 정신분열증 환자는 여기서 비롯된 의미론적 연결망이 손상된 것으로 볼 수 있다. 여기서 오는 '필름이 끊기는 현상' 같은 경험은 술을 지나치게 많이 마실 경우에도 일어날 수 있다. 시간의 연속성이 극단적인 피로 혹은 지나친 긴장으로 인해 중단되는 것이다.

일반적으로 목격하는 시간의 연속적 흐름이란, 각각 분리되어 있지만 곧바로 이어지는 시간의 창문을 통해 서로 연결된 정신 내용이 만들어낸 하나의 환상일 뿐이다. 우리가 느끼는 시간의 연속성이라는 것도 자연의 시간적 연속성이라는 물리학의 시간 개념과는 아무런 상관이 없다. 그렇다면 자연이 물리학적 법칙과 모순되는 시간의 흐름이라는 환상을 만드는 것이 과연 가능한가? 우리의 정신적 한계가 이러한 현상을 받아들일 수 있을지는 모르겠지만 완전히 불가능한 가설만은 아닌 것 같다. 철학자 루드비히 비트겐슈타인 Ludwig Wittgenstein은 《논리 철학 논고 *Tractatus logico-philosophicus*》에서 또 다른 시간의 경험에 대한 사고를 다음과 같이 은밀하게 드러낸다. '우리가 영원을 무한한 시간이 아닌 시간을 초월한 개념으로 이해한다면 우리는 영원히 현재 속에서 사는 것이다.'

두뇌 속에서는

장애의
발생과
그와의 전투

재앙의 발생

우리는 두뇌의 실패한 구조라든가 특이한 기능성에서 비롯된 질병과 장애를 목격할 수 있다. 그 종류 또한 셀 수 없이 많다. 조물주가 정말로 의도해서 이렇게 만든 것이라면 우리는 그를 사디스트라 불러도 될 것이다. 그렇다면 조물주는 어째서 인간을 비롯한 생물체가 스스로의 결함이나 타자의 공격으로 평생 동안 고통받도록 만들었을까? 하지만 나는 생물체가 불완전하게 창조된 것은 어떤 외부의 힘 때문이 아니며, 인간이라는 존재도 진화 과정에서 막다른 길에 도달했기 때문에 여러 가지 신경논리학적 혹은 정신적 장애를 겪는 것이라고 생각한다.

이러한 장애는 감각 체계 정보를 수용하는 과정이나 두뇌가 받아들인 정보를 변화시키는 과정에서 발생한다. 혹은 근육계나 신체 내부조직의 수용체에서 진행되는 정보의 흐름에 문제가 생겨서 두뇌에 그 정보가 원활하게 전달되지 않을 때도 발생한다. 또한 거대한 정보망 자체에 장애가 생기는 바람에 신경세포 간의 소통이 제한되고 화학적 전달매체를 통한 세포들 간의 이동에 문제가 발생하거나 신경세포가 지나치게 손실되기도 한다. 또한 특정 기능을 책임지는 두뇌의 국소 부위에 있는 자극과 억제 체계의 균형이 깨지면 특정한 장애 요소가 발생하기도 한다.

두뇌는 서로 연결된 신경세포들의 활동으로 이루어진 모듈 시스템 안에서 기능하기 때문에 또 다른 장애의 가능성이 생길 수도 있다. 모듈 영역의 연결이 끊어지면 손상이 발생되고 거기서 정신적 질병이 생겨나기도 한다. 서로 다른 모듈 간의 동시 발생적 기능이 보장되지 못하면 다른 장애 요소도 등장할 수 있다. 또한 다른 생물학적 체계와 마찬가지로 두뇌도 '전력 공급'과 같은 에너지가 있어야 한다. 두뇌의 활성화를 책임지고 에너지 공급을 보장하는 체계에 문제가 생길 경우 재앙의 싹이 움트는 것이다.

쉽게 생각해보자. 특정한 감각세포가 존재하지 않을 경우 우리가 세상을 바라보는 일상의 방식은 달라질 수밖에 없으며, 외부에서 들어오는 정보를 처리하는 중앙 두뇌 메커니즘은 제대로 기능하지 못하거나 다른 방식으로 작동될 수밖에 없다. 유전적인 장애로 인해 우리가 듣거나 보지 못한다면, 혹은 살아가는 동안 특정한 감각세포가 쇠퇴한다면 우리가 세상을 감지하는 감각 채널은 닫히고 말 것이다. 그렇게 되면 세상을 바라보는 관점도 보고 들을 수 있는 사람의 관점과는 다르게 형성될 수밖에 없다. 세상에 대한 그림이나 관점도 결국은 즉각 접근할 수 있는 감각 정보에 의존하기 때문이다.

고통 없는 인간은 불가능했을까?

사람들이 만성 통증을 싫어하는 것은 당연하지만 급성 통증의 경우는 이와 다르다. 왜 그럴까? 감각 장애 중 가장 큰 재앙이라 할 만한 것으로는 선천적 무통 증세가 있는데 이는 태어나면서부터 통증을 느낄 수 있는 감각세포가 없는 경우를 말한다. 통증을 느끼지 못하니 행복하지 않겠는가, 라고 보통은 생각하겠지만 천만의 말씀이다. 통증에도 기능적 의미가 있다. 그렇지 않으면 통증이 존재할 이유가 없는 것이다. 진화 과정을 거쳐 발전된 모든 것에는 다 그럴 만한 이유가 있다. 통증에 대한 감각 기능이 없는 사람은 부상이나 상처를 입더라도 어디를 치료하고 처방받아야 하는지 모른다. 통증은 부상 이후 몸을 움직이지 못하도록 해서 치유 활동이 시작되도록 돕는 역할을 한다.

또한 통증이 진화의 관점에서 중요한 이유는 관절 부위의 부담을 덜고 신체의 표면이 외부 자극에 지나치게 혹사당하는 것을 막아주기 때문이다. 관절에 무리가 오는 것을 피하기 위해 자세를 바꿔주거나 신체의 표면이 외부와 지나치게 접촉되지 않도록 조심해야 하는데, 통증에 대한 정보를 받아들이지 못하는 사람은 그러지 못하는 경우가 많다. 그러다 보니 무통 환자들은 만성적인 관절염 등으로 인해 상대적으로 수명이 짧다. 신체의 위치를 규칙적으로 바꾸어주지 않으면 염증이 생기는데, 통증은 새로운 자세를 취하게 만드는 신호와도 같다. 따라서 갑작스럽게 일어나는 통증은 그만 한 의미가 있는 것이다. 반면 만성적인 통증은 무의미하다. 끊임없이 통증에 시달려야 할 이유는 무엇인가? 만성 통증은 신경의 불완전함에서 비롯된 것으로 진화론적 기능과는 상관없다. 고통의 이유 없이도 고통이 지속되는 것이다.

자연스러운 움직임을 당연하게 받아들여서는 안 된다

같은 방식으로 감각 시스템에 장애가 와서 질병이 생기면 우리의 움직임에도 영향을 미친다. 말초신경이나 근육계 혹은 내부기관을 통제하는 데 필요한 신경세포는 고작 몇백만 개에 지나지 않는다. 신경 데이터를 처리하는 과정에 필요한 두뇌 속 수십억 개의 감각세포나 수천 개의 신경세포는 단 한 가지의 목적을 가지고 있다. 그것은 주어진 정보를 행동과 움직임으로 전환하고 신체 내부기관을 통제하는 것이다. 감각세포의 신호를 받아들이고 중앙 처리 과정에 동원되는 압도적으로 많은 세포들은 사실 표출을 책임지는 세포들을 위해 일하고 있는 셈이다.

우리가 거듭 깨달아야 할 중요한 사실은 두뇌로서는 우리가 무엇을 받아들이고 무엇을 고려하느냐가 아니라 무엇을 하느냐가 중요하다는 점이다. 자연은 성공적으로 행동하도록 우리를 만들었다. 그 밖의 모든 것은 이를 위한 부수적인 수단일 뿐이다. 하지만 모든 다른 것과 마찬가지로 두뇌에도 장애가 발생한다. 예를 들어 화학적 전달물질인 아세틸콜린Acetylcholin이 충분히 분비되지 않으면 두뇌의 신경 활동이 근육계로 원활하게 전달되지 못해 신체의 움직임을 통제하는 시스템에 장애가 발생하는 중증근무력증Myasthenia gravis이 발생한다. 또 다른 경우, 신경의 정보는 근육계로 원활하게 전달되지만 운동근육을 책임지는 신경세포 기능에 문제가 생길 수도 있다. 그런 장애가 발생하면 근위축성 측삭경화증ALS(Amyotrphic lateral sclerosis)이 생기는 것이다. 우주의 블랙홀 이론을 주장한 유명한 영국의 물리학자 스티븐 호킹Stephen Hawking도 일종의 ALS를 앓고 있는 것으로 보인다.

신경세포의 퇴화

또 다른 예측도 가능하다. 신경세포 사이의 정보 처리가 방해받으면 또 다른 장애가 발생할 수 있다. 보통 신경 정보는 축색돌기라고 불리는 신경선을 따라 한 신경세포에서 다른 신경세포로 전달된다. 하지만 축색돌기의 미엘린 초(신경세포 가지를 싸고 있는 막으로 전깃줄의 피복에 해당함 — 옮긴이)가 쇠퇴하면 다발성 경화증 MS(Multiple sclerosis) 증세가 나타날 수 있다. 미엘린 초의 쇠퇴로 인해 신경세포 사이의 정보 처리 속도가 느려진다. 그렇게 되면 두뇌의 서로 다른 중심에 있는 정보들이 기능을 발휘할 수 있도록 제시간에 맞춰 도착하지 못한다. 특히 이것은 신체의 움직임을 구성하는 데 치명적인 재앙으로 작용한다. 즉 변화하는 정보 처리 시간에 맞추어 움직임의 조화를 찾는 것이 불가능해지는 것이다. 움직임의 조화와 일치를 책임지는 두뇌 영역의 장애뿐 아니라 지각 시스템의 장애로 질병이 생기기도 한다. 다발성 경화증의 초기 증세는 종종 시각 장애에서 시작되기도 하는데, 이는 망막에서 두뇌로 이어지는 빠른 정보 전달 체계에서 시신경의 미엘린 초가 제한되기 때문이다.

신경세포도 역시 질병에 책임이 있다. 나이가 들면 신경세포가 자연스럽게 쇠퇴하면서 신체 기능에 변화가 생기는데, 물론 이것은 다른 관점에서 보아야 할 부분이다. 기능의 '무엇'에 해당되는 경험은 나이가 들수록 쌓이고 발전되기 때문이다. 다시 말해 나이 든 사람들은 젊은이에 비해 삶의 경험이나 내용이 더 풍부하게 보존되어 있으며 이것을 우리는 지혜라고 부르기도 한다. 그렇지만 기능의 '어떻게'에 해당하는 부분, 즉 처리 방식은 나이 들수록 점점 한계에 이른다. 나이가 들수록 신경 프로세스는 천천히 작동되고 움직임의 조화가 지연되며 결정 기능 또한 속도가 느려진다. 40세만 되어도 100미터 경주나 테니스 경기를 할 때 젊은이들보다 훨씬 뒤처지는 것을 느낄 수 있다.

만일 신경세포가 급격하게 퇴화하고 나이가 들어가면서 정신 기능이 정상적이지 않고 점점 제한되면 알츠하이머에 걸렸을 확률이 높다. 알츠하이머에 걸리면 주로 두정엽과 측두엽을 비롯해 전두엽 부분까지 대뇌의 광범위한 부위에서 신경세포가 급격히 감소된다. 그렇다면 어째서 신경세포가 파괴되는 것일까? 흥미롭게도 알츠하이머가 신경세포를 파괴하는 과정은 간질이나 뇌졸중의 경우와 비슷하다. 이 질병에 걸리면 글루타메이트Glutamate라는 화학적 전달 물질이 과도하게 분비되면서 활성화되는데, 이렇게 증가된 글루타메이트는 신경세포에 칼슘과 철 성분을 쌓이게만 하고 배출되지 못하도록 만들어 결국에는 신경세포를 파괴시킨다.

신경세포의 자극과 억제 균형이 깨지면

이러한 구조로 만들어졌기 때문에 두뇌 주변의 자극과 억제 균형이 깨지면 문제가 발생할 수 있다. 한 영역에 지나친 자극이 주어지거나 억제가 충분하지 않게 되면 불균형이 초래되는데, 이로 인해 전체 시스템이 붕괴되는 것이다. 예를 들어 파킨슨 증후군과 같은 마비증세가 이에 해당된다. 파킨슨병은 두뇌 깊숙이 자리 잡은 중뇌의 흑질 속에 있는 대뇌기저핵에서 화학 전달물질인 도파민이 충분히 분비되지 않아 발생한다. 파킨슨 증후군을 잃고 있는 환자는 근육이 심하게 흔들릴 뿐 아니라 자신의 움직임을 더 이상 효율적으로 통제할 수 없게 된다. 일반적으로 우리의 두뇌에는 움직임을 위한 프로그램이 저장되어 있다. 통제물질의 움직임이 제멋대로 이루어지는 것을 억제하는 것이다. 특정한 움직임을 시작하려면 이러한 억제장치가 풀려야 한다. 그래야만 규칙적인 움직임이 이루어질 수 있다. 만일 도파민이라는 전달물질이 없다면 억제를 풀 장치가 없어지고 따라서 움직임이 제한될 수밖에 없다.

간질도 자극과 억제를 주관하는 화학 전달물질의 균형이 깨어지는 데서 발생한다. 전달물질 체계에서 장애가 발생해 두뇌의 국소 영역, 특히 측두엽 부위에서 지나친 자극이 주어지거나 억제 활동이 충분하지 않을 때 신경 자극이 걷잡을 수 없이 확산된다. 이로 인해 두뇌의 다른 부위에 새로운 동요가 일어나면서 두뇌는 스스로 파괴되는 것이다. 간질 증세가 왕성해지는 이유는 우리 두뇌의 구조적 특징 때문이기도 하다. 좌우의 대뇌 반구 사이를 연결하는 뇌량은 마치 거울과 같은 대칭 구조로 서로 연결되어 있다. 두뇌의 한쪽에 간질 증세가 발생하면 대칭된 다른 한쪽의 두뇌로도 확산될 가능성이 있는 것이다.

두뇌의 각기 다른 기능을 담당하는 모듈에서 장애가 발생하는 패턴도 있을 수 있다. 이것을 통해 모듈도 서로 연결되어 있음을 알 수 있다. 이와 같은 두뇌 구조를 통해 우리는 두뇌에서 발생하는 여러 가지 질병의 패턴을 유추할 수 있다. 특정 기능이 더 이상 활성화되지 않거나 모듈 사이의 상호연결에 문제가 생기거나, 아니면 다른 정신 영역에 장애가 발생했을 때 개별 모듈이 무너지는 경우도 있을 수 있다. 정신분열증 환자의 경우 인식과 기억을 담당하는 신경구조의 연결이 끊기거나 통합적 활동을 가능하게 해주는 두뇌 영역 간의 상호연결 작용에 문제가 발생한 것으로 추측된다. 그러다 보니 정신분열증 환자는 각각의 상황에 정상적인 감정 반응을 보이지 못한다. 정신분열증 환자를 대하는 사람에게는 이것이 종종 심각한 마음의 부담으로 작용한다. 정상적인 감정의 연결고리가 없는 사람을 대하기란 어려운 일이다. 정신분열증 환자의 사고와 인식과 행동은 정상적인 감정 평가에 근거를 둔 것이 아니며 전형적 정신 장애의 원인이 되기도 한다. 이 경우 두뇌의 여러 모듈을 연결시켜주는 신경 '접착제'가 확실히 결여된 것으로 볼 수 있다. 다시 말해 정신분열증 환자는 서로 다른 모듈을 이어주는 접착제인 화학적 전달물질이 부족한 것이다. 특히 전두엽 영역의 역할이 중요한데, 정신분열증 환자에게서 나타나는 전전두피질의 대사 감소 현상이 이를 입증해준다.

의식의 속박에서 벗어나려면

두뇌에서 잘못된 것을 찾으라고 한다면 한도 끝도 없다. 만일 조물주가 선한 의도로 인간을 창조했다면 이런 식으로 만들지는 않았을 것이다. 불평할 이유가 너무 많다. 지구상의 복잡한 진화 과정에 끼어든 인간은 모든 영역에서 어쩔 수 없이 실패할 가능성을 안고 있다.

우리는 역사의 희생자이자 노예다. 또한 다른 의미에서도 역시 우리는 노예 상태를 벗어나지 못했다. 외부 관점으로 자신을 들여다보면 주목할 만한 하나의 사실을 발견하게 된다. 우리는 언제나 항상 무언가를 의식하며 살고 있다. 한시라도 무엇인가를 듣거나 냄새 맡거나 생각하거나 회상하거나 느끼거나 욕망하지 않으며 보내는 시간이 없다. 우리는 끊임없이 정보를 주고받으며 살고 있으며 스스로가 '속박되어' 살고 있다는 사실을 소스라치게 깨닫는다. 우리의 안테나는 언제나 열려 있다. 두뇌는 끊임없이 정보에 노출되어 있으며 무엇이 좋고 그른지 쉴 새 없이 저울질해야 한다. 또한 우리는 흘러 들어오는 정보의 흐름에 매순간 휩쓸려간다. 이런 점에서 보면 우리는 자유롭지 않고 자유로울 수도 없다. 이 같은 특정한 속박 상태는 우리 삶의 특징이며 인류의 본성이기도 하다.

이렇듯 우리 의식이 필요에 의해 구속돼 있다면 나라고 부를 수 있는 것은 도대체 무엇인가? 자아의 자율성에 대해 딱 꼬집어 얘기할 수 있는 것이 있을까? 이 속박의 범위와 관점에서 본다면 자아의 자율성이란 절대 불가능하다. 물론 이러한 속박을 수긍하고 그 상태를 만족스럽게 받아들일 수도 있다. 그렇지만 원하지 않는다고 해서 벗어날 수 있을까?

자유로워지려는 시도는 그 자체가 연구과제이며 어쩌면 과학자들도 소모적인 일상의 속박에서 벗어나고자 연구에 매진하고 있을지도 모른다. 스스로 두뇌 연구가가 되어 '자기 지시성의 고리' 속에 들어가 어째서 그런 종류의 정신적 속박에 얽매여 사는지를 연구하고 거기서 탈출할 방법을 숙고해보는 것이다. 이러한 자기 투명성에 대한 탐구야말로 연구 동기의 한 부분일 것이다.

또 다른 탈출 방법으로는 예술 활동을 들 수 있다. 자신만의 창조적인 세계에 파묻힘으로써 이 세상에서 일어나는 끊임없는 의식의 흐름에 사로잡히지 않고 탈출하는 것이 가능해진다. 자유의 또 다른 가능성은 집중하는 것이다. 자신의 의식에 주의를 집중함으로써 마음속에서 끊임없이 일어나는 여러 지각과 감각을 차단시킬 수 있게 된다. 이처럼 명상(혹은 그와 비슷한 방식의 주의집중)은 의식의 속박으로부터 벗어나는 또 다른 방법이다. 명상의 시간을 통해 우리는 끊임없는 데이터 처리 과정이라는 진화의 조건에서 스스로를 해방시킬 수 있는 것이다.

또한 아무 때고 마음만 먹으면 할 수 있는 내면으로의 몰입, 즉 자신의 과거를 향한 시간 여행을 우리는 '자기 성찰'이라고 부른다. 마음의 눈으로 기억 속에 있는 사진들을 꺼내 들여다보는 것이다. 우리는 마음속에 수많은 기억의 사진을 저장해놓고 있는데, 시간 여행을 통해 그것을 다시 들여다볼 수 있다. 원하든 원하지 않든, 이러한 정신 활동에는 자신과 대면하고자 하는 집중과 노력이 필요하다. 이 같은 노력을 통해 과거를 반추함으로써 자신의 모습을 발견할 수 있기 때문이다. 자신의 도플갱어를 마음의 문으로 대면하는 것이다. 자신의 또 다른 모습을 보면서 우리는 자신을 확인한다. 두뇌가 자신을 발견할 수 있는 기회를 제공하는 셈이다.

'이것이 정말로 나인가?'

한스 마그누스 엔첸스베르거는 이처럼 두뇌의 지나친 요구에 시달리는 우리 인간을 시의 주제로 삼았다.

머리 뚜껑 아래서
————

끊임없이 똑딱거리고 활활 타오르는
저것, 무엇인가? 그것이 나인가?
어디서 오는 것인가.
그저 안에 들어 있는 회색 덩어리 하나가
나를 바라보네.
나도 그걸 바라보네.
우리는 서로에게 놀라네.
내 말을 잘 듣는 것도 아니어서
오해하고 엄청나게 싸우고
어둠이 오면
그냥 꺼두고 쉬고 싶지만
그것도 헛된 짓이야.

스스로 알아서 끊임없이

움직이고 창조하며 발명하네.

내가 모르는 사이에

나와는 상관도 없이.

나 또한 종종 머리에 물어보지 않고

내 멋대로 생각하기도 하지.

결국 서로를 염탐하는 걸 그만두고

서로를 놓아주는 순간

그제야 평화가 찾아온다네.

• 한스 마그누스 엔첸스베르거

우리의 두뇌에서 비롯되는 부담을 이보다 더 잘 표현한 시가 또 있을까!

상호보완성

지식의
원천이자
어리석음의 원인

단선적 인과관계

우리 인간에게는 이 세상에서 자기 길을 찾아가는 것을 더 어렵게 만드는 문제가 있는데 바로 단선적 인과관계라는 것이다. 우리는 언제나 문제의 원인을 찾으면서도 하나의 원인을 발견하면 그것에 만족해버린다. 그러다 보니 우리가 가진 '병'은 두 모습을 보인다. 하나는 이유에 대한 갈망이고, 다른 하나는 하나의 원인을 찾았을 때 그것에 만족하는 모습이다. 이것은 일상에서 흔히 볼 수 있다. 과학이 해야 할 일은 무엇인가를 전체적으로 이해하고 설명하는 것이다. 보통 실험을 하고 통계 자료를 바탕으로 관찰의 원인을 설명한다. 또한 얽히고설킨 인과관계의 요소들을 추적해서 그 속에서 한 가지 요인을 걸러내는 작업에 상당히 만족한다. 인문학자들의 경우 현상을 이해하는 방식은 과학자들과는 상당히 다르지만 원인을 규명하는 작업을 무엇보다 중요시한다. 이것을 우리는 해석이라고 부른다. 하나의 원인 혹은 하나의 해석 안에 모든 것을 귀결시키는 태도야말로 단선적 인과관계의 좋은 예일 뿐 아니라 학문적 어리석음을 보여주는 예다.

물론 상황을 단순하게 설명하는 작업은 필요하다. 하지만 너무 단순화시키는 것이 문제다. 윌리엄 오컴William of Ockham은 단순화의 규칙에 대한 멋진 격언을 다음과 같이 제시했다. '우리는 필요 이상으로 주변 상황을 설명할 필요가 없다.' 가장 단순한 것이 가장 진실한 것이다. 이것을 오컴의 면도날이라고도 한다. 오컴의 면도날과 원인에 대한 철학적 표현인 '세상에 이유 없는 것은 없다'를 서로 연결시킬 때 거기서 정신을 현혹시키는 혼란이 발생한다. 상황을 단순화해서 설명하는 것이 가장 효과적인 방법이라고 착각하여 그에 대한 가장 쉬운 방법으로 단선적 인과관계에 입각해 설명하게 되는 것이다. 수많은 변수가 작용하는 우리의 인생이나 두뇌 속의 신경작용 혹은 여러 관계를 상정할 때, 이는 잘못된 접근방식이라고 할 수 있으며 기만적인 면이 있다.

사실 단선적 인과관계는 진화 과정의 필요악이라고도 볼 수 있다. 이 악마는 정신의 불완전함을 가장 잘 드러내준다. 하나의 목표에 도달하기 위해서는 신체 기관이 재빨리 행동해야 한다. 빠른 자가 느린 자보다 우위에 서게 됨으로써 이런 민첩함은 진화 과정에서 보상을 받는다. 주어진 상황에서 복잡함을 단순화시키게 되면 더 빨리 행동에 나설 수 있다. 모든 사건을 확실한 그림으로 정리함으로써 단순화 작업은 성공한다. 그러다 보면 많은 것들이 무시된다. 이렇게 단일한 그림은 복잡한 상황을 설명해주는 수단으로 사리 잡는다. 또한 이렇게 단일한 인과관계에 대한 이해는 성급한 행동을 불러일으킨다. 여기서 우리는 이렇게 정리할 수 있다. 단선적 인과관계라는 질병에 완전히 전염되지 않은 자는 행복하다고. 하지만 한편으로는 어리석음을 완벽히 피할 수 없다. 모두가 알다시피 어리석음은 느려터진 특징을 가지고 있기 때문이다.

상호보완성

어리석음이 인간 모두가 도달하고자 하는 궁극적 목표가 아니라면 이 전 세계적 질병과 싸우기 위해 우리가 해야 할 일은 무엇일까? 하나의 강구책으로 '상호보완성'을 제시할 수 있을 것이다. 상호보완성의 원리는 전혀 새로울 것이 없는 개념으로 초기 서양철학에서 이미 언급된 바 있다. 그리스의 철학자 헤라클레이토스Heraclitus는 2500여 년 전에 상호보완성을 일종의 생성원리로 설명했다. 그는 모든 만물은 하나이며 서로 반대되는 것도 하나에 속한다고 생각했다. 삶과 죽음, 깨어 있음과 수면, 생성과 소멸, 노화와 젊음, 여성과 남성, 좋음과 나쁨 등의 대조적인 개념은 서로 불가분의 관계에 있다. 서로 밀어내고 있는 것처럼 보이는 양극이 실제로는 서로에게 의존하고 있다는 추론을 바탕으로 대조적인 세계의 조화 혹은 일치가 이루어지는 것이다.

고대 중국에서도 비슷한 사고가 존재했는데, 바로 음양의 개념이다. 무엇보다도 도교에서는 이 원리를 중요하게 여겼다. 음은 여성적이고 어둡고 부드러우며 조용한 성질을 지닌다. 양은 밝음과 강함, 남성적이고 활동적인 성질을 표상한다. 이 둘은 서로에게 의존하고 있으며 서로를 보완하는 역할을 한다.

　다음은 자연과학자들의 머릿속을 떠다니는 생각을 언어로 간추린 듯 보이는 시다. 헤르만 카자크Hermann Kasack라는 시인이 쓴 시 구절이다.

전환점

하늘이 땅을 향해 구부렸을 때
음과 양이 하나였을 때
그때는 세상이 아직 만들어지지 않고
창조를 향해 몸부림치던 때였다.

• 헤르만 카자크

　상호보완성은 우리의 경험과 행동을 결정하는 요소다. 이것을 받아들인다면 스스로를 이해하기가 한결 쉬워질 것이다. 상호보완성의 원리는 대조적인 것들을 합치시킬 수 있게 해준다. 이로 인해 창조적 활동이 가능해지며 상호보완성이 결핍되면 어리석음이라는 함정에 빠지기 쉽다. 그렇다면 어떻게 상호보완성은 나타나는가? 한 개인과 인간과 생물체로서 어떻게 상호보완적으로 살아가는가, 라는 질문에는 다양한 방식의 답이 있다.

　기령 언어적으로 명백한 지식과 시각적 지식 사이에는 서로 보완적인 부분이 존재한다. 지식이 언어로만 나타난다고 생각하면 오산이다. 어떤 지식은 언어 표현 방식이 더 적합하지만 또 어떤 지식은 그림으로 나타날 때 더 효율적이다. 이 두 가지 지식 형태는 서로 상호보완적이며 의존적이다. 우리는 언어로써 그림을 만들고 또 그림을 언어로 표현한다.

그뿐만이 아니다. 지각이나 느낌 혹은 기억도 상호보완적인 부분이다. 정신 작용은 무에서 창조된 것이 아니라 신경 활동에서 시작된다. 신경 활동 차원에서 본다면 신경 작용도 그 자체가 상호보완적 요소로 경험의 산물이며 정보의 쓰레기로써 처리되어야 할 부분이다.

경험의 내용과 논리적 기능이라는 두뇌의 두 가지 요소도 서로 상호보완적인 것으로 그 둘을 합쳐야만 비로소 '무엇'과 '어떻게'라는 부분으로 분류할 수 있다. 내용이 없는 논리적 기능은 공허하다. 논리성 없이는 내용도 자신의 그릇을 찾지 못한다. 임마누엘 칸트는 이미 상호보완성의 중요성을 인지했고 《순수 이성 비판》에서 다음과 같이 말했다. '내용 없는 생각은 공허하고 개념 없는 관점은 맹목이다. 따라서 우리 생각을 언어화함으로써…… 사고를 이해시켜야 한다.'

우리가 무언가를 보고 있을 때 무엇과 어디는 항상 상호보완적인 역할을 한다. 무엇인가는 항상 어디엔가 있고 어디엔가는 항상 무엇이 있다. 이것을 인지하기 위해 두뇌는 특별한 전략을 '고안해' 냈는데, 바로 어떤 영역은 '무엇'을 책임지고 또 어떤 영역은 '어디'를 책임지도록 한 것이다. 그렇지만 이 둘은 서로 밀접하게 얽혀 있다. '어디'를 위해서는 두뇌의 심층구조가 중요한 역할을 하는데, 특히 중뇌의 상구가 그렇다. 또한 '무엇'에 관한 부분은 측두엽 부분의 대뇌피질층이 중요한 몫을 한다. 상호보완적인 기능 분포는 일반적으로 두뇌의 기본적인 원칙이라고 할 수 있다.

또한 즉각적인 경험 요소와 그에 대한 반성의 요소도 상호보완적인 관계에 있다. 이미 살펴본 바와 같이 우리에게는 두 가지의 의식 상태가 있는데 하나는 현재의 경험 상태이고 다른 하나는 그에 대한 추상화 단계다. 우리는 이것을 다른 것과의 경험적 관계가 생성되는 '내부 관점'과 자신과 타인과의 거리를 두고 바라보는 '외부 관점'으로 나누어 부를 수도 있다.

이러한 형식의 상호보완성은 로베르트 게른하르트가 쓴 최근의 시를 통해 묘사되고 있다.

세상은 변화의 장

나는 이제 더 이상 예전의 내가 아니라네.
고통스럽지만 매일 나는 분명히 느끼지.
그렇지만 과거의 내 모습을 볼 수 있는 건
오늘의 내 모습 때문이라네.
시간은 우리를 파괴할 뿐 아니라
영리하게도 어쩌면 지혜롭게도 만들어주지.

• 로베르트 게른하르트

정체성을 형성하고 그것을 지우기도 하는 두뇌의 작용 또한 상호보완적이다. 특정한 시간 동안 사고나 인식이 서로 일치하는 경우가 있지만 영원히 그 자리에 머물지는 않는다. 정상성과 역동성은 서로 상호의존적 관계에 놓여 있다. 두뇌는 우리가 언제나 같은 생각에 머무는 것을 막기 위해 몇 초 안에 새로운 내용을 투입시킨다 (역동성).

이러한 정상성과 역동성에 대한 생각을 시인 마리 루이제 카슈니츠Marie Luise Kaschnitz는 다음의 시로 표현했다.

해변에서

오늘 그대를 다시 해변에서 보았네
파도의 흰 거품이 그대 발치에서 부서지고
손가락으로 그대는 모래에 뭔가를 새겼지
아무것도 남아 있지 않지만

끊임없는 순간의 놀이에
그대는 흠뻑 빠져 있네
파도가 밀려오고 별과 동그라미는 지워지고
파도가 쓸어가면 그대는 또 다시 준비하고

웃으며 나를 돌아보네
내 괴로움은 알아채지 못하고
아름다운 파도가 해변으로 밀려와
그대의 발자국을 지우는 그 순간

• 마리 루이제 카슈니츠

자율성이나 자기 결정 같은 것도 역시 상호보완성을 지니며 사회적 배경에 통합된다. 우리는 자신만을 위한 존재도 타인만을 위한 존재도 아닌 것이다. 인간이라는 정체성은 두 가지 모두를 요구한다. 타인 없이 존재할 수 없지만 그렇다고 타인만이 나의 존재를 규정하는 것은 아니다. '나'는 언제나 '나와 당신'으로 이루어져 있다.

진화적 유산과 태생과 동시에 주어진 환경 속의 경험은 서로 상호보완적인 관계에 있다. 생래적인 유전 프로그램은 후생적 프로그램과 만나서 비로소 효율적이 되는데, 문화 프레임과 특정한 환경 조건에 의해 결정된다. 이러한 상호보완성에 힘입어 문화는 두뇌의 구조 속에 자리 잡는다.

상호보완성의 원리는 지식의 원천인 동시에 어리석음의 원천이기도 하다. 우리가 어리석음에 대한 개념을 갖고 있다면 그와 반대되는 진정한 지식에 대한 개념도 갖고 있어야 마땅하다. 그럼에도 불구하고 운명적으로 어리석음에 꽉 차서 어리석음에 대한 개념조차 없는 사람도 많다. 그렇다면 어느 쪽이 더 나을까? 차라리 지식에 대한 개념이라고는 전혀 없이 운명에 만족스럽게 순응하고 지나치게 복잡한 생각의 그물에 빠지지 않는 것이 더 나은 삶은 아닐까?

우리는 어째서 모든 것에 '왜'라는 질문을 해야 하며
사물을 '왜' 그대로 받아들이지 못하는가?
인간은 어리석게 태어난 존재여서
아무리 열심히 배운다 하더라도 어느 날 갑자기
똑똑해지거나 하지 않는다.
인간이 결코 알 수 없는 부분이 있다는 것,
그리고 항상 모른 채로 남아 있는 것이
바로 인간의 본성 중 한 부분이다.

우리 말고도 많은 사람들이 어리석음이라는 주제로 책을 쓴 것을 보면

나이와 문화적 배경과 상관없이 이 세상 모든 사람들은

어리석음의 축복 속에 둘러싸여 사는 것 같다.

어리석음에 관한 책 중에 몇 권을 여러분에게 소개하고자 한다.

이 요약을 통해 영감을 얻거나 아니면 책을 직접 읽어보거나,

이걸 통해 개인적으로 '능력 있는 척 꾸미기'에 사용하거나

그 선택은 모두 독자의 몫이다. 전문가들이 썼다고 해서

당신 자신을 꾸미는 데 사용하지 말란 법은 없다.

Chapter
9

특별한 도서 목록

**어리석음에 관한
여러 문헌들**

《추격, 기회, 그리고 창의성*Chase, Chance, and Creativity*》

제임스 오스틴James H. Austin 지음, MIT Press, 2003.

••• 저자는 창조 가능성을 부채질함으로써 인간의 어리석음
을 극복할 수 있다고 생각했다. 또한 창조 과정을 묘사하면서 그것
이 하나의 여행과 같다고 보았다. 어리석은 사람은 이 고단한 여정
에 나서려 하지 않는다. 일단 관심을 가져야 무엇인가를 시작하는
데, 어리석은 사람은 모험에 관심을 보이지 않기 때문이다. 관심을
가져야 준비가 되고 거기서 무엇인가를 배울 수 있다. 어리석은 사
람은 따라서 새로운 것을 배우지 못한다. 두뇌에 축적된 지식을 익
히면서 지식의 '부화' 과정, 즉 마음속에 생각이 싹트는 과정을 지
나게 된다. 하지만 어리석은 사람의 마음속에는 생각이 없거나 희
미한 생각밖에는 없다. 운이 좋다면 그리스 수학자 아르키메데스가
욕조에 앉아 있다가 부력의 원리를 발견하고 기쁨에 넘쳐 "유레
카!"라고 외쳤듯이 각성의 경험을 할 수도 있다. 어리석은 사람은

욕조에 앉아 있기는 하겠지만 자신의 영감을 믿지 못하고 특히 그것이 비주류에 속할 경우에는 더더욱 자신에게 떠오른 영감을 불신한다. 그렇다고 해서 영감이 창조 과정의 끝은 아니다. 이제 자신의 생각을 확인하고 확신하는 단계가 필요한데, 어리석은 사람은 그 과정을 거치지 않는다. 영감이 어떤 확신으로 굳어지면 혁신의 단계에 들어가는데 그것은 창조적 생각을 실현시키기 위한 단계다. 어리석은 사람은 자신의 생각을 적용시키려 하지 않는다.

자, 그렇다면 창조적인 인간과 어리석은 인간의 차이는 무엇인가? 풀리지 않는 문제에 대한 자연스러운 호기심과 열린 마음, 시시한 것들로 방해받지 않는 생각의 자유로운 분출, 집중하고 무엇인가에 자신을 바칠 수 있는 마음가짐, 그리고 사소한 디테일에 빠지지 않고 전체를 정리할 수 있는 능력, 목표를 이루기 위한 유연성과 자기 길만 고집하지 않는 태도, 요약 정리해낼 수 있는 능력과 상황에 대한 분석 능력, 그리고 상상력을 갖고 있는 것. 창조적인 세계는 상상의 세계에서 발전되는 경우가 많기 때문이다. 그리고 무엇보다 중요한 것은 자신을 믿고 독립적으로 살며 좌절에도 굴하지 않는 마음가짐을 가져야 한다. 새로운 것들은 대부분 처음에는 처참하게 거절당한 역사가 있지 않은가.

《신 기관 *New Organ*》

프랜시스 베이컨Francis Bacon 지음, 펠릭스 마이너 출판사, 1990 (초판 1620).

••• 　　베이컨의 저술은 현대 과학의 초석을 다진 것이나 나름 없는 놀라운 성취를 보여주고 있다. 이 책은 우리가 알아야 할 것

과 이미 알고 있는 것에 대한 장황한 묘사로 시작하지 않는다. 그 대신 우리가 무엇인가를 이해하거나 설명하려고 할 때 범하기 쉬운 특정한 어리석음에 대한 경고로 시작한다. 사고나 어리석음에서 비롯될 수 있는 실수를 자각하는 것은 아주 중요한 문제이기 때문이다.

그렇다면 프랜시스 베이컨이 주장하는, 우리가 범하기 쉬운 어리석음은 무엇일까? 우선 첫 번째로 우리는 인간으로서 진화론적 한계에 따른 오류를 범할 수밖에 없다. 우리는 '모든 것'을 알고 싶어 하고 '무엇이든' 가능하게 만들고 싶어 하지만 인간이 가진 정신의 한계를 벗어나지 못한다.

두 번째로는 선입견의 기본이 되는 개인의 고정관념에서 비롯된 오류다. 현재의 삶을 벗어버리고 떠날 수 있는 사람은 없다. 우리는 현재 삶에 의해 규정된 것 때문에 어리석고 눈이 먼 것이다.

세 번째로는 우리가 생각하고 믿는 것들을 언어로 표현할 수 없기 때문에 문제가 발생한다. 우리가 생각하는 대부분의 것은 입에서 나오는 말과 일치하지 않는다.

네 번째로 우리는 언제나 이론에 맞춰 살려고 하며 그 이론이 자신을 '오염'시키고 있다는 사실은 전혀 자각하지 못한다. 이는 다른 누구보다 모든 과학자들에게 주는 메시지이기도 하다. 과학자들은 이미 사전에 형성된 이론에 오염되어 있다. 이것은 자녀를 특별히 잘 교육시켜야겠다고 생각하는 부모나 자신의 결정은 언제나 옳다고 생각하는 관리자나 정치가, 운동감독이나 심리 치료사들에게도 해당되는 부분이기도 하다. 즉 누구에게나 적용되는 부분이다.

인간의 어리석음이 어떻게 표현되는지 그 원인을 밝히는 작업 외에도 획기적인 내용을 담은 이 책을 통해 베이컨은 또한 관찰을 통해 지식의 결론에 도달하는 '귀납적' 방법도 묘사한다. 과학적 작업은 이러한 '귀납적 능력'에 상당 부분 그 기반을 두고 있다. 여기서 인간의 어리석음이라는 문제가 특이한 방식으로 등장한다. 가령 통계학적 자료가 잘못 이해되거나 전혀 이해되지 못함으로써 우를 범하는 식이다. 불행히도 조물주는 우리 인간에게 '통계학적 감각'을 선물해주지 않았기 때문이다.

《방법 서설》

르네 데카르트René Descartes 지음, 펠릭스 마이너 출판사, 1990(초판 1637년)

••• 이 책은 근대의 과학적 사고를 대변하는 초기의 저서로 '나는 생각한다. 고로 나는 존재한다'라는 유명한 인용구를 통해 방법적 회의론이 제기되기도 했다. 부록에서 데카르트는 해석 기하학을 다루었는데, 오늘날 모든 연구가들이 이 방법을 활용하고 있다. 이것은 각 기능 간의 관계를 도표로 만들 수 있다는 사실에 기초한 것이다. 예를 들어 세로축은 체온을, 가로축은 지능을 나타내는 도표를 통해, 춥거나 더울 때 우리의 지능이 어떻게 변화하는지를 알 수 있는 것이다. 물론 여러분도 예상하겠지만 도표를 통해 기온과 지능 간에는 명확한 연관성이 전혀 없다는 것을 알 수 있다.

일반적으로 데카르트는 사고의 네 가지 규칙을 제시함으로써 유명해졌다. 이 네 가지 규칙은 어떠한 상황을 불문하고 지켜야 한다.

1. 선명하고 정확한 사고를 하라 (성급함과 선입견을 배제할 것).

2. 문제를 부분적으로 분리해서 볼 것.

3. 쉬운 문제에서 어려운 문제로 이동할 것.

4. 잊어버리지 말 것 (완벽주의에 대한 요구).

아주 쉬운 것 같지만 지키기가 아주 어려운 것들이다. 아니, '어렵다'는 표현조차 잘못되었다. 이것을 따르기란 아예 불가능하다. 말할 수 없는 것도 항상 존재하므로 선명하고 정확한 사고를 할 수 있다고 생각하는 것은 우리를 속이는 하나의 환상일 뿐이다. 또한 선입견을 갖지 않는 것도 불가능하다. 그렇지만 서두르지 말라는 조언은 무엇보다 귀담아들을 만하다. 우리는 '속도를 늦추어야만' 한다. 하지만 문제를 하나씩 분리해 쉬운 문제에서 어려운 문제로 해결하라는 조언은 이미 문제의 전체를 파악해야 한다는 난제를 안고 있다. 그렇지 않으면 문제를 분리할 수가 없기 때문이다. 또한 모든 것을 다 고려해야 한다는 것은 지나친 요구다. 무엇이 '전부'인지를 어떻게 알겠는가?

물론 앞의 규칙들은 아주 훌륭한 의도에서 만들어졌음이 분명하고 세금환급을 받을 때 참고하면 도움이 될 수는 있다. 그렇지만 이 규칙들이 모든 정신적 층위에 다 적용된다고 생각하는 것은 오히려 편협함의 신호가 아닐까 싶다. 이처럼 '명백한' 지식에만 매달리는 사람은 실패하기 쉽다. 굳이 이름을 언급하지는 않겠지만 내가 아는 유명한 기업가가 있는데, 그는 나에게 명백한 이성에 기반을 두고 회사를 경영한다고 호언장담했다. 하지만 그 같은 기본 방침 때문에 그의 회사는 수십억의 시장 손실을 입어야 했다.

《긍정의 배신Bright-Sided》

바바라 에른라이히Barbara Ehrenreich 지음, 헨리 홀트 출판사, 2009.

• • •　이 책의 중심 주제는 항상 행복을 추구하는 것이 어째서 어리석은가다. '행복'을 추구할 권리는 미국의 헌법조항에도 명시돼 있다. 그 때문에 우리는 자신이 '행복한지 아닌지' 끊임없이 자문해야 한다. 하지만 이러한 질문에 대답하는 것은 불가능하다. 이러한 질문은 우리의 의식 구조에 대한 기본적인 오해에서 파생된 것이기 때문이다. 우리는 지속적인 자기 통제 상태에서는 살아갈 수가 없다. 자신의 상태를 염두에 두지 않고 휴식을 취하는 시간이 우리에게는 필요하다.

바바라 에른라이히가 쓴 이 책은 기본적으로 '긍정 심리학'의 주창자이자 미국심리학의 구루(스승)라고 할 수 있는 마틴 셀리그만Martin Seligman에 대한 날카로운 비판을 담고 있다. 마틴 셀리그만은 행운의 법칙이라는 것을 주창했는데, 사실 어리석기 짝이 없는 이론이다. H = S + C + V, 즉 행운(H: Happiness)은 이미 설정된 행운의 범위(S: Set Size)와 개인의 상황(C: Circumstances), 그리고 자신의 상황을 개선시키기 위한 자발적 노력(V: Voluntary Control)이라는 세 가지 요소의 조합으로 이루어진다는 것이다. 그의 이론이 수학자나 건강한 상식을 가진 사람들의 비웃음을 산 것도 그리 놀라운 일은 아니다. 서로 다른 범주에 속한 요소들이 간단히 합쳐지기만 하면 행복에 이른다는 이론은 '사과와 배'의 비교 이론과 같다(서로 다른 요소들을 비교할 수 없다는 것 — 옮긴이).

다양한 요소들의 수를 어떻게 합할지에 대한 질문은 차치하기도 하자. 덧셈이 가능한 것은 단어가 아니라 숫자이기 때문이다. 게다가 우리가 '행운'이라고 부르는 것은 다양한 여러 변수에 의존하고 있다고 말할 수 있다. 또한 셀리그만이 말하는 세 가지의 범주가 '행운'을 묘사하는 데 있어서 충분한 것인지 아니면 합리적 결론을 도출하기에는 지나치게 일반적인 것은 아닌지 의심해볼 필요가 있다. 아카데믹하게 보이고자 했다면(그래서 그것이 일종의 '수학적' 공식처럼 보이기를 바랐다면) 그 안의 요소들이 최소한 편협한 정신의 산물이 아닌 합리적이고 올바른 사고의 산물이어야 한다. 에른라이히는 이 모든 결함을 지적인 방식으로 폭로함으로써, 우리가 실패나 병, 혹은 운명의 가혹함 때문에 고통을 겪는 것이 긍정적인 사고를 하지 않는 자신의 문제이며 책임인 양 몰아붙이는 관점으로부터 독자를 해방시킨다.

《10분짜리 에세이 스무 편 Enzensbergers Panoptikum》

한스 마그누스 엔첸스베르거 Hans Magnus Enzensberger 지음, 슈르캄프 출판사, 2012.

••• 지식으로 가득 찬 재미있는 에세이집으로, 우리 사회의 어처구니없는 어리석음과 정치의 이상한 흐름, 그리고 우리 자신의 한계 등에 대한 이야기를 담고 있다. 〈연금의 욕망, 연금의 공포, 그리고 연금의 강요〉라는 제목의 글에서 저자는 나중에 받게 될 연금이 얼마나 될지 제대로 계산할 수 있는 사람이 우리 중에는 거의 없다는 사실을 지적한다. '대중은 자신들이 전혀 이해하지 못하는 두꺼운 규칙의 그물망에 걸려 꼼짝할 수 없다.' 〈불쌍한 오웰〉이라는 글에서는 오웰의 소설 《1984》가 완전히 잘못된 설정이라고 비판한다. '오웰은 이 모든 것, 특히 국민들에 대한 감시와 통제가 강제력

을 사용하지 않고서도 이루어질 수 있다는 것, 그리고 감시와 통제에 독재라는 장치가 필요하지도 않다는 사실을 상상조차 못했을 것이다. 민주주의 국가에서도 교양 있고 평화스럽기까지 한 방법으로 이런 일들이 이루어질 수 있다는 것을 말이다.'

또 〈섹스란 필요한가? 그렇다면 언제 어떻게?〉에서는 다음과 같이 말한다. '이 질문에는 쉽게 대답할 수 있다. 그것도 큰 소리로 '예스'라고 대답할 수 있다. 하지만 섹스를 부정하는 사람도 많다는 사실을 알아야 한다. 그 이유가 무엇이건 간에 엄격한 정조관념에 얽매여 자신을 온갖 종류의 금기에 묶어두는 사람들 말이다.' 인간의 어리석음에 대한 심오한 고찰로 가득 찬 책이다.

《우신예찬 Moriae Encomium》

에라스무스Erasmus von Rotterdam 지음, 리클람 출판사, 2012 (초판 1509/10).

••• 인간의 어리석음을 다룬 지금까지의 다른 저술들이 무색할 만큼 멋진 작품이다. 에라스무스는 이 짧은 저술을 얼마 후 (1515년) 역시 그리 길지 않은 《유토피아》를 쓴 친구 토머스 무어에게 헌정했다. 에라스무스는 책의 시작을 말장난으로 열었는데 그리스어로 어리석음이라는 뜻을 가진 '모리아moria'에 관한 책을 그와 비슷한 이름을 가진 남자 '무어'에게 헌정한다는 것이었다. 우아한 펀치가 아닐 수 없다.

다음 구절을 살펴보자. '일상생활의 의무를 지키는 데 철학자들이 얼마나 쓸모없는지는, 아폴로 신전에까지 지혜롭다고 소문난 소크라테스가 실생활에서는 서투르기 짝이 없었던 걸 봐도 여실히 증명된다. (……) 법원까지 소크라테스를 끌고 가서 독배를 마시게 만든 것이 그의 지혜가 아니고 무엇인가? 애매모호한 이데아에 대한 생각에 빠져 지내거나 벼룩의 다리 길이를 재거나 모기의 앵앵거리는 소리를 찬미했지만, 그는 일상생활에서는 참으로 허술했다. (……) 그러므로 철학자가 세상을 통치하고 장군이 철학을 배워야 한다고 말한 플라톤의 유명한 구절을 절대로 찬양해서는 안 된다. 역사학자들에게 물어보면 쓸모없는 철학자와 소설가만큼 무능한 관료는 없다고 대답할 것이다.'

또 다른 구절을 들어보자. '인간의 삶은 가면을 쓰고 하나의 역할에서 다른 역할로 옮겨 다니는 연극 무대와 다름없다.'

또 있다. '그럼에도 불구하고 모든 종류의 열정은 어리석음의 손아귀에 있다. 어리석은 자와 현명한 자의 차이는, 한 사람은 열정에 의해 움직이고 다른 한 사람은 이성에 의해 움직인다는 것이다.'

하지만 이런 현명한 사람에게는 '인간적인 면'이 없으므로 에라스무스는 그런 사람을 견딜 수 없다고 덧붙인다. 논리로만 자신을 파악하려는 사람은 지루하고 무정한 '대리석으로 된 사람의 이미지' 속에 갇힌다. '자연스러운 감정에 귀를 막고 열정과 사랑과 동정심에 마음이 움직이지 않는 사람은 (……) 누구나 싫어하고 피한다.'

결론은 '모든 불사신들 중 바보와 병신, 멍청이와 얼간이라고 불리는 인간보다 더 행복한 신이 있을까? (……) 우선 신들에게는 죽음에 대한 공포가 없다. (……) 또한 양심의 가책으로부터 자유로우며 지하세계에 대한 공포로 괴로움을 당하지도 않는다. (……) 게다가 인생에 쓴맛을 가져다주는 수천 가지의 걱정거리로 자신을

괴롭히지도 않는다. 부끄러움도 모르고 염치도 모르며 야망도 질투도 그리고 사랑도 모른다.'

《어리석음에 대하여 *Über die Dummheit*》

호르스트 가이어Horst Geyer 지음, 무스테르 슈미트 출판사, 1999.

・・・　　어리석음에 대해 쓴 최고의 책 중 하나다. 어리석음에 대항할 수 있는 여러 방법과 스스로 어리석음에 빠지지 않고 예방할 수 있는 방법을 알려주고 있다. 그 해결책의 하나로 훌륭한 교육을 꼽은 것은 그리 놀랄 만한 일이 아니다. 가이어는 또한 에라스무스의 《우신예찬》을 자주 인용하면서 그 속에 나오는 라틴어에 특히 많은 신경을 쓴다. 라틴에 대한 상세한 지식이 없는 사람으로서는 이해하기 어려운 부분이 많아 책을 읽는 동안 '독자를 바보로 만들려는' 의도로 책을 쓰지 않았나 하는 의심이 들 정도다.

어리석음과 멍청함도 때로 세상에 도움이 되며 지성이 무익할 수도 있다는 그의 생각을 〈삶의 어리석음에 대한 격언〉이란 글을 통해서 볼 수 있다. '실제 세상에서 우리는 똑똑한 자들이 인간성 파괴에 앞장서는 것을 많이 본다. 멍청한 사람들은 원자폭탄이나 총기를 발명할 수 없기 때문이다.' '가장 어리석은 농부가 가장 큰 감자를 캐낸다는 것은 인간의 사고에 대한 공정한 보상의 표현이 아닐까 생각된다.'

또 하나, 당신이 가령 에른스트 푀펠처럼 독일의 포메른 출신이라면 기분이 상할 수도 있는 농담을 하나 해보자. 포메른 사람에 대한 흔한 우스갯소리로 '포메른 사람은 겨울이 되면 여름보다 더 멍청해진다'라는 말이 있다. 그래도 가이어의 다음과 같은 이론을 읽으면 위로가 된다. '자신의 문제를 반성해볼 수 있는 사람은 절대 멍청하지 않다. 자기 자신을 유머러스하게 표현하고 역설과 자기 조롱을 섞어 표현할 수 있는 사람은 적어도 바보는 아닌 것이다.'

특히 수학자인 다비트 힐베르트David Hilbert의 말을 인용한 부분이 멋지다. '관점이란 반지름이 0인 지평선과도 같다.'

가이어는 또한 치유의 의미를 담은 말도 남겼다. '행복한 결혼의 조건은 서로 포기할 수 있는 능력이다. 이 세상에 행복한 결혼을 영위하는 커플이 이토록 적은 것은 현명한 사람들이 그만큼 적기 때문이다. 다른 말로 하자면 세상에는 어리석은 남자와 여자로 가득 차 있기 때문에 불행한 결혼이 그만큼 많은 것이다.'

어리석음이 우리 두뇌의 구조와 관련 있다는 우리 책의 관점과 연결된 말도 가이어는 남겼다. '인간의 심리학적 불완전함은 대뇌 구조의 결과다. 천재도 사실은 어리석음을 숨기고 변장하는 능력이 가장 뛰어난 것뿐이다.'

그렇다고 해서 그의 이론이 논리적이기만 한 것은 아니다. 작가도 역시 심리학적 불완전성을 드러내는데 그렇다면 이와 같은 판단을 할 수 있는 근거는 무엇일까? 아마도 자신을 '천재'나 그 이상의 존재로 바라보고 있기 때문이 아닐까 싶다. 하지만 그는 또 이렇게도 말한다. '지식의 나무는 하늘을 향해 자라지 않는다는 것을 염두에 둘 필요가 있다.' 어리석음이라는 주제를 다룰 때 일어나는 진정한 문제가 여기서 분명해진다. 너무나 어리석어서 판단할 수 없는 문제들을 작가라고 어찌 판단하겠는가? 결코 해결할 수 없는 문제다.

《착한 병사 슈베이크 *Die Abenteuer des braven Soldaten Schwejk*》 총2권

야로슬라브 하셰크Jaroslav Hašek 지음, 아우프바우 출판사, 2010.

••• 　 이 책은 사색하는 사람의 관점에서 본 인간의 어리석음을 풍자하는 소설이다. 슈베이크가 생각을 표현하는 방식은 너무나 건조하고 순진무구해서 독자의 정신을 해방시켜주는 면도 없지 않다. 작가는 예를 들어 소설 속에서 '병사'와 '장교'의 차이를 묘사하는 장면을 통해 그러한 면을 드러낸다.

　"몇 년 전에 제75연대에서 블뤼헤르라는 장군이 우리 사단으로 전출되어 왔지요. 우리 앞에서 군대식 권위를 보여주려 애쓰던 분이었죠. (……) 제군들이여, 이 세상의 모든 장교는 제군들 모두를 합친 것보다 100배는 더 뛰어난 완벽한 존재들이라는 것을 알아야 한다. 평생을 생각한다 해도 제군들 같은 병사는 장교의 완벽함을 상상조차 할 수 없을 것이다. 제군들은 그저 필요도 없이 존재하고 있을 뿐이지만 장교는 필연적으로 있어야 하는 존재들이니 장교가 없으면 제군들은 아무것도 아니다. 장교를 위해 생겨난 부차적 존재일 뿐인 제군들은 그들 없이는 살 수가 없다. 장교의 허락 없이는 방귀도 함부로 못 뀌지 않은가. 제군들이 이해를 할 수 있을지 모르겠지만 장교야말로 진정한 도덕적 법칙이다……."

　그러자 착한 병사 슈베이크는 '똑똑한 순진함'의 완벽한 예라고 할 수 있는 이러한 답변을 한다. "세상 모든 사람이 다 영리할 수는 없습죠, 장군님. (……) 멍청한 자들도 있어야지 그렇지 않으면 이 세상은 너무나 똑똑한 사람들로 가득 차서 나머지 사람들은 죄다 바보로 보일 것 아닙니까? 가령 모두가 자연의 법칙을 알고 싶어 하고 천국과의 거리를 계산하겠다고 나선다면 주위의 여러 사람이 그로 인해 귀찮아지지 않겠습니까?"

어리석음이란 주제를 논하는 다음 장면도 재미있다. '마찬가지로 모든 감옥이나 교도소의 죄수들에게 교회는 큰 사랑을 받는다. 감옥 안의 교회가 하느님의 사랑을 전파하거나 도덕적 지식을 자세히 가르쳐서가 아니다. 그와는 전혀 상관없다. 예배 시간이나 설교 시간이야말로 지루한 수감생활에서 참으로 달콤한 탈출 시간을 제공하기 때문이다. 하느님에게 가까워지는 법과는 상관없이 교회 가는 길에 혹시라도 담배 한 개비나 담배꽁초라도 발견할 수 있지 않을까 하는 희망이 크게 도사리고 있다. 이들 죄수에게는 침으로 범벅이 된 재떨이나 흙속에 묻혀 뒹굴고 있는 담배꽁초가 하느님을 대신하는 완벽한 보상이다. 짧고 냄새나는 이 조그만 물체가 하느님과 영혼의 구원을 대신할 수도 있는 것이다.'

《어리석음에 대하여 *Über die Dummheit*》
레오폴드 레벤펠트Leopold Loewenfeld 지음, 베르그만 출판사, 1909.

••• 뮌헨의 신경학자가 인간의 편협함에 대해 저술한 멋진 책으로 100년이 지난 지금도 우리는 그 부분에 발전도 퇴보도 없다는 것을 확인할 수 있다. 어리석음은 이 사회의 만성적인 요소이며 어떻게 보면 구성원의 다수가 지적 한계를 가지고 있어야만 사회의 안정이 유지될 수 있지 않을까 하는 생각을 하게 한다.

오늘날의 관점으로 볼 때 '지성의 어리석음' 장에 쓰인 내용은 여러모로 가치가 있는데, 예를 들어 아주 괴상한 취미와 같은 '일방적 지적 탐닉'은 종종 '능력의 낭비'로 이어진다는 지적은 새겨들을 만하다. 특히 저자는 '학문의 어리석음'의 예로 스콜라 철학을 거론하고 있다. '스콜라 철학이 다루고 있는 이상하고도 우스꽝스럽기 짝이 없는 질문과 토론을 통해 우리는 철학의 역사에서 값어치 있는 것이라고는 하나도 발견할 수 없다.' 그럼에도 불구하고 그 질문들에서 저자는 재미있는 요소들을 발견하기도 했다. '염소에게 난 것은 털인가, 잔털인가? 하느님은 서 있을까, 아니면 누워 있을까? 하느님은 계곡 없이도 산을 창조할 수 있을까? 최초로 공중제비를 돈 것은 루시퍼(기독교에서 말하는 사탄의 우두머리 — 옮긴이)였을까? 지옥에 떨어진 인간은 거기서 무엇을 하며 지옥의 최고 온도는 몇 도일까?'

바이에른 지역의 한 의과 대학이 교통수단으로 처음 도입된 철도가 인체에 미치는 영향을 평가한 적이 있는데, 그 예를 통해 학술적 편협함의 극단적 사례를 볼 수 있다. 대학에서 출간된 보고서에 따르면 철도는 대중의 건강에 큰 손상을 가져올 수 있다. 미래 사람들이 고개를 절레절레 내저을 만한 과학적 보고서가 무엇일지, 우리도 한번 생각해볼 만하다. 경미한 정신질환이 의심되는 환자도 폐쇄적인 정신병원에서는 너무나 신속하게 확실한 정신병 환자가 되고 있지 않은가.

《여성의 생리학적 허약함 *Über den physiologischen Schwachsinn des Weibes*》

파울 율리우스 아우구스트 뫼비우스Paul Julius August Möbius 지음, 메테스 앤 시츠 출판사, 1990 (초판 1905).

••• 100년 전, 그리 옛날도 아닌 시대에 뫼비우스 박사는 여

성이 생리적으로 열등한 존재라고 강조했다. 이 '말도 안 되는 이론'에 대한 작업이야말로 인간의 어리석음에 대한 말로 다할 수 없는 증거가 아니고 무엇인가? 결코 독자들의 정신적 균형을 깨뜨릴 의도는 없으며, 100년 동안 많은 것이 변화했다는 것을 축하하는 의미에서 몇 가지 구절을 인용해본다.

'평등주의는 세상 어디서도 이로울 게 없다. 특히 성 평등주의는 커다란 해악이다.' 또 이런 구절도 있다. '정신세계를 책임지는 아주 중요한 두뇌 부분이라 할 수 있는 전두엽과 측두엽이 출생 시부터 여자보다 남자에게 더 발달되었다는 것이 증명되었다.'

두뇌 연구가 발달한 오늘날조차도 두뇌의 크기와 지적 능력이 상관관계가 있다고 믿고 있는 사람이 많을 정도이니 과거에는 어떠했겠는가. 아무튼 뫼비우스의 관점으로 돌아가보자. '아마도 가장 핵심적인 차이는 남성에 비해 여성은 본능적인 부분이 더 큰 역할을 한다는 것이다. (……) 이러한 본능적인 면이 여성을 동물과 비슷하게 만들며 의존적이고 안정적이며 활달한 모습을 갖도록 한다. (……) 이러한 동물과의 유사성을 본다면 여성의 여러 가지 특성을 이해하기 쉬울 것이다. 우선 자기 판단의 결여를 들 수 있다. (……) 모든 발전은 남성에 의해 이루어졌다' 기타 등등.

이 책은 당시에도 많은 논란을 불러일으켰는데 여성을 포함해 이 책을 지지하는 층도 상당히 많았다. 이를 통해 전문가를 언제나 신뢰할 수 있는 것은 아니라는 사실을 알 수 있다. 오늘날에도 마찬가지다. 100년 후 사람들의 조롱거리가 될 만한 '미친' 가설 또는 어리석음의 증거라 할 만한 오늘날의 통념으로는 과연 무엇이 있을까? 그중의 하나가 50, 60세를 넘어서 70세 이상이 되면 '정신적으로 망령'이 들 수 있다는 나이에 대한 편견과 믿음이다. 물론 나이가 치매에 큰 영향을 미치는 것은 사실이지만 그렇다고 모든 노인이 치매에 걸리는 것은 아니다. 예술가나 과학자, 정치가나 사업가 중에는 오히려 나이가 들면서 더 정신력이 왕성해지는 경우도 많다.

《어리석음에 대하여 *Über die Dummheit*》
로베르트 무질Robert Musil 지음, 알렉산더 출판사, 2011.

•••　　　무질은 어리석음을 두 종류로 나눈다. 하나는 '정상적인' 정신박약으로 '빈약한, 부정확한, 추상화 능력이 결여된, 느린, 산만한, 얄팍한, 한쪽으로 치우친, 고정된, 어색한, 혹은 맹한'과 같은 단어로 그 정신 상태를 규정할 수 있다. 또한 약간 머리가 나쁜 경우 그 사람을 '순수하게' 멍청한 사람이라고 분류할 수 있다.

'자, 이제 이런 순수한 어리석음과는 완전히 다른 좀 더 고차원적인 형태의 어리석음이 있다. 이는 지능의 결여에 따른 문제라기보다는 자신에게 걸맞지 않는 권위를 요구하는, 이성이 결여된 주장을 하는 어리석음이다. 이러한 어리석음에는 정신적 박약의 온갖 특징들이 다 깃들어 있을 뿐 아니라 불균형하고 유연하지 못한, 간단히 말해 건강하지 못한 정신 상태가 그 원인이다. (……) 고차원적인 어리석음은 진정한 교육적 질병이라 할 수 있다……. 그 어리석음은 정신의 가장 고매한 영역까지 영향을 미친다. 이러한 어리석음은 비정상적인 정신 상태와는 다르지만 그럼에도 불구하고 삶을 위협하는 가장 위험스러운 것이다.'

이러한 '고차원적 어리석음'은 누구보다도 자신의 좁은 영역 안에서 '모든 것'을 다 알고 있다고 자부하는 전문가들에게서 많이 볼 수 있다.

《비도덕적 의미에서의 진리와 거짓에 대하여

Über Wahrheit und Lüge im außermoralischen Sinne》전15권

프리드리히 니체Friedrich Nietzsche 지음, 조르지오 콜리Giorgio Colli와 마치노 몬티나리Mazzino Montinari 편집, 발터 데 그뤼테르 출판사, 1980.

••• 　자연과학자로서 우리는 인간의 기본 인식 능력에 대해 집요하게 파고들며 어째서 인간이라는 존재는 그렇게나 많은 부분에서 일관성이 결여된 것인지를 분석하고자 했다. 그러다가 어느 날 우리와 똑같은 문제로 씨름했던 철학자의 존재를 우연히 발견했다.

니체는 사후에 출판된 텍스트에 다음과 같은 구절을 남겼다. '이 광활한 우주 한쪽에 자리 잡은 셀 수 없는 태양계 중 하나에 속하는 작은 행성에서 한 영리한 동물이 인식이라는 것을 발명했다. 세상의 역사에서 가장 '오만하고' 가장 '위선적인' 순간이었다. 하지만 그 순간은 단 1분에 지나지 않았다. 행성에서 자연이 숨 쉰 지 얼마 되지 않아 다시 행성은 꽁꽁 얼어붙었고 영리한 동물도 같이 멸종했다. 이처럼 우리는 인간에 대한 온갖 동화를 꾸며낼 수는 있지만 그 동화 속 대자연에 속한 인간의 지성이라는 것이 얼마나 가련하고 흐릿하며 쓸모없는 것인지에 대해서는 누구도 제대로 묘사하지 못한다. 인간이라는 존재가 제외된 영원이 이 우주 속에 있다. 인간

은 한번 스쳐 지나갈 뿐 아무것도 아닌 것이다.'

우주적인 관점에서 볼 때, 인간이 이렇게 하찮은 존재에 지나지 않는다는 의견을 공유하는 누군가가 또 있다는 사실이 이 책의 저자들로서는 큰 위로가 된다. 또한 니체의 말처럼 이 지구상에 인간이 머무는 기간이 상대적으로 짧기 때문에 지구 파괴에 미치는 영향이 그리 치명적이지 않을 것이라는 생각도 우리에게는 위안이다. 하지만 파괴되어 가는 생명체의 모습을 보며 지구상에 머무는 시간이 짧다는 것을 위안 삼는 것도 결국 환상에 지나지 않는다. 인간은 '미래를 모르는' 존재이며, 이는 특히 인간이라는 존재가 지닌 인류학적 편협함의 주된 이유이기도 하다.

《의식의 경계 *Grenzen des Bewusstseins*》 제3판
에른스트 푀펠 지음, 인젤 출판사, 1997(페이퍼백 2000).

•••　　　신경과학자로서 인간의 관점이 얼마나 제한적인지를 묘사하고, '현실'을 어떻게 이해하든 간에 우리가 얼마나 편협하게 현실에 접근하고 있는지를 보여준다. 인간의 감각은 세상의 아주 작은 부분만을 움켜쥘 수 있기 때문에 이러한 한계가 발생한다. 우리를 둘러싼 나머지 거대한 부분에 대해서는 눈과 귀가 닫혀 있으며 개와 비교해도 우리의 후각은 부끄러울 지경이다.

과학 연구의 목적은 무엇보다도 조물주가 정해놓은 인간의 한계를 깨고 뛰어넘고자 하는 시도이며, 이러한 시도는 현미경이나 망원경 등의 발명을 통해 이루어지기도 했다. 인간이 가진 명백한 한계에도 불구하고 우리는 세상에서 어떻게 해서든 길을 찾기 위해 노력한다. 그렇지만 우리가 '모든 것'을 움켜쥘 수 있고 이해하고 인식하고 분석할 수 있다는 어리석은 믿음에 빠지지 않도록 겸손할 필요가 있다. 그럼에도 불구하고 정말로 '완전한 진리'를 이해할 수 있다는 맹목적인 믿음에 빠진 사람은 아주 많으며, 그들 중 다수가 일원론적 믿음을 기반으로 하는 종교에 빠져 있다.

이 책은 또한 범학문적 사고의 활용 실례를 보여주려고 시도한다. 범학문적 사고방식을 논할 때는 두 가지 형식을 구분할 필요가 있다. 하나는 '범학문적 수직사고방식'으로, 서로 다른 층위의 텍스트를 서로 연결시키고자 하는 것이다(예를 들면 어떻게 신경 프로세스를 기반으로 우리의 정신 작용을 설명할 것인가). 또 하나는 '범학문적 수평사고방식'으로 서로 다른 형식을 구분하고 필요하다면 이들을 서로 연결시키는 것이다. 그 예로 물리학이나 철학 혹은 두뇌연구학과 같이 서로 다른 학문들 간의 상이한 시간 개념에 대한 사고방식을 들 수 있을 것이다. 그런데 이 책의 시간에 대한 경험에서 볼 수 있듯이 '범학문적 수직사고방식'은 '범학문적 수평사고방식'이 될 수도 있다.

《자아 속의 두뇌 구조 *Der Rahmen. Ein Blick des Gehirns auf unser Ich*》
에른스트 푀펠 지음, 한저 출판사, 2006.

••• 이 책은 어느 방향에서 읽어도 상관없다. 정해진 순서가 없기 때문이다. 목차가 있는 대부분의 '보통 책'은 독서에 도움을 준다. 정해진 순서가 있으면 독서의 방향을 잡아서 읽기도 쉽고 책을 쓰기도 물론 쉽다. 하지만 우리의 어리석음을 숨기는 이러한 순

서 뒤에는 우리 대부분이 의식하지 못하는 어떤 선입견이 숨어 있다. 즉 책을 통해 접하는 지식도 이런 규칙적 순서에 의해 생겨났을 것이라 추정하게 되는 것이다.

물론 이것은 과학적 어리석음의 표현과 다를 바 없는 헛소리에 지나지 않는다. 연구자들의 연구방식이 직선적인 경우는 거의 없으며 대부분의 연구과정은 오히려 혼란스러운 탐구과정에 가깝다. 우리가 내일 무엇을 생각할지 어떻게 알겠는가? 이 책에는 우연과 혼란의 과정이 자세히 묘사되어 있다. 중심 주제는 사고의 발달과정에 관한 것으로 두뇌의 프로세스와 경험 현상을 단선적인 인과관계로 표현하는 것의 어리석음을 다룬다. 원인이 단 하나뿐인 것은 절대 없다. '재생산 원리에 입각한 상호보완성'은 '단선적 인과관계'라는 병적 요소를 극복할 수 있는 중요한 요소다. 불행히도 그러한 생각은 전혀 새롭지 않다. 이미 2500년 전 현대적 사고의 아버지라 할 헤라클레이토스가 그와 같은 사고를 한 이후 전혀 발전하지 못했다.

《두뇌 연구의 놀라운 지식 *Je älter desto besser*》
에른스트 푀펠과 베아트리체 바그너 지음, 그레페와 운체르 출판사, 2010.

••• 나이가 들어가면서 여러 장점이 생긴다는 것은 그다지 새로운 발견이 아니다. 하지만 이러한 이점을 보지 못하거나 이를 인정하지 않으려 하는 것은 우리 시대가 어리석다는 반증이다. 이 책에서 저자들은 여러 다른 연령대의 남녀들과의 대화를 통해 '나이를 먹는 것이' 어떤 기회를 제공하는지 연구하고 파헤친다. 하지

만 조건이 하나 있다. '자신의 삶을 살기 위한' 의지와 삶을 책임지려는 자세를 가져야 한다는 것이다. 그럼으로써 우리는 새로운 것을 배우고 시작하며 현재를 즐기고 실패를 극복하는 법을 배울 수 있다. 실패조차도 현재에 속한 것이기 때문이다. 그러다 보면 어쩌면 지혜로움에 이르게 될 수도 있을 것이다. 우리는 나이 들어가는 것을 소멸의 징후로 해석하고 질병에 걸리는 것을 확실한 종말의 신호로 받아들이는 시대에 살고 있다. 물론 나이 들어감에 따라 많은 위험도 같이 찾아오는 것은 사실이지만 대다수의 사람들이 나이가 들어도 건강을 유지하고 있다. 우리는 나이 들면서 다른 사람에게 속지 않는 법을 배워야 한다.

《본질적으로 창조적인 *Von Natur aus kreativ*》
에른스트 푀펠과 베아트리체 바그너 지음, 한저 출판사, 2012.

●●●　　이 책은 우리 인간의 '의미가 과연 무엇인지를' 생물학적 관점에서 파헤친다. 이 관점에서 본다면 창조성은 종족 보존과 균형과 조화를 위한 인간 두뇌의 기능 중 하나라고 볼 수 있다. 모든 생물체가 이러한 균형 상태를 필요로 하며, 이는 인간도 마찬가지다. 간혹 균형 상태가 어긋나는 경우도 있지만 우리 사회 시스템도 크게 다르지 않다. 따라서 중심을 위한 탐색은 예술과 학문의 오랜 주제이자 이 책의 주제이기도 하다. 에두아르트 뫼리케 Eduard Mörike는 이를 이렇게 표현했다.

　오, 신이시여. 당신이 원하시는 대로

사랑이든 슬픔이든 보내십시오.

당신의 손에서 나오는 건 무엇이건

달게 받겠나이다.

당신은 기쁨과 슬픔으로 저를

황홀하게 하시지만

가장 좋은 것은

겸허함입니다.

• 에두아르트 뫼리케

균형으로부터 벗어나는 것은 기분 좋은 경험이긴 하지만 사실 어리석음의 표출이기도 하다.

《군중의 지혜 *The Wisdom of Crowds*》

제임스 슈로비키James Surowiecki 지음, 앵커 북스, 2005.

⋯ 이 책을 통해 우리에게는 지혜롭다고 볼 수 있는 집단지성도 있으며, 이는 우매한 군중심리와는 다른 것임을 알 수 있다. '군중의 지혜'에 대해서는 다음과 같은 조건이 중요하다.

- 의견의 다양성 (각 개인은 아무리 사소한 것이라도 정보를 공유해야 한다)
- 독립성 (선거 때와 같이 다른 사람과 독립적인 의견을 행사할 수 있어야 한다)
- 분권화 (각기 다른 전문가들의 지식이 필요하다)

• 집합성 (지식이 함께 모일 수 있는 창구가 필요하다)

　'보통 평균적인 것은 평범한 것으로 이해하지만 의견을 모으는데 있어서는 질적으로 탁월한 성취를 거둘 수도 있다. 우리는 집단이 되면 지혜롭고 영리해지도록 유전적으로 프로그램된 인간일지도 모른다.'

　모든 사람들이 쉽게 실험해볼 수 있다. 저녁시간에 모인 사람들에게 실내 온도를 맞춰보라고 제안하며 각기 종이에 온도를 적어내도록 한다. 그 다음에 평균을 낸다. 이를 취합해보면 실내 온도에 대한 전체 평균치는 대부분의 개별 계산보다 훨씬 실제에 가깝다. 또 독일 최대 부호의 재산이 얼마가 될지 모두에게 적어보라고 요청한다. 각각의 액수는 다르겠지만 평균치를 계산해보면 그것이 실제의 금액과 가장 가깝다는 것을 알 수 있다.

《메스메르의 여행 *Meßmers Reisen*》
마르틴 발저Martin Walser 지음, 슈르캄프 출판사, 2005.

•••　　어째서 이 저자가 참고 목록에 올라와 있느냐고? 아주 간단하다. 이 책의 여러 문장들이 두뇌 연구가의 과학 논문의 내용과 일치하기 때문이다. 이를 통해 예술가와 과학자들의 정신세계가 서로 연결되어 있음을 확인할 수 있다. 경계를 넘는 것은 자신의 한계를 뛰어넘기 위한 가장 중요한 단계다. 일단 경계를 넘게 되면 자신의 새로운 영역과 정체성을 만날 수도 있다. 마르틴 발저의 책에서 몇 구절을 인용해본다.

'섹스를 할 때 자기 정체성이란 아무런 의미가 없다(섹스 중엔 반성의 시간을 갖지 않는다는 것을 염두에 둔다면)'

'멀리 가려면 얼마나 멀리 가야 하는가?'

'나 자신을 제외하면 모든 것이 괜찮았다.'

'사람들은 힘들 때면 사는 것에 대해 생각하고 모든 것이 순조로울 때는 죽음에 대해 생각한다. 저울과 같다.'

'나는 실제와는 다른 나 자신의 모습을 보고 싶다. 하지만 그렇다고 내가 보고 싶어 하는 모습으로 내가 변하는 것은 아니다.'

'실수를 인정할 수 있는 능력은 인간이 발전시킬 수 있는 능력 중에 최고다.'

'나는 인정받는 것에 구애받지 않는 사람을 존경한다.'

'나는 나 자신이 아니다.'

'우리는 우리가 생각하는 그런 사람이 아니다. 우리는 다른 사람의 눈을 의식해서 항상 가면을 쓴다.'

'사람이 살아 있는 동안만 제대로 살 수 있다면……'

이 책은 다음과 같은 문장으로 끝난다. '나에 대해 말할 수 있는 모든 것은 나에 대해 말할 수 없는 것과 비교해보면 아무것도 아니다.' 이 책에는 신경과학의 기본 질문이 계속 제기되는데 '정체성'이 어떻게 생겨나고 유지되는지, 그 정체성이란 보거나 생각할 때 내 의식 속에 떠오르는 것인지 아니면 자신이 만들어낸 것인지에 대한 질문들이다. 내가 누구인지를 어디서 알 수 있겠는가?

어리석음을 위한 변명

우리는 온갖 문명의 이기와 정보가 넘치는 세상에서 살고 있다. 각 나라와 지역 간의 거리는 교통 통신의 발달로 한결 가까워졌고 우리는 마음만 먹으면 손가락 하나로 지구의 반대편에서 일어나는 일조차 낱낱이 살펴볼 수 있다. 무엇보다도 인터넷이 가져온 혁신적인 소통 방식 덕분에 언어와 문화의 차이를 넘어 서로 소통하고 교류하는 일도 훨씬 일상적으로 이루어지게 되었다.

자, 그럼 여기서 물어보자. 더 많은 문명의 혜택과 더 쉬운 소통 방식과 더 빠른 정보로 인해 우리는 더 현명해졌을까. 그리고 더 행복해졌을까? 그렇지 않다는 걸 우리는 잘 알고 있다.

여전히 지구의 한편에서는 서로 죽고 죽이는 전쟁이 일어나고 빈부의 격차는 더 심해지고 있으며 서로 다른 민족과 나라 간의 미움과 편견은 없어지지 않았다. 이는 개인의 문제도 마찬가지다. 아무리 수백 명의 SNS 친구와 교류하더라도 마음은 여전히 공허하고 외로우며 배우자와의 문제, 부모와 자녀의 갈등은 해결되지 않은 채로 우리의 일상을 힘들게 한다. 왜 그럴까? 우리는 어리석은 존재이기 때문이다.

이 책의 저자들은 저명한 두뇌 연구가와 상담치료 전문가로서 인간이라는 존재가 왜 어리석은지에 대한 통찰을 통해 우리가 조금 더 현명해질 수 있는 방법을 찾고자 한다. 저자들에 의하면 인간의 어리석음은 크게 두 가지 종류로 나누어진다. 하나는 선천적이고 생물학적인 한계에 의한 어리석음이며, 다른 하나는 인간 스스로가 만들고 쌓아온 경험적·후천적 어리석음이다.

우선 이들은 인간이 이룩해낸 빛나는 문명의 수단들이 우리를 현명하게 만드는 데 전혀 도움이 되지 않는다는 사실을 직시한다. 오히려 더 많은 지식과 더 빠른 소통 방식, 더 많은 친구들은 우리를 점점 더 멍청하게 만들 뿐이다. 그런 의미에서 지나치게 많은 독서도 인간이 어리석음을 벗어나는 데는 전혀 도움이 되지 못한다. 자신이 삶의 주인이 되지 못하게 하고 점점 외부의 지식과 전문가들 손에 자기 삶을 맡기는 문명의 노예로 전락해가기 때문이다.

자연과학자인 이들은 인간이라는 존재가 결국 자연 속 진화의 산물이라는 냉정한 통찰을 한다. 인간은 날 때부터 어리석을 수밖에 없는데 그것은 다른 모든 생물과 마찬가지로 우리도 불완전한 존재이기 때문이다. 이 거대한 우주에서 두뇌를 가진 고등동물에 속하는 우리 인간도 결국은 진화의 과정에서 나타났다가 언젠가는 멸종될 하나의 생물체에 지나지 않기 때문이다. 그러므로 우리의 결함과 어리석음은 어쩌면 인간이라는 생물체가 가진 본성의 일부에 지나지 않을 수 있다는 관점이다.

그렇다면 우리 인간은 생래적이면서도 후천적으로 발달되고 축적되어 온 어리석음으로부터 진정 벗어날 수 없는 것일까? 희망은 있다. 생물학적 한계를 완전히 뛰어넘는 것은 불가능하겠지만 주체적이고 자율적인 노력을 통해 어리석음으로부터 어느 정도 자유로워질 수는 있다고 저자들은 말한다. 주체적으로 살기 위해 노력하고 명상이나 자기 반성을 통해 지나치게 외부의 자극에 의존하고 통제받는 삶으로부터 벗어나는 것도 좋다. 또한 자신의 어리석음을 들여다보고 조롱할 수 있는 힘을 기르게 되면 어리석음의 함정에 거듭 빠지지 않을 수 있을 것이다.

저자들은 냉철한 두뇌 연구가이자 상담가이지만 과학적이고 전문적인 이론만으로 인간의 어리석음을 해부하고 설명하지 않는다. 해학적이고 풍자적인 표현과 재미있고 설득력 있는 여러 예들을 통해 우리 인간이 얼마나 어리석은지를 이야기하고 또 어떻게 하면 이러한 어리석음에서 벗어날 수 있을지 구체적인 조언을 제시한다. 또한 자연과학자로서 인간을 만물의 영장이라고 여기며 신이 창조해낸 가장 완성체에 가까운 존재라고 여기는 인간중심적 사고방식에 냉소적인 시선을 보낸다. 중요한 것은 자기 자신을 있는 그대로 보고 그 안에서 문제의 해결을 찾아내는 것이다.

옮긴이_이덕임

동아대학교 철학과와 인도 뿌나 대학교 인도철학 대학원을 졸업했다. 오스트리아 빈에서 독일어 과정을
수료했으며, 현재 전문 번역가로 여러 나라를 오가며 살고 있다.
옮긴 책으로 《다이어트의 배신》《기술의 문화사》《해피 머시기데이》《고기 없인 못 살아 정말 못 살아》《의
지력의 재발견》《일체감이 주는 행복》《겁쟁이가 세상을 지배한다》《선택의 논리학》《자발적 가난》《하늘
을 흔드는 사람》《행복한 나를 만나러 가는 길》등이 있다.

노력 중독

초판 1쇄 발행일 2014년 9월 5일
초판 3쇄 발행일 2014년 9월 30일

지은이 에른스트 푀펠, 베아트리체 바그너
옮긴이 이덕임
펴낸이 김현관
펴낸곳 율리시즈

책임편집 김미성
디자인 Song디자인
종이 세종페이퍼
인쇄 및 제본 올인피앤비

주소 서울시 양천구 목4동 775-19 102호
전화 (02) 2655-0166/0167
팩스 (02) 2655-0168
E-mail ulyssesbook@naver.com
ISBN 978-89-98229-14-6 03180

등록 2010년 8월 23일 제2010-000046호

ⓒ 2014 율리시즈 KOREA

이 도서의 국립중앙도서관 출판시도서목록(CIP)은 서지정보유통지원시스템
홈페이지(http://seoji.nl.go.kr)와 국가자료공동목록시스템(http://www.nl.go.kr/kolisnet)에서
이용하실 수 있습니다.(CIP제어번호 : CIP2014024756)

책값은 뒤표지에 있습니다.